O CORAÇÃO CURA A ALMA

Hélène Abiassi
João Carlos Paliteiro

O Coração Cura a Alma

Manual de Terapia Multidimensional

anjo dourado

Texto © Hélène Abiassi e João Carlos Paliteiro, 2009

Revisão: Isabel Angélica

Capa: *Design* de Amorim Ferreira, 2009

Paginação electrónica: Paulo Chora

Direitos para Portugal reservados por:

Projecto Anjo Dourado, Lda.

Rua das Orquídeas, Lote 10 – R/C
Bairro do Pinhal – Arneiro
2785-288 S. Domingos de Rana
Portugal

Tel.: 21 458 65 55 • Fax: 21 458 65 54

E-mail editorial: geral@anjodourado.pt

E-mail comercial: comerciais@anjodourado.pt

Livraria online: www.anjodourado.pt

Execução técnica:

Rolo & Filhos II, S. A. – Indústrias Gráficas
Mafra, Portugal

Edição publicada em Novembro de 2009

Depósito Legal nº 301693/09

"Uma coisa que os Seres de Luz nos ensinam é que não existe injustiça. Isto é algo que necessitamos aprender. Senão quando estamos a fazer terapia vamos pensar que estamos a fazer justiça porque a pessoa está numa situação injusta. Não é assim, entendam isto: não há situações justas ou injustas. Não há nada injusto, não há nada estranho, não há nada errado; no mundo tudo está certo. Obviamente que temos que mudar e ajudar as pessoas a mudar, passar de uma certeza para outra certeza... mas tudo está certo, tudo tem uma razão, uma lógica."

Hélène Abiassi

"Quando nós dizemos que, ao mesmo tempo que nos formamos em Terapia Multidimensional, nos estamos a curar a nós mesmos, falamos também de um processo muito bonito e muito vasto. Esse processo passa por irmos, pouco a pouco, resgatando partes de nós mesmos que foram ficando, uma por aqui, outra por ali, ao longo da nossa viagem, da nossa jornada, da nossa caminhada. E isto também corresponde à ascensão; no fundo, a ascensão é isto. E, no fundo, a paz é isto mesmo: é a reconciliação das diversas partes de nós mesmos. Nós aprendemos a ver-nos, a nós próprios, no outro. E cada pessoa que vem ter connosco traz-nos uma parte de nós que já nos fazia falta e, quando essa parte regressa, é reintegrada em nós através da energia do perdão: do perdão ao outro, do auto perdão e da paz."

João Carlos Paliteiro

Agradecimentos

Eu, Hélène agradeço...
ao João Carlos
à minha mãe
aos meu filhos
do outro lado véu ao meu pai e ao Ahmed
a mim

Eu, João Carlos agradeço...
à Hélène
aos meus pais, à minha irmã e a toda a família
ao meu filho
à Joana, minha esposa
a mim

Nós, Hélène & João Carlos agradecemos...
A Deus, à Terra e a todos os Seres de Luz de quem recebemos o amor.

Aos nossos alunos e clientes de Terapia Multidimensional, que são a razão de todos os ensinamentos.

A António Fidalgo e Cláudia Fidalgo de Tomar que por desejarem tanto uma estruturação escrita dos ensinamentos de Terapia Multidimensional, nos pediram este livro. Também por terem transcrito, estruturado e corrigido grande parte desta obra.

A Maria do Carmo Paliteiro e a Joana Mateus Patrício que transcreveram e corrigiram.

Ao nosso editor António Rosa por ter acreditado em nós, por toda a sua paciência e pelo seu lindo coração.

Índice

Sobre nós...

Eu sou Hélène Abiassi.
Eu nasci nos arredores de Paris, em França.
O meu pai era africano, do Benim.
A minha mãe Française nasceu de uma mãe judia da europa de leste.
Em criança vivi no Benim e lá fui levada pelas minhas tias às escondidas dos meus pais para um convento animista com cerimónias tradicionais coloridas com ritmos dos batuques e lá fui iniciada nos poderes dos espíritos africanos. Com idade de 9 anos, ocorre o divórcio dos meus pais e voltei com a minha mãe e a minha irmã definitivamente para França. Vi mais uma vez o meu pai vivo numa viagem que fiz ao Benim, em que voltei a ser iniciada com 29 anos nesse mesmo convento perto do lago Ganvier. Soube que sou descendente directa de uma grande sacerdotisa conhecida por lá.

As minha iniciações africanas foram reactivadas no curso de Orixá Reiki de Rodrigo Romo em Lisboa no ano de 2005.

O meu pai me acompanha e ajuda desde o outro lado do véu. Ele e os seus colegas extrafísicos organizaram toda a minha formação e a comunicação com os outros mundos.

Mais nova sempre vibrava a ler livros que eram transmitidos por seres que vivem do outro lado do véu. Antigamente em França não havia muitos livros sobre isso, mas eu sabia que em português a literatura é muita rica de cultura espiritual. Então sempre sonhava e desejava aprender a língua portuguesa porque tinha forte atracção pelo Brasil e desejava ir ao Brasil e entender as conversas.

A ler livros sobre pensamento positivo a minha vida começou a mudar. De seguida conheci a psicografia.

Iniciei o contacto com as outras dimensões com 32 anos.

Nem sabia que existiam tantas possibilidades e seres nas outras dimensões e nem que existiam outras maneiras de curar para além das tradicionais proporcionadas pela sociedade. Recebi a minha formação directamente pelos Seres da Luz nos exercícios e nas vivências de cura da minha vida.

Atravessei várias depressões e os Seres de Luz ensinaram-me o uso do chakra do coração o que me ajudou muito a sair desses estados emocionais. Isso tudo eu recebi através de psicografia e depois de canalização e de sincronicidades.

Recebi o apoio e as informações necessárias para mudar a minha maneira de ser, de pensar e de estar. A minha vida mudou radicalmente e ainda sinto as mudanças com muita intensidade e sei que isso ainda não acabou.

Em Portugal, iniciei o meu trabalho consciente de ascensão. Através de uma psicografia recebi uma encomenda de Kryon e em Setembro de 2003 comecei a canalizar com a minha voz.

Organizei meditações de amor à Terra que consistiam em fazer uma doação de energia de coração à Terra. No quadro da pesquisa sobre ascensão, organizei grupos de canalização para pesquisar sobre ascensão.

Depois algumas pessoas contactaram-me para serem formadas na Terapia Multidimensional que eu praticava nos meus atendimentos individuais. Esta terapia foi inteiramente psicografada e canalizada pelos Seres de Luz.

Dar estas formações representou um dos meus maiores desafios e eu aceitei-o. Comecei a dar formações de Terapia Multidimensional e de ascensão e canalização em 2003.

Encontrei o João Carlos, o meu querido colega em 2004. E senti que podíamos desenvolver um trabalho em comum.

Esta parceria enriqueceu-me muito e permitiu estruturar e pôr em palavras partes do meu trabalho que ainda eram muito intuitivas e fizemos a dois muitas descobertas novas que enriqueceram e expandiram a Terapia Multidimensional.

Reconhecemo-nos e descobrimos que no Egipto antigo já tínhamos levado a cabo projectos em comum visando a ascensão da humanidade.

O meu serviço através deste livro é pôr à disposição de cada um as informações recolhidas por mim e pelo João Carlos nesta caminhada.

Tenho dois filhos e uma filha que me dão muito amor e que eu amo muito. Os meus filhos participam com João Carlos e comigo ao desenvolvimento da Terra Cristal desde o seu início.

Comecei a trabalhar com crianças aos 16 anos enquanto estudava até ao 12º.

Foram 16 anos de trabalho com crianças em que dirigia e organizava actividades de tempos livres de duas escolas à escala de uma grande cidade dos arredores de Paris.

No Verão, em conjunto com cinco coordenadoras, organizavamo-nos pelas 11 escolas da cidade e levávamos todas estas crianças dos 2 as 6 anos para uma herdade no campo.

Trabalhei cinco anos nas vendas de marketing em rede e ensinava a comunicação, o pensamento positivo, a motivação, o sonho, a visão, a materialização e o trabalho de coração. Viajei muito acompanhando grupos no México e nos Estados Unidos da América.

No quadro da empresa de vendas, uma vez por mês, participava na organização de grandes eventos com 1000 pessoas. E uma vez por ano juntávamos 100.000 pessoas em grandes salas em Paris.

Depois vim para Portugal e trabalhei um tempo com pessoas idosas na região de Tomar.

Agora faço atendimentos individuais e dou formações em grupo em fins-de-semana ou em lições particulares. Também dou formações em conjunto com João Carlos Politeiro. A dois organizamos *workshops,* meditações, passeios energéticos e viagens iniciáticas.

* * * * *

Eu sou João Carlos Paliteiro. Sou casado e tenho um filho.

Eu nasci na Covilhã, Serra da Estrela, Portugal.

A minha caminhada interior começou há muitos anos. Posso talvez dizer que começou quando nasci. Meus pais partilham muitas vezes que eu, em pequenito, tinha frases muito profundas, revelando um contacto íntimo com outras dimensões da vida.

O meu pai nasceu em Condeixa-a-Nova, Portugal, e minha mãe no distrito de Moura, Portugal.

Eu agradeço profundamente aos meus pais pelo amor de alma que souberam transmitir-me ao longo das dificuldades da vida, mesmo sem terem a percepção do que estavam a fazer. Códigos energéticos de alma com um profundo amor foram passando deles para mim ao longo dos anos, revelando uma sabedoria profunda e oculta, vinda de outras dimensões.

A minha infância foi especial. Os meus pais quiseram deixar total liberdade a mim e à minha irmã no que respeitava a escolhas religiosas ou espirituais. Assim, eu não fui baptizado nem conheci a espiritualidade consciente até aos meus 17 anos. Foi um crescimento bastante científico, cultural, filosófico, muito rico, ao mesmo tempo que acreditava não acreditar em Deus. A minha ligação com as outras dimensões era feita através da vida, da minha sensibilidade e da minha intuição.

Em pequeno era muito dado às grandes questões existências do ser humano, a ética, a filosofia, a ciência. Fascinava-me o mundo. Desejava conhecer o infinito em cada gota de orvalho. Costumava adorar conversar com os adultos e tinha mesmo dificuldade em relacionar-me com os amigos da minha idade, pois não me interessava normalmente pelas coisas habituais das crianças: brincar, jogar à bola, as raparigas!

Li muito, ouvi apenas música clássica até aos 15 anos e passava muito tempo sozinho, a sentir o Universo à minha maneira. Gostava muito de construir com legos, horas a fio.

Isso fez com que tivesse desenvolvido uma grande inteligência intelectual, capaz de tirar as melhores notas na escola e, ao mesmo tempo, criou dificuldades em me integrar socialmente, pois era visto muitas vezes como diferente. Vivi muitas crises existenciais e a cada crise eu aproximava-me mais do Universo, da vida e do meu interior. Acumulei muita experiência de vida, como se vivesse várias vidas numa só.

Sempre devorei livros sobre ciência, procurando entender o contacto profundo e natural que sentia com a vida, algo que descobri não ser comum. Aos meus 15 anos senti que a ciência não conseguia explicar o que sentia e virei-me para a filosofia, onde li e reflecti muito com textos de personalidades importantes da história do pensamento humano.

Por volta desta idade fiz um trabalho de escola sobre a ética do ser humano que ainda hoje me impressiono com o que está escrito.

Dos 17 aos 21 anos, participei no MCE – Movimento Católico de Estudantes, onde amigos de coração me convidaram a entrar, passando por cima das regras de só católicos poderem participar. A amizade, o companheirismo, o respeito pelas diferenças e as profundas reflexões sobre a caminhada para Deus enriqueceram-me muito e eu agradeço à vida estes anos de partilha com pessoas fantásticas que conheci. Durante dois anos fui editor da revista Atitude, o jornal do MCE.

Lembro-me que quando entrei para o MCE, ainda não acreditava totalmente em Deus, mas nessa altura dava já o benefício da dúvida. O MCE foi uma passagem importante da minha vida, onde eu despertei muito a consciência de Deus.

Aos 19 anos, no meio de uma grande crise existencial, minha mãe falou-me de um curso sobre meditação transcendental. Tive curiosidade e participei. Tive a bênção de contar com o mestre-professor só para mim, pois era o único aluno. Foram 4 dias intensos de contacto espiritual através de vivências profundas. Costumava brincar que tive direito a um guru pessoal como o Karate-Kid e o Mr. Miagi *(risos)*

Foi uma experiência arrebatadora para mim. Contactei em meditação com estados superiores de consciência, o que me transformou profundamente. Passei a semana seguinte com os pés um palmo acima do chão. Estava em estado de graça.

Passei a estudar os vedas da Índia, o Baghavad Gita e as filosofias e misticismo orientais. Tudo era fácil entender agora. Deus para mim era agora algo palpável, real e uma grande fonte de alegria e segurança para mim. Tudo era possível.

Foi um despertar espiritual muito importante para mim, pois foi uma ponte entre ciência e espiritualidade, entre a experiência directa com o campo unificada da consciência interior e as explicações lógicas da física quântica. Fui durante alguns anos um estudante e discípulo interior de Deepak Chopra, devorando e reconhecendo-me nos seus ensinamentos mesmo sem nunca o ter encontrado fisicamente. Sentia-o perto, acompanhando a minha caminhada. Tudo fazia sentido, pois correspondia ao que vivenciava em meditação.

Sempre gostei muito de ciência e casar a ciência com a espiritualidade sempre foi um grande sonho que me enchia a alma desde sempre.

Eu estava a frequentar um curso de engenharia electrotécnica, com especialidade em telecomunicações. Um curso cheio de dualidades interiores, pois ao mesmo tempo que gostava da ciência e tecnologia, sentia dentro de mim um grande chamamento para ajudar e servir a cura de outras pessoas. Estive para desistir muitas vezes. Acabei por conseguir terminar o curso, o que muito agradeço a Deus por me ter ajudado a não desistir pois foi formação de vida interior muito importante para mim. Mais tarde os Seres de Luz disseram-me que isso abriu portas espirituais importantes, abriu muitos caminhos, entendimentos e passei a receber muita ajuda espiritual de muitos seres especialistas em evolução, ascensão e cura.

Fiquei surpreendido quando mais tarde me disseram que Mestre Hilarion (o grande Mestre ascenso que orienta as actividades de cura da Terra, os médicos tradicionais e também os curadores energéticos e espirituais) também orienta e inspira os engenheiros, os informáticos e a evolução da tecnologia na Terra. A Internet pode muito bem ter sido uma invenção inspirada por este Mestre e discípulo do Arcanjo Rafael, o Arcanjo da Luz Verde da Cura. Achei muito interessante como a vida nos pode surpreender às vezes.

Quatro anos depois, em 2000, tive a oportunidade de ser iniciado em Reiki. O primeiro nível foi um reconhecimento e uma familiaridade tão grandes que desejei logo passar ao nível seguinte. Então fiz o segundo nível e aí é que foi. Grandes despertar de consciência espontâneos, recordação de vidas passadas e um acesso directo a muita sabedoria e conhecimentos espirituais e de cura. Algo muito forte que me arrebatou mais uma vez, pois não sabia de onde vinha aquela energia, aqueles conhecimentos e sobretudo aquela sensação interior de ser tudo natural para mim, de sentir que sabia tudo aquilo há muitas eras. Até movimentos de Tai-Chi me saiam naturalmente.

Nessa altura comecei a fazer tratamentos a familiares e amigos. A energia de cura era muito natural para mim, algo intuitivo, fazia parte do meu ser. E foi aí que tive a primeira experiencia de canalização consciente. Eu sempre tinha observado que tinha facilidade em sentir empatia pelos outros, saber o que sentiam e o que dizer para os ajudar a sentir melhor. Mas pensava que tudo vinha de mim. Nas sessões de Reiki tive uma outra experiencia. Canalizava informações sobre a vida de pessoas que não conhecia. Algo como "viveste momentos difíceis com o teu pai aos 20 anos e precisas de o perdoar. Esta falta de perdão é a verdadeira causa da tua doença actual". Era completamente maluca a lata com que eu dizia estas coisas com tanta segurança e calma. E o mais maluco ainda era a pessoa olhar para mim, agradecer-me e dizer que era tudo verdade e fazia muito sentido. Que estava mesmo a precisar de ouvir aquilo. Tudo isso foi muito desconcertante e transformador para mim.

A descoberta e o estudo da Profecia Celestina e da colecção de livros Conversas com Deus foi muito importante para mim. Devorei muitos livros, companhias importantes numa caminhada interior solitária. As Conversas com Deus activaram em mim o desejo de participar na criação de novas estruturas sociais e humanas, mais espirituais, o que quase me fez entrar nas equipas portuguesas da Humanity's Team, a organização de desenvolvimento humano criada pelo escritor de Conversas com Deus, Neale Donald Walsh. A vida quis que eu ficasse reservado para outros projectos que só mais tarde vim a saber quais: projectos inovadores canalizados directamente pelos Seres de Luz, da qual a Terra Cristal é um exemplo. Afinal, aprendi eu, todos podem falar com Deus e manifestar os seus sonhos à medida da sua própria alma. Não é isso tão maravilhoso e libertador?

Em 2000, com o Reiki II também se despertou em mim uma grande apetência para as artes marciais e comecei a praticar Jujitsu. O meu mestre admirou-se tanto com o meu potencial que me adoptou como companheiro de demonstrações pelo país e no estrangeiro. Isso quer dizer, literalmente, que era o "saco de porrada"! *(risos)*. Foi um ano e meio de profundos despertares interiores e de grande auto-descoberta. Descoberta da minha força interior, da capacidade de conectar-me conscientemente com outras dimensões e do meu potencial de cura. Como era iniciado em Reiki e fazia uma caminhada interior há muito tempo, pude sentir interiormente que através da prática normal deste desporto recebi muitas iniciações dos mestres orientais especialistas no domínio das energias e da cura e do uso do corpo ao serviço da espiritualidade. O lado sagrado e místico das artes marciais.

Actualmente utilizo no meu trabalho de cura e formação espiritual muitos conhecimentos internos e capacidades de centramento, silêncio interior e resistência às dificuldades da vida que adquiri nesta altura. Quem diria que as artes marciais te podem ajudar a alinhares-te mais facilmente com as energias Cristicas do amor e da luz? Pois é a verdade. As artes marciais foram criadas como um caminho para a iluminação e reunião com Deus na matéria.

O ano de 2003 foi muito importante para mim. O ano de todas as mortes interiores e renascimentos. Vivenciei uma grande crise pessoal que me fez entrar em depressão, o que me levou a tomar várias decisões para poder lidar com isso. Parei o mestrado que estava a fazer e despedi-me da bolsa de investigação na universidade. Pouco tempo depois, pouco saia de casa e mal contactava com outras pessoas. Foi um ano de ascetismo quase completo, onde eu decidi escolher-me a mim e a Deus antes de tudo na vida. Uma caminhada interior profundíssima, com muita meditação, caminhadas na natureza e recepção de mensagens directas dos Seres de Luz ajudou-me a atravessar uma das maiores crises da minha. Sei que só com a ajuda dos Seres de Luz pude sobreviver.

Fui contactado por muitos Seres de Luz, como Sananda, Buda, Maria, Saint Germain e muitos outros que me foram orientando. Os pleiadianos de luz apoiaram-me e deram-me muito amor.

Estes seres passaram-me muitos ensinamentos por escrito e também orientaram-me a estudar canalizações recebidas por outras pessoas estrangeiras, pela Internet, pois eram pessoas que vivenciavam o mesmo despertar interior e o mesmo contacto directo com os Seres de Luz, o que me ajudou imenso e me trouxe uma sensação muito importante de não estar sozinho.

Só mais tarde vim a descobrir que havia outras pessoas em Portugal a canalizar.

Fui iniciado no 3º nível e nível de Mestre em Reiki, o que ainda abriu mais o meu contacto com os meus guias e Anjos pessoais, com a minha alma e com Deus.

Passei a receber ainda mais mensagens e informações, em pensamentos, *insights* e também em psicografia. Foi muito rico e profundo e os Seres de Luz sempre me foram orientando cada vez mais a trabalhar mais com o chakra do coração na cura e nos meus contactos diários com eles. Nas terapias de Reiki, passei a trabalhar mais e mais tempo sentado, sem movimentos, canalizando a energia de cura directamente do coração e também a partir de todo o corpo. Senti que estava a ser-me dada uma formação nova, a nível espiritual que mais tarde descobri ser o início da minha formação de coração que hoje é a base de todo o trabalho que faço nos *workshops,* meditações e terapias.

Fui um praticante assíduo de muitas meditações do mestre indiano Osho, orientadas para a iluminação do ser humano. Kabir e outros mestres iluminados do amor foram um farol sagrado na minha caminhada interior de busca da minha verdade.

E os ensinamentos de Kryon foram um bálsamo para a minha alma. Finalmente entendi muitas intuições e sensações que tinha sozinho há muitos anos e que me faziam pensar que era louco, pois não conhecia ninguém que sentisse o mesmo.

Passei a orientar a minha vida completamente baseada no meu coração e na minha alma, declarando várias vezes ao dia desde então a minha intenção clara e total:

"Deus faça-se sempre a tua vontade, assim na Terra como no céu"

"Deus eu sou um canal puro da tua vontade, do teu amor, da tua paz, em todas as realidades e dimensões".

"Deus ensina-me a amar como tu".

Cheguei a estar tão em unidade com Deus e com os Seres de Luz que era capaz de saber o que ia acontecer antes de acontecer, e era capaz de ver e entender as estruturas energéticas da própria matéria e da vida. Era tudo fácil para mim. A minha consciência estava muito expandida. Eu vivia quase sempre em outras dimensões, mais lá do que cá, digamos assim. Tive uma experiência em tudo semelhante ao que muitos mestres da humanidade chamaram de iluminação ou samadhi.

Um dia, em 2004, perguntei a Deus: "Deus, que queres que eu faça para te servir melhor?"

Deus respondeu-me "Volta para a Terra! Coloca os teus pés no chão e faz uma vida normal, para já. Preciso de ti a conviver e a viver com outras pessoas no dia-a-dia. Para passares a mensagem e a cura, primeiro necessitas de regressar à Terra!"

Foi giro porque fazia sentido. Eu já não tinha os pés na Terra, estava agarrado à vida na Terra por um fio, embora me sentisse muito bem.

Concordei com Deus e resolvi regressar. "Deus como faço?"

"Procura um emprego".

Assim fiz. Logo de seguida apareceu uma oportunidade, uma única: um estágio profissional em engenharia electrotécnica e computadores... na universidade! O destino às vezes é irónico. Eu já tinha desejado muitas vezes não necessitar de voltar a trabalhar em engenharia nem na universidade. E mais irónico foi que o estágio durava 9 meses e terminava exactamente no dia dos meus anos! Era um renascimento total na matéria! Incrível.

Tinha sido um ano incrível para mim, um despertar espiritual enorme e uma grande iluminação interior. Depois disso, Deus pediu-me para reconstruir as minhas raízes, colocar de novo os pés no chão e voltar à Terra. Só assim eu podia concretizar a próxima fase da minha missão de vida.

Curiosamente foi nestes 9 meses que muita coisa aconteceu. Passei a dar mais terapias, conheci pessoas maravilhosas. Muitos projectos sonhados e visionados por mim há muitos anos só agora aconteciam.

Depois desse regresso à Terra, muita da compreensão espiritual e acesso a energias de luz ficaram adormecidas em mim. Ainda hoje tenho menos percepção e entendimento de muitas realidades multidimensionais do que tive nesse momento da minha vida. Sinto que aos poucos as coisas vão voltando e vou manifestando na matéria muita da luz que adquiri nessas experiências de iluminação interna, através da construção da Terra Cristal, dos cursos, meditações, terapias e viagens. A cada passo, vou sentindo as flores sagradas que recebi no meu coração nessa altura a desabrochar para a vida do dia-a-dia, como códigos que têm um *timing* certo para serem revelados ao mundo.

Conheci a Hélène Abiassi, minha amiga e sócia, em 2004 e começámos a trocar muitos conhecimentos, intuições e experiências pessoais de cada um. Admirámo-nos com a semelhança entre os nossos caminhos pessoais, reconhecendo uma e outra vez que recebemos os mesmos ensinamentos de coração e iniciações dos Seres da Luz, através das vivências às vezes duras da vida.

Em 2004 criámos a Terra Cristal e desde então trabalhamos em conjunto. Decidimos tornar a nossa vida numa vida canalizada, oferecendo-nos como canal aos Seres de Luz para a criação da Nova Terra da paz, da luz e do amor. Este contacto e trabalho directo com os Seres de Luz desde 2004 têm proporcionado um crescimento e uma evolução interiores muito importantes para mim, representando mesmo a mais importante parte da minha formação e transformação interiores na minha vida. Profundas modificações no meu ADN, milhares de iniciações de luz e incríveis processos de cura que recebo constantemente dos Seres de Luz, representam muito do que sou hoje e partilho em formações e vivências a todos aqueles que contactam comigo.

Também me formei com Rodrigo Romo em Cura Quântica Estelar níveis I, II e III e Orixá Reiki, formações que activaram muito a minha compreensão e conexão com os Seres de Luz. Também o contacto breve com Vitorino de Sousa e André Louro de Almeida activou códigos internos de luz importantes.

Actualmente os tratamentos que facilito reúnem todas as energias e conhecimentos que adquiri com a minha caminhada e formações e também novas frequências de luz que recebo a cada novo tratamento vindas das equipas de seres interestelares da luz e mestres ascensos que trabalham comigo.

Os meus mentores e guias principais são Adama, Sananda, Saint Germain, Maria, Arcanjo Miguel, Arcanjo Rafael, Mestra Nada, Quan Yin, Rainha Santa Isabel, Mestre Usui, vários cirurgiões, Metatron, Melkizedek e alguns mestres Shamans. Trabalho também com os arcturianos, pleiadianos, sirianos, orianos, venusianos, marcianos e muitos outros seres de alta luz e amor que nem eu tenho conhecimento de quem são.

Trabalho como engenheiro sideral em várias dimensões e como curador planetário.

Trabalho directamente com vários engenheiros siderais.

É engraçado que durante muito tempo afirmava que tinha desistido da engenharia e já não trabalhava nela.

Recentemente vários amigos, incluindo a Hélène disseram-me que não era verdade. Eu não tinha deixado a engenharia. Tinha passado simplesmente a aplicar a engenharia noutras áreas, à evolução humana por exemplo. À criação de novas estruturas, empresas, realidades, sociedade, economia, sistemas de cura e comunicação espiritual.

Um grande amigo até disse: "tu és um engenheiro de pessoas, engenheiro de almas, tu e a Hélène são engenheiros do novo ser humano".

Tocou-me profundamente o coração, porque senti que é verdade.

Prefácio

Olá queridos amigos.

Eu sou Hélène e eu sou João Carlos.

Está nas vossas mãos o primeiro livro sobre Terapia Multidimensional. Ele é um companheiro de viagem. De uma viagem que vocês poderão querer fazer, uma viagem de auto-conhecimento e auto-cura.

Neste livro, irão descobrir coisas diferentes do habitual e coisas de que, talvez, já ouviram falar. Somos nós que as estamos a dizer mas não fomos nós que as inventámos. Elas foram chegando até nós durante as nossas vidas, através de várias fontes de vida. Uma dessas fontes, a mais destacada por nós, é a intuição, o canal que nós mais usamos para o contacto com as outras dimensões da vida e de nós próprios e com os seres de outras dimensões.

A Terapia Multidimensional é uma via de evolução muito bonita, que nos ajuda a tornar a nossa vida mais alegre, mais feliz e mais harmoniosa, no momento presente. Ela apresenta-se como uma forma de ajudar outras pessoas nesse caminho, mas é claro que, antes de tudo, ela pode ajudar-nos a fazer isso com a nossa própria vida, pois nós curamo-nos ao curarmos os outros e curamos os outros e o mundo ao curarmo-nos a nós mesmos. Somos todos um mesmo organismo, estamos todos interligados na mesma corrente de energia da vida.

Este livro demorou dois anos a ser construído. Agradecemos a Deus por estar agora nas mãos do leitor.

Grande parte do livro é proveniente de transcrições de material gravado ao vivo durante vários *workshops* e cursos de Terapia Multidimensional, meditações e canalizações facilitados por nós dois. Muitas partes foram recanalizadas pelos Seres de Luz para facilitar a compreensão do texto escrito. Outras partes foram canalizadas pela primeira vez em especial para o livro. São muitas revelações novas.

As energias espirituais originais dos *workshops* estão contidas no livro; a luz, a paz e o amor da fonte suprema estão aqui canalizadas por inteiro. Como já disse Kryon, uma vez que o tempo é não linear na realidade interdimensional, as pessoas que lêem uma transcrição estão presentes ao mesmo tempo que as pessoas que estão a assistir ao evento. Trata-se do mesmo acontecimento experienciado em dois tempos diferentes. Assim, caros leitores, ao lerem este livro, estão a receber as mesmas energias como se estivessem a participar num *workshop* de Terapia Multidimensional!

Ao ler o livro, o leitor vai viajar espiritualmente para muitos locais do Universo. Para salas de formação intergalácticas, onde vai receber os ensinamentos e as iniciações directamente dos Mestres da Luz nos locais sagrados mais adequados em termos energéticos e em termos das especificidades de cada um a nível espiritual.

Este é um livro vivencial, uma caminhada vivencial cheia de exercícios práticos, meditações, iniciações de coração e mensagens canalizadas pelos Seres de Luz. Inclui também um repertório de meditações de dádiva de amor à Terra.

Todos estes momentos espalhados pelo livro permitirão ao leitor fazer os ajustes energéticos necessários à compreensão e assimilação de todas as informações e códigos de luz inseridos no livro pelos Seres de Luz.

Em qualquer altura o leitor poderá também aproveitar os exercícios como práticas diárias de meditação, centramento e harmonização, de manhã, ao deitar e sempre que sentir vontade. Poderá também utilizar o material para práticas de grupo, meditações guiadas e reuniões de cura e harmonização.

Então, o nosso convite é...

"... fechar os olhos, ficar confortáveis e dar três grandes respirações..."

Meditação de Ligação com os Seres de Luz
Orientada por João Carlos Paliteiro
Leça da Palmeira, Portugal
25 de Setembro de 2005

Debaixo dos nossos pés, vamos imaginar uma placa de luz branca e vamos estender essa placa por toda a sala.

A casa do meu Pai tem muitas moradas.

Vamos agora sentir o contacto dos nossos pés com o chão e imaginar as nossas raízes de luz branca que saem dos nossos pés, entram profundamente na Terra e ancoram no Sol interior da Terra.

Do nosso lado direito, vamos sentir a presença do nosso Anjo da Guarda e vamos dar-lhe a nossa mão direita. Vamos sentir o contacto da nossa mão com a mão do nosso Anjo da Guarda, vamos sentir e permitir que a sua paz e protecção fluam através da sua mão e nos preencha. O nosso Anjo da Guarda está sempre presente, sempre do nosso lado, a servir-nos, a ajudar-nos e a amar-nos. Ele sabe tudo por que nós passamos... as nossas dores e as nossas alegrias. É o nosso companheiro multidimensional. É como se fosse o porta-voz de uma grande equipa de Anjos e Seres de Luz que nos acompanham a cada momento das nossas vidas.

Vamos, agora, dar atenção ao nosso chakra do coração e vamos imaginar, aí, uma bola de luz branca.

Eu chamo, aqui e agora, a presença de Adama, de Mãe Maria, de Kuthumi, de Sananda, de Saint Germain e de todos os Anjos, Arcanjos, Elohins, Serafins, todos os Seres de Luz de todas as dimensões e reinos que queiram participar e assistir-nos nesta nossa viagem de auto-cura.

Peço às equipas espirituais que se manifestem, que limpem, harmonizem e protejam o leitor, o espaço onde se encontra e todos os presentes. Peço que encaminhem todos os seres que não estejam em sintonia com os nossos propósitos de Luz. Peço, também, que as equipas de Luz organizem e tratem de tudo o que for necessário para sustentar e materializar o que o Plano Maior tiver previsto para hoje.

Vamos sentir de novo a presença do nosso Anjo da Guarda e dar atenção à bola de luz branca, ao nosso chakra do coração e, lentamente, vamos voltar à consciência desta sala. Sentir a respiração, abrir os olhos. Estamos no aqui e agora, cheios de vontade de trabalhar.

Bom livro, bom curso e... boas viagens!

Muita paz e muita luz

Bem-haja,

Eu sou Hélène e Eu sou João Carlos.

Introdução

Hélène – Olá a todos. Eu sou a Hélène, sou francesa e nasci em 1955. Sou Terapeuta Multidimensional há já alguns vinte anos. Sou formadora e canal dos Mestres da Luz.

João Carlos – Olá. Eu sou o João Carlos, sou português e nasci em 1977. Sou engenheiro electrotécnico de telecomunicações. Sou terapeuta, formador e canal dos Seres de Luz a tempo inteiro.

Desde pequenino que tenho contacto com outras dimensões, embora nem sempre tenha entendido este contacto. Mais tarde os Seres de Luz disseram-me que eu era uma criança Cristal. Foi aos 19 anos que entrei de cabeça na espiritualidade através de um curso de meditação transcendental. Depois formei-me em Reiki, Cura Quântica Estelar e Orixá Reiki, entre outros. Em 2004 conheci a Hélène e a Terapia Multidimensional. Comecei a trabalhar com a Hélène nessa altura e começámos depois a dar *workshops* e tem sido uma experiência magnífica de crescimento mútuo, partilha e comunhão de experiências.

Eu já tinha vários planos de trabalho a solo antes de conhecer a Hélène. Já era Mestre de Reiki há uns anos, fazia sessões e recebia informações dos Seres de Luz, canalizava, escrevia. E os Seres de Luz diziam-me para eu trabalhar cada vez mais só pelo coração, deixar de fazer movimentos, enfim, transcender um pouco as técnicas que eu tinha aprendido e trabalhar mais só focado no coração e a emitir energia. Depois, quando encontrei a Hélène, sentimos uma ressonância enorme um com o outro porque era a mesma onda. A Hélène já trabalhava há 20 anos nessa onda e eu estava a descobri-la por mim. Então juntámo-nos no mesmo barco e enriquecemo-nos um ao outro com as experiências de cada um. Desde então a Terapia Multidimensional evoluiu muito. Desde 2005 temos canalizado muito mais conhecimento sobre esta terapia intergaláctica de ascensão, formando a Terapia Multidimensional que existe actualmente e que é apresentada neste livro. A esta terapia mais alargada chamamos muitas vezes "A Cura pelo Coração".

Foi engraçada a minha formação de Terapia Multidimensional porque a maior parte das coisas que eu aprendi foi a dar, a ensinar. Eu não tirei um curso para depois ensinar, eu ensinei e à medida que ia ensinando ia aprendendo as coisas. Os Seres de Luz pegaram em mim e disseram: "Gostas de Terapia Multidimensional? Então vá, ensina!" E eu disse "Mas… eu não sei nada!". No início foi muito difícil para mim. Foi um bocadinho duro às vezes estar à frente de dezenas de pessoas e não saber o que é que ia dizer. Então, os Seres de Luz canalizavam. E à medida que eu a Hélène canalizávamos, eu ia aprendendo. Foi muito bonito.

Hélène – Conta como os Seres de Luz anunciaram quando te tornaste Terapeuta Multidimensional.

João Carlos – Eu conheci a Hélène em Junho de 2004, numa meditação, no Entroncamento. Já sabia que a Hélène existia no Planeta desde Janeiro desse ano. Desde essa altura, fiquei com a orelha levantada, com vontade de a conhecer. Só ao fim de seis meses é que senti ser a altura para a conhecer fisicamente. Fui ao Entroncamento e conhecemo-nos. Achámos muito estranha a sensação que sentimos porque era tão familiar que foi estranho! Mas, rapidamente, tivemos vontade de trabalhar em conjunto. Os Seres de Luz disseram-nos que nós já tínhamos trabalhado juntos pela ascensão da Terra no Antigo Egipto e que estávamos a retomar essa missão. Adorámos saber isso. Mais tarde, combinámos que a Hélène me faria duas sessões no espaço de uma semana porque eu estava a sentir tremores quando entrava num estado de relaxamento muito profundo e, quando estava a entrar em canalização mais alta, o meu corpo tremia. Eu já tinha tentado várias coisas, já tinha procurado várias pessoas para me ajudarem mas não passava. Então, uma vez em casa da Hélène, ela diz: "Tem que se sentar no sofá da Hélène!" Eu aceitei, sentei-me e na primeira sessão isso desapareceu. Mas eu quis tudo a que tinha direito e então marquei uma outra sessão para daí a uma semana. Nessa segunda sessão, eu recebi a minha ascensão, isto é, o regresso ao meu estado normal à nascença, que eu tinha perdido. Tinha nascido na quinta dimensão e desci para a terceira. Nesta sessão foi retirado um "bicharoco" que estava em cima de mim desde os três anos de idade, e eu, naturalmente, subi para a quinta dimensão. As sensações que eu tive durante essa sessão foram muito estranhas, porque estava um bocadinho entre lá e cá, sentia tudo e sentia que me estavam a tirar do corpo, depois regressava mas perdia a consciência. Contei isto tudo à Hélène e ela disse: "Ah! Mas é muito raro ter consciência disso tudo. Normalmente, ou não sentes nada, ou perdes a consciência e também não sentes nada. Estares a sentir isso tudo é muito estranho. E é engraçado porque tu estás a sentir as coisas que o ser que estava a ser retirado de ti estava a sentir. Era ele que estava a sentir isso." Mas, o que acontecia era que eu vivia com este ser desde os três anos de idade, logo nós crescemos entrelaçados. Então, as nossas estruturas energéticas... já não se sabia bem quem eu era e quem ele era. Essa era a razão de eu, durante muitos anos da minha vida, sentir uma dualidade. De querer uma coisa mas depois já não querer. De pensar uma coisa e logo a seguir pensar o oposto. Internamente havia uma dualidade que desapareceu depois dessa sessão.

Foi curioso que, na semana seguinte, eu senti muitas saudades, um vazio interno enorme. Parecia que me tinha separado de uma pessoa muito querida e que agora estava muito longe dela... nunca mais a iria ver. Eu cresci com um companheiro. Sempre tinha pensado que estava sozinho mas afinal estava sempre acompanhado e agora tinha ficado sozinho. Pronto. Foi aquela semana de saudades.

Então, depois disso, eu achei muito interessante esta forma de terapia que, de maneira tão simples, sem se fazer "nada", operou resultados tão rápidos e profundos. Achava muito estranho como é que era uma coisa nova para mim e ao mesmo tempo tão familiar. Entendia tudo o que a Hélène estava a dizer. Até parecia que sabia o que é que ela ia dizer a seguir. Então eu quis aprender mais.

Mas, eu vivia em Coimbra e ela vivia no Entroncamento e então como é que fizemos? Arranjámos maneira de, na Internet, no Messenger, fazer sessões de Terapia Multidimensional. Então, eu comecei a dar sessões à distância... fiz ao meu sobrinho, à minha esposa, aos meus pais e a Hélène era a minha tutora. Ia-me dizendo algumas coisas que se estavam a passar e que eu ainda não tinha a consciência acordada para a existência delas (como o resgate da alma). Outra coisa que eu sentia, eu dizia e ela dizia "É isso mesmo!" Foi uma aprendizagem bem rápida que eu tive. Foram duas ou três sessões que eu fiz na Internet. Eu sentia que já era Terapeuta Multidimensional. Afinal eu já trabalhava assim há muito tempo; precisava só de umas afinaçõezinhas. Eu perguntava à Hélène: "Então, eu já sou Terapeuta Multidimensional?"

E ela: "Ainda não és."

E eu: "Hum..." Achava aquilo muito estranho.

Ela dizia: "Espera aí, vou perguntar aos Seres de Luz."

"Então mas não é ela a professora? Vai perguntar aos Seres de Luz? Não entendo nada!"

Ela perguntava aos Seres de Luz e eles diziam: – "Não, ainda não é."

E eu: "Hum..."

Mas aquilo estava-me a dar ânimo. Tudo o que estava a acontecer comigo era muito intenso. Tinha conhecido Rodrigo Romo, um grande canal dos Seres de Luz e tinha feito o curso de Cura Quântica Estelar de que gostei muito e que me activou bastante; tinha feito também outros cursos... enfim, em 2004, estava num processo enorme de despertar. Então, eu comecei a fazer um cartãozinho. Estava finalmente a ir para o oficial e a dizer que era terapeuta.

Na altura, estava a fazer um estágio profissional depois de terminar o curso de Engenharia Electrotécnica, mas não era nada daquilo que eu queria fazer. Então, decidi-me: "Eu vou lançar-me como terapeuta e vou fazer um cartãozinho!" E, no cartão, eu punha as terapias que eu já tinha oficialmente, com diploma e tudo! Tinha o meu nome, tinha Reiki e Cura Quântica Estelar e estava todo contente. Já dava para me lançar muito bem. Mas os cartões nunca saíam do computador. Estava tudo muito bonitinho mas eu não entendia porque não saíam… não havia energia de acção para materializar o cartão.

Passou mais uma semana e chegou a quarta-feira. Eu estava no laboratório, na Universidade, a trabalhar e telefona-me a Hélène: "Olá João Carlos. Estou aqui em Fátima, nos Valinhos. Está um pôr-do-sol lindíssimo. Estou aqui super acompanhada pelos Anjos. Há bocadinho estive a fazer perguntas aos Seres de Luz e perguntei ao Ashtar Sheran e ele respondeu-me que tu já és Terapeuta Multidimensional." Eu fiquei tão contente! "Finalmente, os Seres de Luz aprovaram-me oficialmente!", disse eu.

Cheguei a casa e já podia pôr no cartãozinho "Terapeuta Multidimensional". E assim foi. No dia seguinte, levei os cartões para a gráfica e, passado mais um dia, os cartões estavam na minha mão. Quer dizer, os cartões não podiam sair porque estavam incompletos, não reflectiam inteiramente a minha pessoa.

Foi muito bonito todo este processo. Isto foi em Novembro de 2004. Um dia a Hélène convidou-me para trabalhar com ela e começámos então a dar consultas, meditações e *workshops* em conjunto. Foram nascendo muitos ensinamentos e *workshops* novos canalizados sobre vários assuntos da Nova Terra. Desta parceria nasceu o projecto Terra Cristal.

Hélène – A ideia de dar formações de Terapia Multidimensional surgiu da seguinte forma: eu fazia sessões e há pessoas aqui que me conhecem das primeiras sessões no Entroncamento. Um dia, uma amiga minha veio a minha casa, e, no meio de uma conversa, disse-me que era impossível ensinar o que eu estava a fazer.

Depois de ela se ter ido embora, pensei: "um perfeito absurdo não se poder ensinar uma coisa, porque tudo se ensina, uma vez que somos humanos. Mas, a verdade é que, sendo um perfeito absurdo, eu não sei ensinar o que estou a fazer."

Era mesmo complicado. Isso picou-me, picou-me mesmo. Era o meu desafio.

E uma semana depois, duas pessoas perguntaram-me: "Pode-nos ensinar o que está a fazer?"

Então eu pensei: "Bom, já é tempo."

E então, o desafio foi transformar esta impossibilidade numa possibilidade, através das palavras.

Confesso que não foi fácil. Na verdade, foram 20 anos de trabalho terapêutico intuitivo, em que tudo se passava nas outras dimensões e poucas ou nenhumas palavras eu ia tendo sobre a Terapia Multidimensional. Mas, um passo de cada vez e as coisas começaram a aparecer e foi bom!

Depois com o João Carlos temos canalizado mais e mais sobre esta maravilhosa terapia de evolução cósmica e recebemos as novas energias que formam o que é actualmente a Terapia Multidimensional. E a cada dia surgem novas informações, tal como surgiram para este livro.

É por isso que há muitas pessoas que gostam de fazer a formação de Terapia Multidimensional mais do que uma vez, pois cada curso é sempre único, diferente e cada participante vai sempre receber novos códigos, energias e ensinamentos novos.

João Carlos – Nós estamos sempre em evolução. Não há maneira de pararmos, e, portanto, os cursos também estão sempre em evolução, mesmo que seja uma semana depois do anterior, o curso é totalmente diferente. Até porque depende também da região onde é dado, da energia do local e também do grupo que está presente, que nunca é o mesmo. Então as energias que passam e a forma como são explicados os assuntos são diferentes. Às vezes os assuntos até chegam a mudar, é tudo diferente.

Hélène – E a vida é uma mudança contínua.

João Carlos – É. É sempre dinâmica. E as pessoas que já fizeram várias vezes a formação de Terapia Multidimensional contaram-nos que ganharam muito em fazer isso. Entraram mais a fundo no assunto e viram as coisas por outros prismas.

Hélène – Este livro é originado de material gravado ao vivo em formações

> Descrição do Workshop de
> Terapia Multidimensional

de Terapia Multidimensional. Então vão estar a ser passados muitos códigos e energias que são veiculadas nesses cursos.

O que nós fazemos durante as formações é trabalhar convosco e fazer-vos sentir o vosso ser multidimensional de forma que vocês se sintam à vontade para trabalhar sempre sozinhos com os Seres de Luz, o que já não é trabalhar sozinhos, não é? *(risos)*

Pretendemos que sintam o contacto Deles, que sintam a confiança, que estabeleçam os laços entre a vossa nova equipa espiritual que vocês vão receber, a vossa equipa de Terapia Multidimensional e que estabeleçam esta comunicação com o outro lado do véu. A trabalhar, a praticar juntos, encontramos com mais facilidade uma realidade que já existe há muito tempo mas que como isso não é praticado, não foi iniciado, não foi posto em movimento.

Cada um de vocês recebe várias iniciações. Cada um de vocês recebe uma equipa espiritual e vai ficar sempre com uma equipa muito especializada de Terapia Multidimensional. Esta equipa, para as pessoas que já estão a praticar outras terapias, não vai substituir a equipa que trabalha convosco, ela vai juntar-se à equipa actual e vão iniciar um novo processo, um novo sistema de cura. Este é o propósito global destes ensinamentos.

João Carlos – Nos cursos estamos sempre em canalização. Nós temos um plano do curso que nos foi dado pelos Seres de Luz, mas em cada curso verdadeiramente não sabemos o que vai acontecer. Os Seres de Luz dão um curso diferente a cada grupo, canalizando as palavras, os ensinamentos e as energias que são específicas e necessárias a cada participante. Muito trabalho de cura de grupo é feito e muito trabalho de cura individual também. Cada participante é respeitado na sua essência e o objectivo não é tornar todos iguais. O objectivo é ajudar cada um a aproximar-se mais da sua essência de luz divina, que é profundamente curadora. E é essa maior proximidade que depois vai ajudar outros a curarem-se.

Meditação de Abertura
Orientada por Hélène Abiassi
Leça da Palmeira, Portugal
24 de Setembro de 2005

Hélène – Nós vamos convidar-vos a ter uma atitude interna especial ao longo deste livro: a de abrir o vosso coração e aceitar receber. Aceitar receber, apenas isso.

Muitas vezes nós gostamos muito de dar e é muito bom dar, faz parte da natureza de quem nós somos na realidade, da nossa natureza divina.

Como seres encarnados, temos muita necessidade também de receber. Não só os seres encarnados têm necessidade de receber, mas sobretudo os seres encarnados têm muita necessidade de receber... receber amor, receber paz, receber tudo aquilo que têm vontade de dar, e para dar é preciso receber, é preciso ter.

Então vamos ter essa postura de relaxarmos, abrir o nosso coração e aceitar receber tudo aquilo que os Seres de Luz têm à nossa disposição e que nos querem dar de todo o seu coração, e que nós também podemos dar de todo o nosso coração. Nós também somos Seres de Luz!

———

Então vamos tomar três grandes respirações e vamos voltar à respiração normal. Vamos aproveitar esta música calminha para deixar o nosso corpo relaxar.

Debaixo dos nossos pés vamos sentir, imaginar uma placa de luz branca e esta placa de luz branca atravessa toda a sala. Debaixo dos nossos pés, vamos imaginar raízes de luz branca que vão descer até ao sol interior da Terra. E vamos convidar, a partir do nosso chakra do coração, as Equipas de Luz, as Equipas Espirituais que são responsáveis pelo nosso Curso Coração de Luz. Mestre Adama dirige, do outro lado do véu, o nosso encontro do Coração de Luz.

Do nosso lado direito, perto da nossa mão direita, podemos sentir a presença do nosso Anjo da Guarda.

A equipa do Mestre Adama vai agora começar, em cada um de nós, uma harmonização.

As nossas almas também são chamadas para estarem, hoje, presentes a apoiar o nosso trabalho.

A casa do meu Pai tem muitas moradas. Vão ser agora encaminhados todos os seres que não pertencem ao nosso projecto de luz.

Agora vamos novamente respirar fundo. Respirar luz e expirar luz e sentir a nossa liberdade dentro do movimento da respiração. Sentir o privilégio que nós temos de poder inspirar este oxigénio e expirar luz. Sentir o privilégio de ter vida na matéria e de poder distribuir a luz através da nossa presença. Sentir todo o nosso corpo a respirar e a emitir muita luz. E, cada um de nós pode dizer: "Eu sou luz. Eu deixo brilhar a minha divindade. Eu tenho o poder de ser feliz e tornar os outros, à minha volta, felizes."

Muito devagar, suavemente, retomamos o contacto com o nosso Anjo da Guarda, com os nossos pés no chão, com o nosso corpo. Vamos mexer as mãos, abrir os olhos e aproveitar esta bela energia para fazer a cerimónia dos abraços. Com todo o nosso coração vamos encontrar o outro e abraçar a vida. A vida que vibra dentro de nós e que vibra dentro do outro.

- CAPÍTULO 1 -

TERAPIA MULTIDIMENSIONAL
– A CURA PELO CORAÇÃO

1.1 APRESENTAÇÃO

João Carlos – Queremos fazer uma breve apresentação da Terapia Multidimensional.

A Terapia Multidimensional é um trabalho contínuo em conjunto com os Seres de Luz que assim decidiram e escolheram trabalhar connosco com o objectivo de curar o nosso ser completo.

O nosso ser tem muitas dimensões, muitos aspectos e o objectivo primordial da Terapia Multidimensional é a ascensão. A ascensão vista como a integração de todas as partes que nos compõem, desde a Fonte Primordial até à nossa matéria e integrar todas essas energias e vibrações aqui e agora ao serviço do planeta Terra. Esse é o objectivo da Terapia Multidimensional. É um trabalho contínuo, multifacetado, multidisciplinar. Procuramos, com os vários exercícios, ajudar as pessoas a resgatar partes de si próprias que foram ficando, ao longo do caminho, por aqui e por ali... Partes encolhidas, tristes com algo que viveram, partes que se sentem separadas de Deus, outras partes que têm um orgulho exagerado porque acham que são deuses separadas do todo. Outras partes que precisam de ser tocadas pelo nosso coração, sorrirem de novo e voltarem à origem. Essa é a essência da Terapia Multidimensional.

Uma das coisas mais importantes é que, neste processo de aprendizagem, cada um de nós vai sendo curado. Esse é o processo de serem curadores. Serem curadores é curarem-se a vocês mesmos. Um Terapeuta Multidimensional tem consciência da necessidade de ser curado.

O aumento dessa consciência é que lhe dá a autoridade e as autorizações para ajudar os outros no seu processo de cura. O Terapeuta Multidimensional tem a consciência que ao ajudar os outros está a ajudar-se a si próprio. Cada sessão, cada trabalho, cada curso é uma vivência única em que também estamos a resgatar aspectos de nós próprios. O Terapeuta Multidimensional é alguém que está em busca da sua própria cura. Não é?

Hélène – É!

1.2 O QUE É A TERAPIA MULTIDIMENSIONAL?

Hélène – A Terapia Multidimensional tem a sua origem em Vénus.

João Carlos – A Terapia Multidimensional é uma terapia de ascensão. Ou seja, ela ajuda as pessoas no seu processo de integrarem cada vez mais a sua divindade no seu corpo físico, na matéria, e assim receber mais amor da vida.

Elevando as vibrações de todos os corpos multidimensionais da pessoa, incluindo o corpo físico, esta terapia permite voar por cima das dificuldades cármicas previstas nas frequências mais baixas. Cada dimensão tem as suas dificuldades mas também as suas leis diferentes. Ao subirmos as nossas vibrações temos a possibilidade de trabalhar com leis universais diferentes da lei do carma e de nos reconectarmos com as frequências divinas.

Hélène – Com a ascensão, a alma aceita estar mais presente, porque ela encontra mais amor na vida. Com a ascensão ela pode harmonizar--se com todos os corpos, com todas as partes de nós mesmos, numa profunda paz interior, sendo mais fácil para a alma exprimir o amor divino nas pequenas coisas do dia-a-dia, com todas as pessoas que nos rodeiam.

Quando as vibrações sobem torna-se possível reconectar a pessoa com o seu ADN espiritual, que ficou adormecido do outro lado do véu, aguardando a evolução da pessoa. A esta reconexão podemos chamar despertar e evolução espiritual.

João Carlos – A reconexão do ADN permite uma grande transformação no sentido da reconexão com Deus, e essa é a verdadeira cura.

O Terapeuta Multidimensional é então um facilitador de um processo de auto-cura, de restauração da autonomia espiritual da pessoa e da reconexão com a sua própria divindade.

Os pontos chave da Terapia Multidimensional são o chakra do coração e as raízes. Estas são as únicas referências realmente importantes.

Hélène – Quem vai fazer a Terapia Multidimensional vai ser o nosso duplo. Não vai ser o nosso corpo físico actual, a nossa inteligência actual, a nossa pessoa, a nossa personalidade, que vai fazer o trabalho profundo. Nós vamos fazer uma parte, vamos servir de suporte, mas quem vai realmente trabalhar é o nosso duplo. O nosso duplo é um corpo que é igual ao nosso, que é em tudo, tudo, tudo igual e continua a viver depois do nosso corpo físico ter morrido.

Ele é tal e qual como nós, mas tem mais capacidades (que ele não sabe que possui porque ninguém lhe disse) e só nos deixa quando nós estamos a dormir. Quando nós estamos acordados, ele faz sempre tudo o que nós fazemos, levanta o braço quando nós levantamos o braço, fecha os olhos quando nós fechamos os olhos. Acha que é obrigado a fazer isso, mas, na verdade, não é. Ele é livre, mas tem que aprender a soltar-se e o trabalho de Terapia Multidimensional ensina o nosso duplo a ser autónomo, a fazer o trabalho e a regressar, porque nós precisamos dele, precisamos muito dele e gostamos muito dele. Ele é que vai fazer o trabalho real e concreto de Terapia Multidimensional.

João Carlos – Sendo assim, o que fica para vocês fazerem?

Bem, vocês não precisam de saber nada, não precisam de ter técnica, não precisam de ter talento, nem de ter conhecimentos, porque vocês vão ficar quietinhos, sossegados, apenas com a vossa atenção focada no chakra do coração.

E é esta postura de entrega, de ficarmos quietos, que é necessária para que os Seres de Luz possam realizar a cura. Enquanto estamos centrados no coração, o nosso duplo e as equipas espirituais de Terapia Multidimensional podem fazer o trabalho necessário.

Quem vai ensinar o duplo são os Seres de Luz. Os Seres de Luz são especialistas de Terapia Multidimensional e assim vão treinar, ensinar, incentivar e acompanhar o nosso duplo a fazer cada passo necessário para a cura. O duplo vai sempre trabalhar em conjunto com os Seres de Luz, em equipa.

Hélène – E qual é a técnica que o nosso duplo vai utilizar?

Esta técnica diversifica-se conforme as nossas afinidades, a nossa cultura, a nossa origem estelar, porque cada um tem especificidades próprias.

Uma pessoa, que já tem uma cultura, uma maneira de curar, que por exemplo é psicoterapeuta, pode praticar a Terapia Multidimensional. Depois, quando ela pratica a psicoterapia, o seu duplo vai começar a trabalhar ao mesmo tempo que ela, acompanhado pelos Seres de Luz e vai fazer uma Terapia Multidimensional em simultâneo com a psicoterapia.

Uma pessoa pode ser médica e também praticar Terapia Multidimensional. Faz um atendimento de dez minutos, de acordo com os ensinamentos da sua profissão de médica, e, enquanto ela está a fazer o atendimento desta forma, o seu duplo e a sua equipa espiritual de Terapia Multidimensional vão estar a fazer um tratamento multidimensional.

E não falamos só de áreas de cura. A Terapia Multidimensional é totalmente complementar a qualquer actividade. Como por exemplo, na jardinagem, na arte, nos negócios, no atendimento social, na política, no desporto, no trabalho com crianças e muitas outras.

João Carlos – Através da Terapia Multidimensional, nós vamos entender que o processo pelo qual nós curamos é um processo em que nós próprios vamos ser curados.

O processo da cura faz-se desta maneira:

Nós curamo-nos a nós próprios sempre que temos a intenção de curar uma outra pessoa e também, sempre que nós temos a intenção de nos curarmos a nós próprios, de procurar a nossa cura, de mergulhar fundo dentro de nós e de encontrar todas as causas das nossas dificuldades, estamos a curar os outros todos à nossa volta.

> **Ao curarmos também somos curados.**

Hélène – A experiência da nossa cura vai permitir que cheguemos mais facilmente ao outro, que toquemos o coração do outro. Só o simples facto de fazermos uma caminhada de cura já está também a curar ou a facilitar o processo de auto-cura de todas as pessoas com quem nós convivemos.

> **A importância da auto-cura**

João Carlos – Todas as experiências que nós vivemos no dia-a-dia ficam gravadas dentro de nós. Experiências de auto-cura, de evolução, de expansão, de auto-conhecimento também ficam gravadas dentro de nós. Assim, todas as pessoas que nós encontramos vão ser tocadas por essas vibrações, que estão a irradiar de nós mesmos, ainda que nós não tenhamos consciência disso e vão tocar, vão despertar os corações das pessoas à nossa volta. E isso também é curar os outros.

Hélène – Nós estamos todos ligados uns com os outros. Quando um cientista num lado do mundo faz uma descoberta, muitas vezes ao mesmo tempo, noutro lado do mundo, outro cientista faz a mesma descoberta, sem ter contacto nenhum com o primeiro. É algo que nós não sabemos explicar.

Cada vez que um de nós avança, toda a Humanidade avança. E nós podemos ver isso porque tudo aquilo que, antes, era inacessível, agora torna-se banal para toda a humanidade... isto é, para grande parte da humanidade porque ainda há lugares onde isso ainda não acontece!

João Carlos – A cura interna, a nossa cura, é de certa maneira procurar a paz interior; é procurar onde estão escondidas coisas que nós nem sabemos que ainda existem, porque o tempo passou e a vida avançou e estas coisas tornaram-se fogos. E embora sejam fogos muito escondidos, muito tapados, ainda são fogos fortes. Quando nós os descobrimos e os curamos, começamos a sentir uma grande paz interior e somos capazes de a transmitir a outras pessoas. Assim, as nossas vibrações ao nível planetário, permitem segurar e ancorar mais energia de paz, a qual vai também para os países e para as regiões que são mais afectadas e para as nossas tempestades internas que provocam as guerras nestas regiões. E então, este modo de curar, qualquer cura à sua maneira, permite a cura planetária e esse é o propósito.

Meditação Terra Cristal
Curando a Terra em Shamballa II
Leça da Palmeira, Portugal
16 de Dezembro de 2005

João Carlos – Gostaria, agora, de vos falar acerca da técnica de meditação que nós, hoje, vamos utilizar... em que nós, hoje, nos vamos basear. Não é nada complicada. Nós vamos meditar, hoje, utilizando a energia do pensamento. Existem vários graus de materialização e um dos graus de materialização que existe é o da energia do pensamento. Não vai ser necessário visualizar... fazer um esforço para visualizar o que vai ser dito. Não é necessário, também, fazer um esforço para seguir a linha das palavras que vão ser ditas. Basta, simplesmente, entregarem-se e deixarem acontecer. Esta energia do pensamento tem a particularidade de, pouco a pouco, vir descendo nos níveis da materialização e, eventualmente, chegar ao físico e materializar essa energia que nós estamos a plasmar ou criar.

Então, nós temos um exemplo muito bonito, muito simples que é o da laranja. E é a primeira vez que eu vou falar deste exemplo, normalmente é a Hélène que o conta. Então, hoje, estou a quebrar a tradição... sintam-se privilegiados.

(risos da assistência)

Ora, quando nós temos o pensamento de uma laranja, este pensamento já é alguma coisa. Já tem identidade própria. A laranja nunca poderá ser um camião, ou um comboio, ou uma flor. Será sempre uma laranja. Pode não ser uma laranja física mas já é uma laranja e nós estamos interessados é na energia que está associada à laranja. Esta energia é muito própria e as suas características são exactamente o que nos interessa. Então, é exactamente assim que nós, hoje, vamos trabalhar. Quando falarmos nesta palavra, naquela ideia, neste conceito ou naquela cor é exactamente com essa energia que nós queremos trabalhar. Quando nós falamos em Amor, nós queremos trabalhar com a energia do Amor e com as características que estão à volta dele.

Faço-me entender?

Então é muito simples, muito fluído e vamos trabalhar já de seguida.

Não sei se têm a alguma questão que queiram colocar antes de começarmos o trabalho? Estão todos desertinhos para começar, não é?

Hélène – Começamos a trabalhar, sempre, sempre em várias dimensões.

Então, estamos aqui numa sala física a meditar e a abrir o coração para enviar energia à Terra. Noutros níveis existem outros seres que se juntam a nós e que vão, também, participar connosco e vão também enviar energia de coração à Terra.

Porque é que é escolhida a energia de coração?

Porque a Terra bem merece e precisa mesmo deste tipo de energia. A energia de coração é uma energia muito especial. É uma energia que emitimos do centro do nosso peito. E muitas vezes, durante a meditação, vocês vão ouvir falar do centro do peito. Mas também emitimos esta energia pelas mãos e pelo resto do corpo… no entanto, ela tem origem aqui *(aponta para o peito)*. Está bem? Então, o único esforço que vamos fazer é concentrarmo-nos nesta zona do nosso corpo. É a única coisa que vai ser necessário fazer durante o tempo desta meditação. De resto, pode acontecer que vocês percam a noção do tempo, a noção do que vamos dizer (porque nós dois vamos guiar a medita-ção) e podem perder mesmo completamente a noção de estar aqui… porque o que pode acontecer, dado que nós somos dois curadores, é que nós chamamos também as equipas de cura e muitas vezes essas equipas de cura vêm e dão um tratamento personalizado a cada ser que está aqui presente na sala. Então, para fazer este tratamento Eles podem precisar de vos desligar um bocadinho. Depende da força do vosso mental. Mas quando as pessoas têm um mental um bocadinho forte, para poderem ser trabalhadas, é preciso desligá-las porque o mental, às vezes, não deixa fazer o trabalho necessário. Então podem perder um bocadinho a noção do espaço, do tempo, do que está a ser dito. Não fiquem preocupados com isso. O trabalho faz-se na mesma. O vosso coração vai dar energia de amor à Terra em qualquer das con-dições. Está bem? E vocês também vão receber muita energia, muito Amor, durante este trabalho todo.

Então, como eu estava a dizer, nós vamos trabalhar com os gran-des Seres de Luz. Esta meditação pela Terra foi encomendada por Kryon, há alguns anos atrás… há dois anos, mais ou menos … devido às necessidades de energia de coração existentes. E, agora, a medita-ção passeia um bocadinho por todos os lados e em várias cidades do mundo. Em São Paulo, há dois grupos que praticam, exactamente, a mesma meditação que nós. Exactamente da mesma maneira, com os mesmos Seres de Luz, com a mesma energia de coração, com a mesma intensidade. É fantástico saber que há vários grupos a fazer o mesmo, aqui, em Portugal, também. Pronto. Há muitos grupos que se ligaram a esta nova tradição *(risos)*… tradição toda nova de dar energia ao nosso Planeta.

Os grandes Seres de Luz vão participar, vão dirigir, vão canalizar, vão conduzir a energia e vocês deixem-se ir, deixem fluir. Não há esforço específico a fazer, está bem?

Tudo bem.

Qual é a música que vamos pôr? Ainda há música da baleia?

João Carlos – Queres baleia?

Hélène – É.

João Carlos – Vou buscá-la.

Hélène – O telemóvel que ouvimos tocar, era o meu. Estava ali na entrada. Então, vamos todos desligar os telemóveis porque eles gostam muito de tocar durante as meditações.

(risos da plateia)

Como vocês podem ver, muitas pessoas trouxeram aqui cristais. Quando fizermos reuniões, se vocês tiverem pedras em casa, não precisam ser muito bonitas, basta vocês amarem-nas, podem trazê-las porque elas gostam muito de trabalhar connosco.

Ana, tem pedras? Então vá, ponha aqui as suas pedras.

Nós limpamos e também damos energia aos nossos amigos cristais que são super bons alunos, muito discretos, muito sossegadinhos. Os cristais adoram e nós também.

Oh! Que bom! Conseguiste a música da baleia!!!

João Carlos – Em vez do canto da sereia é o canto da baleia.

Hélène – Exactamente. Gostamos das baleias, dos golfinhos. Os seres de outros reinos vão-se juntar a nós, neste trabalho de hoje. E como estamos na energia do mês de Dezembro, que é uma energia muito forte, vocês já estão a sentir estas energias porque já nos estamos a aproximar dos dias mais curtos do ano. Também temos a Lua cheia... Temos muitos privilégios, hoje.

Então, vamos tomar três grandes respirações, agora, e rapidamente, voltar à respiração normal.

Debaixo dos nossos pés, vamos imaginar uma placa de luz branca... debaixo dos nossos pés, uma grande placa de luz branca.

Ao sentir o contacto dos pés com o chão, vamos sentir, imaginar, raízes de luz branca que vão entrar de uma maneira muito profunda dentro da Terra... dentro da Terra. Essas raízes vão atingir o sol interior da Terra.

Do nosso lado direito, perto da nossa mão direita, vamos sentir a presença do nosso Anjo da Guarda... o nosso Anjo da Guarda, do nosso lado direito.

Eu convido, aqui, Mestre Adama e toda a equipa da Rede Cristal.

Em todas as dimensões, em todos os reinos, todos os seres que querem juntar-se a nós para darem energia de coração à nossa Mãe Terra, são bem-vindos.

Vamos agora focar a nossa atenção ao nível do chakra do coração. No meio do peito, vamos sentir, imaginar, uma bola de Luz branca.

Vamos sentir, novamente, a presença do nosso Anjo da Guarda. E eu vou pedir ao João Carlos para nos levar, através do nosso chakra do coração, até à cidade de Shamballa.

João Carlos – De mão dada com o nosso Anjo da Guarda, vamos agora entrar dentro da bola de luz branca, no centro do nosso peito, dentro do nosso chakra do coração.

O nosso Anjo da Guarda, acompanhado por Mestre Adama, vai-nos levar à cidade de Shamballa.

Somos recebidos num belo jardim... por muitos Seres de Luz.

E eu convido, aqui e agora, todos os Seres de Luz, de todas as dimensões e todos os reinos que querem juntar-se a nós nesta cidade de Shamballa para dar energia de coração à nossa querida Mãe Terra.

Neste belo jardim, chegam perto de nós as nossas amigas baleias e nossos amigos golfinhos que nos envolvem com a sua energia cheia de amor... de paz... de alegria... de tranquilidade.

Chegam, também, perto de nós os nossos amigos cavalos, presenteando-nos com a sua presença cheia de graça... cheia de leveza.

E os nossos queridos Seres de Luz, de muitas dimensões, acompanham-nos, agora, em direcção ao interior de um maravilhoso Templo de Luz.

Estamos no interior de uma grande e linda sala, toda ela feita em cristal... A sala é tão alta que não se consegue ver o seu tecto. Os nossos queridos Seres de Luz estão a convidar, cada um de nós, a encontrar um sítio confortável para se instalar.

Ao nosso redor, um grupo de Anjos envolve-nos completamente com as suas energias de amor, de cura que emanam, suavemente, de seus corações… Todas as células do nosso corpo estão a ser harmonizadas… todo o nosso ser está a ser alinhado… As nossas almas retornam aos seus devidos lugares.

As nossas feridas estão a ser lavadas pelo amor dos Seres de Luz.

Nossos corações transbordam de alegria e de bênçãos, que recebem, directamente, da Fonte Infinita.

É muito bom estar aqui, na companhia dos nossos queridos Seres de Luz, que se juntam pois estamos todos. Agora, prontos para enviar nossa energia de coração para a nossa querida Mãe Terra.

No centro desta linda sala, de luz branca, está agora presente nossa Mãe Terra… e cada um de nós vai, agora, emitir um raio da mais pura luz a partir do seu coração, directamente, no coração da nossa Mãe Terra.

Nossa Mãe Terra está muito feliz.

Nossa Terra quer agradecer-nos e está a enviar, a cada um de nós, muito amor… muito amor… que sobe pelas nossas raízes, entra pelos nossos pés e este amor está a preencher todo o nosso corpo.

O nosso coração está totalmente em sincronia… em sintonia com o coração da Mãe Terra.

E o nosso coração tem agora tanta luz, tanto amor que deseja partilhar com todos à nossa volta… E cada um dos nossos corações está a enviar, agora, muitos pacotes cor-de-rosa à nossa família, aos nossos amigos, aos nossos inimigos, aos nossos colegas do trabalho, aos nossos vizinhos e a todas as pessoas e todos os seres com quem queremos partilhar, neste momento, todo o amor e toda a luz que acabámos de receber.

E vamos, agora, enviar um grande pacote cor-de-rosa para um ser muito especial… e vamos deixar este pacote cor-de-rosa bem em cima da nossa cama, onde o iremos encontrar e desembrulhar esta noite quando nos formos deitar.

Cheios de bênçãos, de alegria, de gratidão vamos deixar agora os nossos amigos Seres de Luz de todos os reinos e dimensões que estiveram connosco durante estes maravilhosos momentos.

E vamos permitir que o nosso Anjo da Guarda e Mestre Adama nos acompanhem no regresso da cidade da magnífica Shamballa. Estamos a ser recebidos, aqui e agora, pela Hélène.

Hélène – Muito suavemente, vamos sentir os pés e o contacto dos pés com o chão. Mexer um bocadinho as mãos, as pernas. Abrir os olhos. Estamos no aqui e agora, cheios de força, cheios de vida.

Vamos agradecer a cada um dos vossos corações e a todos os seres que participaram connosco nesta dádiva de energia pela Terra e a todos os Seres de Luz que nos acompanharam nesta viagem a Shamballa.

Um bom regresso a casa.

Um bom Natal para cada um de vocês.

Muita paz e muita luz.

1.3 AS LEIS DIVINAS

Hélène – Uma das energias de coração é a energia da paz. Na Terapia Multidimensional o trabalho é baseado nas energias da paz. É baseado num modo de intervenção e de contacto pacífico. Como terapeutas multidimensionais procuramos resolver os assuntos dentro das leis divinas e de entendimento das coisas e fazemo-lo de uma maneira pacífica. Isso é muito importante. Damos sempre prioridade à paz e ao amor.

João Carlos – Muitas vezes somos perturbados por seres desta dimensão, outras estamos a ser perturbados por seres de outras dimensões e nós vamos, a pouco e pouco, entendendo que tudo tem um propósito, tudo tem uma razão, tudo tem uma lei de causa e efeito.

Como terapeutas multidimensionais, sentimos as vibrações, as energias que estão presentes tendo respeito por todas as formas de vida, na companhia dos Seres de Luz e das equipas multidimensionais com que nós trabalhamos. Numa sessão de Terapia Multidimensional, vamos fazer um trabalho de entender o que está a acontecer em várias dimensões e fazemo-lo sempre dentro da energia da paz e das leis divinas, deixando que sejam estas a curar a pessoa.

Um exemplo: a pessoa está em desequilíbrio na sua vida e nós podemos achar que está em desequilíbrio devido a alguma força externa ou a uma injustiça, etc. Mas esse desequilíbrio tem necessariamente uma origem numa lei divina que a pessoa pôs em funcionamento, por escolha própria, algures na sua caminhada evolutiva pessoal. O Terapeuta Multidimensional vai sentir o que está na origem desse desequilíbrio. Muitas vezes a origem está em algo que a pessoa vivenciou em vidas passadas, outras vezes numa existência que teve em vidas antes da sua chegada ao planeta Terra, noutro mundos e locais do Universo e outras vezes a origem pode ainda estar em vidas paralelas, que estão a acontecer ao mesmo tempo que a vida actual, noutros lugares da Terra ou do Universo.

Hélène – Trabalhamos na paz e na harmonia, não na força. A paz está no coração. Não procuramos ter poder. Procurem sempre ser canais, porque não há nada mais poderoso do que as leis de Deus.

Se conseguirmos compreender, entender estas leis, estamos a lidar com a força mais poderosa do Universo que é o amor.

1.3.1 A LEI DO LIVRE-ARBÍTRIO E O PAPEL DO TERAPEUTA MULTIDIMENSIONAL

Na Terapia Multidimensional, o livre-arbítrio é uma chave importante dentro das leis do Universo. O livre-arbítrio da pessoa activa as chaves da libertação. O nosso cliente, ao tomar a decisão de pedir uma sessão de Terapia Multidimensional, utiliza o seu livre-arbítrio e dá ao Terapeuta Multidimensional autorizações para o ajudar. Assim, o terapeuta vai ser o "advogado" do seu cliente e poderá rescindir contratos, vindos de vidas passadas, paralelas ou futuras, que o cliente tenha contraído, respeitando a sua escolha do momento presente.

Assim, as equipas de Terapia Multidimensional dão sempre prioridade às escolhas feitas pela parte do ser que está encarnada. As escolhas feitas por esta parte do ser é que vão orientar a sua vida no momento presente e podem transformar todas as realidades multidimensionais da pessoa.

1.4 CONVIVENDO COM OS SERES DE LUZ

Hélène – Optamos por viver em contacto fácil e agradável com o outro lado do véu; é habituarmo-nos a novos automatismos, a novos reflexos e a senti-los como muito naturais. Na aprendizagem da Terapia Multidimensional fomos sendo educados assim, ao longo de anos e anos, e agora, naturalmente, quando temos uma coisa para resolver, em vez de tomar logo uma decisão, perguntamos aos Seres de Luz primeiro. Somos sempre nós a tomar a decisão final porque a decisão é nossa, mas há muitas coisas que, antes de tomarmos a decisão, exigem um bocadinho de reflexão e podemos optar por nos sentarmos um pouquinho e pensar: "agora vou perguntar primeiro aos Seres de Luz acerca deste assunto e depois tomo a minha decisão."

João Carlos – É habituarmo-nos a conviver com os Seres de Luz em vez de viver sem Os incluir na nossa vida. É trazê-los para dentro da nossa casa, dentro da nossa vida, dentro das nossas decisões. É interiormente conversarmos com Eles... "Então Saint Germain? Diz-me lá! o que achas disto?" e o Saint-Germain respondia: "Olha que não sei, espera que vou perguntar ao Sananda." *(risos)*

Hélène – É trocar aquela distância a que estávamos habituados e aceitarmos outras maneiras de pensar, porque nós também estamos do outro lado do véu, estamos dos dois lados, somos todos seres multidimensionais.

João Carlos – Tem a ver com o hábito de fazer as coisas de uma determinada maneira e passar a fazer de outra. Todos nós recebemos intuições, informações e sensações e muitas vezes não lhes damos importância mas nós recebemo-las à mesma. Então, pouco a pouco, vamos mudando os nossos hábitos e passamos a dar mais importância a essas sensações.

Hélène – O segundo ponto, o segundo grande eixo da escolha que fazemos é treinar o nosso coração, treinar as capacidades do chakra do coração que estamos a descobrir e o contacto com os Seres de Luz ajuda-nos muito nesta prática.

João Carlos – O convívio com os Seres de Luz abre o nosso chakra do coração. Uma coisa bonita é que, quanto mais usamos este chakra, quanto mais nos permitimos sintonizar com ele e mais descobrimos como é a vida a partir da perspectiva do coração, tanto mais ele vai abrir também.

1.5 O AMOR NEUTRO

Hélène – Um dos ensinamentos mais importantes que nós recebemos dos Seres de Luz é o amor neutro.
Antes de falarmos sobre o amor neutro vamos falar sobre o amor incondicional.
Às vezes, os Seres de Luz, transmitem-nos uma mensagem a dizer: "Ó meu querido, vai acontecer algo na tua vida para te ensinar o amor incondicional." E depois, ficamos todos contentes, e pensamos que de certeza vai ser uma coisa muito agradável. Afinal verificamos que não era nada tão agradável como nós pensávamos, porque o propósito, era aprender a amar em todas as condições, mesmo naquelas em que só nos apetece "mandar tudo à fava". *(risos)*
Vocês conhecem a parábola da lagosta? *(risos)*
Num hotel cinco estrelas, a comer lagosta na praia de areia branca privativa... nestas condições, é fácil amar incondicionalmente.

João Carlos – Agora quando estamos neste belo hotel de cinco estrelas, como *garçon* a servir à mesa, e nos aparece o nosso melhor amigo e somos nós encarregados de o servir a lagosta que ele vai dar à boca da nossa namorada... Será que conseguimos ainda amar incondicionalmente? À lagosta talvez sim! E ao nosso melhor amigo? Hum... talvez seja melhor que ele tenha um bom seguro dentário. E à nossa namorada... será que ainda tem um quarto onde dormir em casa dos pais? *(risos)*

Hélène – O amor incondicional é amar todas as condições, todos os opostos, todas as manifestações da dualidade.

Então apercebemo-nos que podemos aproveitar as dificuldades da vida para desenvolver o amor incondicional. Temos sempre a escolha entre "disparatar, revoltarmo-nos, fechar o coração" ou "continuar a amar".

Ao escolhermos o amor e a paz no maior número de situações possível, situações agradáveis e outros menos agradáveis, vamos acumulando créditos na nossa conta pessoal de amor divino. Até que vai chegar um dia em que nós passamos do amor incondicional para o amor neutro.

João Carlos – Conseguir manter o coração aberto, deixando fluir o amor divino de uma forma neutra, é aí que nós atingimos o amor neutro. A neutralidade conecta-nos com a unidade. E é na unidade que os Seres de Luz podem manifestar-se em nós, pois Deus não julga ninguém e ama a todos da mesma maneira.

Hélène – Amor neutro é diferente de amor incondicional.

João Carlos – Amor incondicional é amar aceitando que existem opostos e que vamos tentar amá-los por igual.

Amor neutro é amar sabendo, tendo mesmo a certeza, que os opostos são uma ilusão e que a única realidade é a unidade. O amor neutro significa que nos colocamos numa terceira posição, numa terceira realidade, que está além dos opostos. O amor neutro ama a unidade.

Ao fazer fluir o amor neutro, através do Terapeuta Multidimensional, para a pessoa/cliente, em cada sessão de Terapia Multidimensional, os Seres de Luz ajudam a pessoa/cliente a desenvolver e aumentar a sua capacidade de também deixar fluir o amor incondicional e depois o amor neutro através do seu coração.

1.6 FICAR FOCADO NO CORAÇÃO

Hélène – À Terapia Multidimensional chamamos "cura pelo coração". Tudo o que há a fazer é focar no coração, ter consciência das nossas raízes de luz branca, emitir a intenção de cura e deixar ir, deixar fluir. E é isso que nós desde já vos convidamos a fazer: a colocar a vossa atenção no vosso chakra do coração e a deixar ir; aceitar sentir o que sentem, aceitar viver o que vivem e a avançar assim. A dimensão do coração, que é comum a todos os mundos, vai permitir a passagem da luz, do amor e da cura nas vossas dimensões que são afectadas pelas dificuldades. Dificuldades essas que se manifestam aqui na Terra como doenças, dificuldades psicológicas, desarmonia na família, nas finanças, no emprego, etc.

João Carlos – O Terapeuta Multidimensional tem uma única prática a fazer, que é ficar focado no coração.

> Qual é a única prática do Terapeuta Multidimensional?

É tudo o que ele tem que fazer. Ao longo da prática e neste livro o leitor vai aprender sobre vários assuntos. Vai conhecer alguns aspectos que caracterizam os mundos espirituais, a existência deste ou daquele mundo, a existência de outras dimensões, a forma como eles se articulam entre si e outros assuntos mais pormenorizados. Mas, sabendo tudo isso e sabendo todos os assuntos que nós vamos aprendendo com a nossa experiência, a prática do Terapeuta Multidimensional continua sempre a mesma: ficar focado no coração! *(risos)*

No início de uma sessão de terapia, nós fazemos uma "praticazinha" muito simples para nos focarmos no coração, para ficarmos ligados à Terra, e depois, durante toda a sessão nós ficamos centrados no coração. Vai haver momentos em que temos sensações e recebemos infrmações dos Seres de Luz sobre o que é necessário fazer para ajudar a pessoa a curar-se. Vai haver outros momentos em que não vamos sentir nada nem receber nenhuma informação. Em todos esses momentos, nós mantemo-nos sempre centrados no coração, pois todas as sensações que sentimos e todas as informações que recebemos chegam-nos através do coração. Esta é a dica central do livro e da Terapia Multidimensional. E, como disse a Hélène, vocês podem estar já a praticar isso, se quiserem, ao longo deste livro e, assim, vão já treinando.

> **O que são as horas de vôo?**

Nós gostamos muito de uma expressão, que traduz exactamente aquilo que é preciso fazer para evoluirmos nesta prática e em todas as práticas do coração (canalização, materialização, ascensão) – são as horas de voo. Quanto mais horas de voo tivermos na prática de focar no coração, tanto mais fácil é ficarmos focados no coração e tanto mais nós evoluímos e manifestamos as realidades das dimensões da luz aqui na Terra e na nossa vida. Então, mais horas de voo, mais horas de prática, mais bênçãos!

> **O que é ficar focado no coração?**

Hélène – O que é ficar focado no coração? Esse é mesmo o ponto onde se faz a cura.

O chakra do coração é uma região multidimensional que se situa no centro do peito. Podemos começar a sentir, a imaginar, a inventar sensações físicas nesta região para ancorar o nosso ponto de trabalho. Sem este ponto de trabalho não há Terapia Multidimensional. Não pensem que vai funcionar, porque não vai funcionar mesmo! É aqui, nesta região física (graças a Deus a gente tem um local físico) que focamos a nossa atenção. Se a nossa atenção "fugir", voltamos ao coração, sempre no coração. Há pessoas que praticam meditação procurando o silêncio físico ou o silêncio mental. Eu já tentei procurar o silêncio e fazer muitos outros exercícios. Resulta uma vez, mas já não resulta na vez seguinte. Então já não procuro o silêncio; agradeço tudo o que vem e continuo sempre focada no coração. Sejam pensamentos interiores ou ruídos exteriores, tudo o que vem é bem-vindo. E podemos até aproveitar ruídos externos ou internos como confirmações de algumas intuições recebidas durante a Terapia Multidimensional. Por exemplo, pode chorar um bebé na casa do vizinho durante a sessão da terapia e nós termos tido uma intuição da necessidade de curar a criança interior da pessoa.

Aluno – Como é que eu sei que estou focado no coração? Como é que eu sinto isso?

Hélène – Os Seres de Luz deram-me um exercício que é o exercício da rolha.

Vocês já conhecem o exercício da rolha?

> Ver exercício 7.1
> O exercício da rolha.

Este exercício ajuda-nos a mudar o foco da nossa atenção para o centro do peito, para o coração. Ele pode ser utilizado sempre, ao longo do dia. E quanto mais o usarmos, mais facilmente iremos conseguir focar a nossa atenção no coração.

1.6.1 O CORAÇÃO E AS MÃOS

Aluno – porque trabalhamos a cura só com o coração e não com as mãos?

João Carlos – Quando dizemos coração, dizemos também as mãos porque é a mesma energia que sai tanto do coração como das mãos. O trabalho com o coração é utilizar este centro energético como mestre. Estamos a colocar o coração no centro da acção, no comando das operações. Depois, o coração vai coordenar todos os nossos centros energéticos, tal como as mãos, o chakra da mente, os pensamentos, a imaginação e todos os nossos chakras. Tudo estará a ser coordenado pelo coração. Focar no coração não significa deixar de utilizar os outros centros energéticos ou o pensamento ou as mãos. Significa que vamos deixar-nos guiar intuitivamente pelo nosso coração, permitindo que ele nos diga o que fazer, o que pensar, o que sentir.

1.6.2 O CORAÇÃO E A MENTE

Aluna: então quer dizer que vou continuar a poder usar o poder da minha mente?

João Carlos – Claro que sim. Vamos poder utilizar todos os nossos poderes, mas orientados de uma outra forma, com coração. Até vamos poder utilizar mais e melhor os nossos poderes, pois eles agora estão a ser geridos por Deus, através do uso do nosso chakra do coração.

Hélène – O trabalho directo com o chakra da mente (sexto chakra, o chakra do terceiro olho) na cura e na evolução espiritual é muito mais comum. É muito potente, muito eficaz e muito rápido. Mas ele é limitado. O trabalho, o treino com o chakra do coração pode levar mais tempo a arrancar. No princípio, podemos não ter resultados tão rápidos como uma pessoa que vai trabalhar com o sexto chakra. Só que chega a um certo ponto a pessoa que trabalha este chakra vai ficar limitado e a pessoa que trabalha o coração nunca vai ficar limitado, ela vai continuar a progredir, a crescer, a ir mais longe, mais longe. E o chakra do coração é o único que permite comunicar com todos os seres do Universo, que permite, sem ser enganado, comunicar com os Seres da Luz, pois com o coração só vão comunicar os seres que comunicam com o coração, os seres do amor. Enquanto isso, com os outros chakras há sempre uma possibilidade de não obter assim tanta certeza, então é por isso que nós escolhemos trabalhar assim tão devagar mas aprofundar esta dimensão do coração para realmente podermos fazer um trabalho mais profundo, muito mais eficaz, talvez mais verdadeiro.

1.6.3 O QUE É A INTENÇÃO DE CURA?

1.6.3.1 O PODER DA INTENÇÃO

João Carlos – Um dos grandes ensinamentos de Kryon desde a Convergência Harmónica de 1987 tem sido o poder da intenção. Kryon ensina-nos e encoraja-nos a usar a intenção em tudo o que fizermos na nossa vida. O poder da intenção permite-nos praticar a co-criação, em que nós vivemos a nossa vida em parceria com os Seres da Luz. Segundo

Kryon, o nosso papel é simplesmente declarar uma intenção em relação a um assunto específico. Depois disso, os Seres de Luz vão fazer a parte deles na co-criação e vão trabalhar em sintonia com as leis divinas para manifestarem a nossa intenção, dentro do que é o melhor para nós na nossa evolução.

Sendo uma das ferramentas mais valiosas da nova era, a intenção orienta as nossas energias e a nossa vida nas direcções escolhidas por nós.

1.6.3.2 A INTENÇÃO DE CURA

Hélène – Na Terapia Multidimensional, usamos o poder da intenção. Ficamos focados no coração e emitimos a nossa intenção de cura para a pessoa/cliente.

> O que é a intenção de cura?

João Carlos – Essa é a chave da Terapia Multidimensional. A intenção de cura movimenta a direcção das energias universais no sentido da cura da pessoa e as equipas de Seres de Luz utilizam a nossa intenção de cura como uma autorização do nosso livre-arbítrio para agir e ajudar.

Aluna: Na prática, como é que funciona a intenção de cura?

Hélène – Durante a Terapia Multidimensional, nós ficamos focados nos coração e emitimos esta intenção de cura. E ficamos assim. De repente começamos a pensar: "Será que vou conseguir?". "Será que estou a fazer bem?". "Será que a outra pessoa vai aceitar?". "Será que, porque é minha prima, vai funcionar ?... Será, será, será...?"

Isto já não é intenção de cura. Já é outra conversa. Isso já não dá cura nenhuma! Ficar focado no coração com intenção de cura é ficar focado no coração com intenção de cura. Então vêm os pensamentos. Vêm sempre! Não há ninguém que possa dizer: "este pensamento não vem." Vêm de uma ou de outra forma. Vêm para nos testar, para nos desestabilizar do nosso foco. Nós agradecemos ao pensamento, dizendo: "fizeste bem o teu serviço, mas eu fico focado no coração na minha intenção de cura, obrigado."

┌ — — — ┐
| O que fazer com |
os pensamentos
| que surgem? |
└ — — — ┘

Se eles vêm, não vamos lutar contra eles. Eles vêm, têm direito a vir. E uma visitinha assim, não faz mal a ninguém. *(risos)* Eles vão-se embora e nós ficamos focados no coração com a nossa intenção de cura. E é aqui que a cura ocorre.

1.7 AS RAÍZES

João Carlos – Então o que são as raízes?

Porque é que em todas as meditações que fazemos dizemos "... vamos sentir o contacto dos nossos pés com o chão e sentir ou imaginar as nossas raízes de luz branca a entrar na Terra de uma maneira muito profunda até ancorarem no coração da Terra..." ?

A nossa ligação à Terra é muito importante. É através dela que nos equilibramos, que circulam os excessos de energia e que recebemos a alimentação de energia da Terra que necessitamos para viver. Estamos aqui na Terra, somos seres encarnados com um corpo físico e precisamos muito da Terra para viver com equilíbrio, paz e saúde. E ainda mais agora, com a ascensão do planeta e de todos os seres humanos, precisamos muito da Terra para poder utilizar as novas energias que chegam das dimensões superiores para a nossa evolução.

Hélène – Um maior enraizamento proporciona uma maior quantidade de matéria disponibilizada pela Terra. Uma maior quantidade de matéria só pode ser obtida com raizes maiores. Para trabalhar com energias mais intensas é necessário que o nosso corpo seja maior, tenha mais matéria. Alguns assuntos espirituais necessitam de matéria para serem resolvidos, curados. E às vezes é necessário uma quantidade de energia muito grande. Uma quantidade de energia que necessita de uma quantidade de matéria igualmente grande.

É só através da matéria que é possível fazer a transformação alquímica da sombra em luz, do chumbo em ouro. E tu só tens autorização de utilizar a quantidade de matéria que alcanças. Tens de ser tu a alcançá-la. Não podes utilizar a matéria do teu vizinho.

João Carlos – Isso seria roubar! *(risos)*

Hélène – Isso mesmo! Toda a matéria que é necessária já existe. Mas tens de ser tu a alcançar a matéria que necessitas para que a possas utilizar. A forma como alcanças matéria é através do enraizamento.
Quando mais profundas são as raízes mais alcanças a luz da matéria.

João Carlos – A matéria é inteligente. A matéria é feita de seres vivos. A matéria é a própria cura. Quanto mais matéria tens, mais cura obténs. Assim, quanto maiores e mais profundas são as tuas raízes, mais matéria alcanças e portanto podes alcançar curas maiores. E o que é mais interessante é que a matéria não se gasta, pois a matéria é uma energia 100% renovável. Então, uma vez que tenhas alcançado uma quantidade de matéria, ela vai ficar contigo.

Hélène – A matéria só se gasta quando é isolada. Separada. Como quando cortamos madeira ou extraímos petróleo.
Quando mantemos a matéria unida ela é eterna. Se conseguirmos interagir com a matéria mantendo-a unificada com o resto da matéria, ela vai dar energia eternamente. É isso a própria luz da matéria.

João Carlos – A matéria não é para ser usada. Os seres humanos têm gasto matéria porque a têm separado do resto da matéria. Quando separamos a matéria, ela vai dar luz, vai dar energia enquanto ainda estiver viva. Mas como a separámos ela já não vai viver eternamente.
A matéria não é uma substância inerte que dá energia quando é consumida, queimada, usada.
Tudo o que os seres humanos têm obtido da matéria em termos das varias formas de energia que obtêm, conseguem devido à própria

vida da matéria. É a matéria que dá essa forma de energia apenas por ser como é, por viver, por respirar. É uma colaboração entre os seres humanos e a matéria. Uma simbiose. Mesmo que os seres humanos não tenham entendido assim até agora.

Os recursos da Terra são vivos. Ao extraí-los, estamos a cortar a unidade da matéria que permite que ela viva eternamente. Dessa forma, ela só vai dar energia durante um intervalo limitado de tempo.

As doenças são criadas pela ilusão da separação. A matéria é composta por seres vivos que sabem curar esta ilusão através da reconexão com a unidade, com a fonte de tudo o que é.

Deixando a matéria unida estamos a colaborar com os seres vivos da matéria, mantendo a sua vida eterna.

Hélène – Com a prática da Terapia Multidimensional, o nosso enraizamento torna-se maior. Quando chega o momento certo, as equipas espirituais vão aumentar as capacidades das nossas raízes de conduzir os fluxos de energia. E chega a um certo ponto, se for necessário, as nossas raízes poderão ser trocadas por raízes maiores e com maior capacidade de adaptação aos novos códigos de luz das novas energias. A luz enviada pelo Universo toca os seres humanos e passa para a Terra através das raízes.

João Carlos – Através das nossas raízes, todas as nossas conquistas na elevação dos nossos níveis de vibração ajudam a própria Terra a elevar-se e a ascender. Nós somos as asas da Terra e tudo o que fazemos pela nossa cura e ascensão reverte sempre a favor da Terra e dos seres humanos à nossa volta. E isto só pode acontecer se tivermos raízes ancoradas na Terra.

Hélène – Todas as raízes dos seres humanos estão conectadas entre si dentro da Terra. Cada ser humano é muito maior do que imaginamos. Ele tem o corpo físico e um corpo energético equivalente ao físico; ele tem uma parte energética acima da cabeça que o conecta com o coração do Cosmos; e ele tem outra parte energética debaixo dos pés, dentro da Terra até ao centro da Terra que o conecta com o coração da Terra. Todas estas conexões são realizadas dentro de cada ser humano a partir do seu coração.

João Carlos – Assim nós somos seres muito completos, fazendo trocas de energia com a Terra dentro do nosso próprio ser. Nós somos a Terra e a Terra somos nós, somos um só corpo.

Na Terapia Multidimensional, o facto de estarmos com os pés bem assentes na Terra e de termos consciência das nossas raízes permite o trabalho alquímico de transmutação das energias desqualificadas. Permite também que possamos trabalhar com as equipas espirituais intraterrenas da luz.

O nosso corpo físico contém todas as dimensões, pois ele é feito de matéria e a matéria tem essa característica. Através do nosso corpo e da nossa energia, os Seres de Luz podem ajudar muitos seres, resgatando-os e, através do nosso corpo, encaminhá-los para os seus mundos de origem.

Essa é a grande importância de estarmos encarnados na Terra com um corpo físico. Sermos intermediários da cura de vários seres e da própria Terra, através apenas da nossa presença na matéria. Somos seres muito abençoados e amados só pelo facto de termos aceite a missão de caminharmos na Terra, com os pés bem assentes no chão e com as nossas queridas raízes.

A verdadeira ascensão é com os pés bem assentes no chão. Nós todos viemos das estrelas, há muito tempo atrás. Já vivíamos em dimensões superiores muito antes de vir à Terra. E ainda continuamos a viver também nas dimensões superiores ao mesmo tempo que vivemos na Terra. Só que já não nos lembramos.

Aluna: E porque é que viemos à Terra? Qual é o interesse de vir a este caos de sofrimento? Qual é o interesse de vir, se do outro lado do véu é tudo mais bonito e leve e cheio de paz e felicidade? Eu não compreendo!

João Carlos – Pois é. É mesmo isso que todos nós pensamos e é por isso que muitas vezes nos revoltamos com tudo e até com Deus, porque não compreendemos o sofrimento que estamos a viver ou que vemos os outros viver. Então estamos sempre a tentar fugir da nossa vida, e tentamos fugir muito através da espiritualidade. Achamos que ascensão é ir embora e já não ficar aqui.

Hélène – Vocês sabem que, para cada pessoa na Terra existem pelo menos 25 seres espirituais que desejavam encarnar no nosso lugar? 25 seres, 25 pessoas como nós! E nós fomos os escolhidos para encarnar. Então é porque talvez não seja assim tão prejudicial ou ruim estar aqui. E, no entanto, quando chegamos a este mundo e as coisas começam a ficar mesmo apertadas, o que é que nós dizemos? "Tirem-me daqui! Tirem-me daqui! Tirem-me daqui!" *(risos)*

Nós achamos que do outro lado do véu é tudo cor-de-rosa. A verdade é que tudo o que se manifesta ou já se manifestou na Terra, é a manifestação de algo que já existia nas outras dimensões, do outro lado do véu. A Terra é um projecto cósmico maravilhoso, onde existe matéria. Na matéria, todas as dimensões podem manifestar-se, as mais positivas e as menos positivas, lado-a-lado, sobrepostas até. E é esta riqueza, é este convívio que permite que grandes curas intergalácticas aconteçam.

João Carlos – Por exemplo, no Universo podem existir povos que não têm a dimensão da compaixão. Então alguns seres destes povos podem ser escolhidos para encarnar na Terra para que possam ajudar à evolução do seu povo galáctico desenvolvendo a compaixão. Aqui na Terra, eles encontram muitas condições energéticas, muitas dificuldades. Eles vão sentir amigos e familiares a passar por dificuldades. E eles vão contactar com seres muito elevados espiritualmente, com muita compaixão. E o que vai acontecer é que esse contacto e a vivência das dificuldades dentro da matéria vai abrir o coração dos seres daquele povo na dimensão da compaixão. E uma coisa maravilhosa que acontece é que tudo o que eles ganham, aprendem e adquirem nas experiências aqui na Terra vai ser transportado como sabedoria e códigos de luz, instantaneamente, para o seu povo de origem, ajudando esse povo a avançar e a evoluir na luz.

Ora, isto só se consegue com raízes. Através das raízes, o amor divino que recebemos e que já flui através de nós para a Terra. E este amor divino que flui através de nós para a Terra, dentro das nossas raízes, permite um trabalho alquímico de evolução através da activação das propriedades de cura intergaláctica da matéria. Cada ser humano, ao permitir o fluxo de amor divino para a Terra através dos seus circuitos internos de raízes, dá as devidas autorizações à Terra para que esta, através do poder da matéria do seu próprio corpo, possa activar a cura de seres e planetas em todo o Universo.

Os seres humanos são seres cósmicos em missão. Missão de cura intergaláctica. Esta missão é cumprida em parceria com a Terra. O elo que permite o funcionamento desta parceria são as raízes.

1.8 O DUPLO – O CORPO DO CORAÇÃO MULTIDIMENSIONAL

João Carlos – Nem sempre a nossa consciência está focada no nosso corpo físico, se bem que acreditamos nisso.

Muitas vezes, o foco da nossa consciência passa para outro corpo, ainda que por alguns segundos apenas. Quando isso acontece, é típico ter algumas sensações que confirmam que o foco da nossa consciência passou o portal de acesso para um outro corpo multidimensional.

Eu posso referir exemplos dessas sensações: sentir frio, sentir uma brisa, um formigueiro, pressão, muito calor, tremores ou movimentos em espiral. E até às vezes, com muita clareza, sensações de uma outra realidade. Podemos, por exemplo, sentir que temos vestida uma roupa diferente ou que o nosso corpo está numa posição diferente. Ou sentir que estamos numa outra sala ou num jardim ou a viajar numa nave.

Hélène – Nós trabalhamos em várias dimensões. Na dimensão física a nossa tarefa enquanto terapeutas multidimensionais, é ficar focados no chakra do coração e sentir a presença das nossas raízes de luz branca na Terra. Nas outras dimensões, o Terapeuta Multidimensional vai ter outras tarefas e desempenhar outros papéis e vai fazê-lo através de um corpo novo seu. Este corpo é o duplo. O duplo é um corpo que já existe mas que não está a ser utilizado. Ele necessita ser activado para poder praticar a Terapia Multidimensional. Este corpo de que estamos a falar não é o duplo etérico nem o corpo emocional nem o corpo mental. Não é o corpo búdico nem o morontial, nem o corpo crístico nem o corpo adâmico. Também não é o espírito nem a alma, nem a presença eu sou nem a mónada. Não é nenhum corpo que já conheçamos.

É um corpo da nova energia. Da quinta dimensão. É o nosso corpo físico da quinta dimensão. Ele está adormecido. E ele necessita da abertura do chakra do coração para ser acordado, despertado, activado.

João Carlos – O duplo é em tudo semelhante ao nosso corpo físico da terceira dimensão. É uma exacta cópia do nosso corpo físico actual, vibrando na quinta dimensão.

O duplo tem a capacidade de se deslocar entre as várias dimensões e ele só pode ser despertado e activado através da abertura do "chakra do coração multidimensional" na dimensão do amor neutro.

A activação do duplo corresponde à activação de algumas fitas de ADN. Fitas essas que pertencem ao ser humano e estão adormecidas há muitas eras. Os seres humanos foram criados originalmente com muitas fitas de ADN. Com o desenrolar de alguns eventos da sua evolução, os seres humanos tiveram vedado o acesso a algumas fitas de ADN, até actualmente chegarem a ter acesso a apenas duas fitas. As fitas não foram retiradas. Elas continuaram sempre presentes, do outro lado do véu, dentro do corpo de cada ser humano.

Deste lado do véu estão só 2 fitas

As outras fitas estão do outro lado do véu

Algumas fitas do outro lado do véu têm o seu acesso vedado

Algumas fitas do outro lado do véu têm a sua utilização vedada

Algumas fitas têm acesso aceite mas utilização vedada

Algumas fitas do outro lado do véu têm o seu acesso e utilização aceite.

É o conselho cármico que determina o direito ao acesso e à utilização, conforme o grau de abertura do chakra do coração e portanto do caudal de amor neutro que flui pelo nosso corpo.

O acesso às fitas que estão do outro lado do véu é que nos dão as capacidades de intuição, comunicação com o outro lado do véu, canalização, cura, clarividência, clariaudiência, telepatia, bilocação, transporte, materialização instantânea de objectos, ascensão, iluminação. Por exemplo, o acesso a uma das fitas do outro lado do véu permite transcender a consciência do tempo linear e ir além do espaço e do tempo e aceder às realidades paralelos, às vidas passadas e futuras. E também a outros Universos.

Através do chakra do coração é possível aceder a tudo o que existe.

No momento em que é feita a iniciação de abertura do chakra do coração, em todas as dimensões, incluindo a dimensão do amor neutro, este corpo físico de quinta dimensão desperta e fica disponível para a nova etapa da nossa evolução.

Também neste sentido, a Terapia Multidimensional é uma terapia de ascensão.

Tal como já dissemos, a Terapia Multidimensional é realizada pelo nosso duplo, e é essa a razão pela qual nós podemos fazer terapia sentados, pois é o duplo que se levanta e faz tudo o que é necessário.

Aluna: É possível trabalhar em pé?

Hélène – Claro que também é possível fazê-lo em pé, fazendo imposição de mãos ou andando ou dançando, por exemplo. Tal como dissemos a Terapia Multidimensional pode ser usada em complementaridade com outras técnicas de cura.

Aluno – O que é que acontece com o nosso duplo? Qual é a particularidade do nosso duplo?

João Carlos – O duplo é um corpo físico de quinta dimensão. Quando ele é activado ele necessita de treino para aprender a utilizar as capacidades que ele tem, que são muito superiores às capacidades do nosso corpo físico de terceira dimensão. Ele não tem as limitações da matéria, pode atravessar paredes, pode levitar no ar, pode viajar à velocidade do pensamento, pode materializar, pode curar. Tudo isso ele vai descobrir com a ajuda da equipa espiritual de Terapia Multidimensional. Ele vai acompanhar a equipa nos tratamentos e nas viagens de resgate, vai receber formações e vai aprender fazendo também.

No início, quando é activado, o duplo acredita que é o corpo físico de terceira dimensão. Desta forma, ele acredita que tem as mesmas limitações da matéria que o nosso corpo físico actual. Acredita, por exemplo, que tem que permanecer ligado ao corpo físico, no mesmo lugar que este e fazendo tudo o que este faz.

Na aprendizagem da Terapia Multidimensional, o duplo vai tomar consciência de que é autónomo e independente do corpo físico da terceira dimensão e vai descobrir todas as capacidades ilimitadas que tem.

Apesar do braço físico permanecer quieto, o duplo descobre que, se quiser, pode levantar o braço. Posteriormente, ele pode levantar-se, pode dirigir-se a uma pessoa que está do outro lado da sala e, por exemplo, falar com ela ou fazer cura com as mãos... Depois ele descobre que pode viajar para templos etéricos, aprender com os mestres de cura, ou fazer viagens de assistência, de resgate, de cura.

A aprendizagem do duplo é gradual e contínua.

Hélène – Assim, na Terapia Multidimensional, nós vamos ficar sentados e o duplo vai levantar-se e vai fazer a cura em várias dimensões. A acção da cura não é feita directamente no corpo físico, é antes feita nas outras dimensões, nos outros corpos multidimensionais, nos outros mundos onde existem as verdadeiras causas, a verdadeira história do ser humano. E a cura obtida nas outras dimensões manifesta-se na vida do dia-a-dia e no físico da pessoa.

João Carlos – Pouco a pouco, o nosso duplo vai ser ensinado e acompanhado. Ele próprio vai acompanhar a equipa de cura nos seus trabalhos e vai aprender que, mesmo que nós estejamos sentados, ele sai, ele faz aquilo que é preciso fazer; vai aproximar-se da pessoa e vai deslocar-se a outras dimensões para fazer algum trabalho específico que seja necessário. Então, o duplo vai fazer uma caminhada de aprendizagem e vai caminhar tanto mais quanto mais vocês praticarem.

Ao praticarem, vocês ganham "horas de voo". E vão aprendendo e descobrindo mais sobre a Terapia Multidimensional.

| Uma viagem de auto-cura |

Ao praticar, vocês estão a curar-se a vocês mesmos. A prática da Terapia Multidimensional é uma viagem de auto-cura. E ao curarem-se a vocês mesmos, vocês tornam-se curadores. É recíproco. Então, todos os códigos, todas as autorizações espirituais, conquistas de nível vibracional (quando nós nos curamos, vamos subindo de nível), tudo isso é oferecido em serviço quando estamos a desempenhar o papel de curadores. Quanto mais leves e mais livres somos, a nível espiritual, maior serviço nós podemos dar.

Canalizações de Sanat Kumara
6ª aula do Curso de Terapia Multidimensional Beta-Sirius
Junho de 2005 – Lisboa, Portugal

Hélène – Eles estão a dizer que todos os nossos duplos, os habituados a viajar e os não habituados a viajar, foram levados numa viagem a Vénus, para descobrir a vida lá, não porque pertençam à civilização de Vénus, não é por isso, porque temos várias origens, mas é porque eles estavam com vontade de nos levar, para o nosso duplo experimentar este tipo de viagem, estando nós acordados e em companhia da nossa equipa de cura. E foram todos levados numa viagem a Vénus e toda a gente regressou.

Para muitas pessoas aqui foi uma experiência de viagem que já desejavam ter há muito tempo, mas que nunca tinham tido oportunidade de a fazer por não terem o quadro correcto, seguro, por não terem as condições para este corpo ser levado sem ser danificado e que, para muitos de nós, é a realização de um sonho profundo, antigo de poderem encontrar uma civilização do nosso sistema, perto da Terra, muito evoluída.

As sensações físicas de espasmos ou contracções musculares foram devidas à elevação da activação da frequência para podermos entrar no planeta Vénus que não vibra na 3ª dimensão mas que vibra na 8ª dimensão, e então, o corpo está a ser puxado de uma maneira vibratória e pode provocar descontrolo deste tipo.

Todos têm a capacidade de voltar lá para serem instruídos, porque a nossa escola de Terapia Multidimensional está situada em Vénus e, mesmo muito rapidamente terão a capacidade de trazer lembranças das viagens porque os dispositivos que estão a ser trabalhados dentro dos vossos cérebros vai permitir que a consciência possa passar as informações de um cérebro para o outro, do cérebro do duplo para o vosso cérebro físico.

O tempo que vocês ficaram em Vénus, foi de mais ou menos uma semana. O tempo é diferente quando o duplo viaja.

Muitas iniciações vão ser trazidas à vossa consciência, porque foram recebidas muitas iniciações muito diferentes de uma pessoa para outra. Estas iniciações não são reactivações de sabedoria de vidas passadas, são capacidades de receber e ancorar vibrações e energias curadoras para o Planeta. Iniciações para podermos receber autorizações de circulação no umbral; iniciações de contacto com o Conselho Cármico, informações e conhecimentos de serviços tipo administração que podem proporcionar graças em situações cármicas pesadas ou difíceis em que o Conselho Cármico recuse a dar o acordo; iniciações de encontro com unidades de remoção de implantes altamente tóxicos que vão permitir que durante as vossas noites, ou durante as vossas sessões, vocês pudessem acompanhar grupos de trabalho e através das vossas autorizações permitir a remoção de implantes de seres que poderão ter sido implantados recentemente com os implantes mais tóxicos que são activados actualmente no planeta. Autorizações e iniciações específicas nas doenças virais.

A maioria deste trabalho não será feito conscientemente, será depois transmitido ao nível dos resultados que as pessoas vão dizer que sentiram depois de terem trabalhado com vocês e no caso de trabalhar à noite de uma maneira inconsciente, não vos serão revelados mas vão participar muito activamente no alívio ao nível do país e ao nível europeu e planetário. Ao nível planetário, da cura do próprio Ser Gaia.

Umas iniciações vão permitir também que vos seja proporcionada maior protecção. Todas as pessoas presentes aqui na sala recebem ataques, actualmente, vindos de vidas passadas, que podíamos chamar de ataque de magia. Estas iniciações vão permitir reduzir consideravelmente a intensidade destes ataques e para algumas pessoas estas energias vão ser completamente retiradas ou tornadas ineficazes, enquanto elas vos tocarem.

As iniciações vão também permitir (lembro-vos que se trata de uma semana de trabalho em Vénus) melhorar as capacidades do vosso cérebro físico enquanto ele está activado pelo vosso chakra do coração. Permitir assim que algumas zonas que não estavam a ser muito utilizadas, pudessem ser utilizadas a partir de agora para o alívio da colectividade, alívio das memórias e dos carmas da sociedade, alívio dos esquemas antigos, culturais, familiares, arquetípicos, permitindo assim à sociedade portuguesa, através da circulação dos códigos emitidos pelos vossos cérebros, recuperar o nível do atraso, ponderado pela cultura, especificamente, mediterrânica e judaico-cristã.

O vosso duplo é a vossa realidade mais perto do vosso nível físico, ele foi formatado de maneira a deixar-se penetrar por mais influências luminosas permitindo assim que chegue ao vosso corpo físico, com mais rapidez e com mais nitidez, o fruto da vossa evolução, nos vossos diversos corpos, principalmente o mental e o emocional. As vossas estruturas geométricas receberam formatações que vão brevemente trazer manifestações de bem-estar, de força e vigor físico à vossa realidade que tem que vibrar e que tem que enraizar na luz, no vosso Planeta. Ao trazer esta realidade ao nível dos vossos físicos, todas as vossas famílias, amigos, relações, vão receber, por contacto, estas bênçãos que transmitirão aos outros por contacto.

Seja feita aqui e agora a vontade da Fonte Suprema. Assim seja.

Eu sou Sanat Kumara, tenho muito prazer em poder organizar as vossas sessões de trabalho em todas as dimensões. E eu conheço aqui pessoalmente cada um de vocês e durante esta semana de trabalho em Vénus, cada um de vocês teve o tempo privado e ficou comigo a fazer muitas perguntas e a receber um programa de evolução e de trabalho. Em tal programa vocês escolheram plenamente ficar a conhecer nitidamente a consequência de cada acto, o que vai ser o vosso futuro, a vossa vida, e alguns de vocês mudaram orientações que tinham tomado para direccionar esta existência recebendo graças e bençãos. Alguns de vocês foram autorizados a escolher pela vida deles um outro percurso, o tal percurso actual que já não estava muito adaptado ao ser que está actualmente encarnado neste Planeta.

Estiveram também de ferias e descanso à beira do mar, a reestruturar as vossas energias com o vento, a agua, os sois e tiveram também um tempo para brincar e para alguns foi para reaprender a brincar que este tempo foi necessário, pois alguns de vocês levam muito a sério as vossas missões, mas não é por levar a sério que os impede de brincar. Brincar faz parte do vosso equilíbrio, da vossa condição neste planeta.

Como foi possível uma semana em Vénus enquanto vocês só ficaram sentados aqui durante alguns minutos? Nas outras dimensões tudo é diferente e vocês vão ser levados a descobrir cada vez mais, por agora aceitam só as informações como vêm, e vão ganhar autonomia que vai permitir a compreensão maior de tudo o que é o Universo.

Recebem para vocês, as vossas famílias e todos os seres que vos rodeiam as bençãos do povo de Vénus, que vos acompanha.

(pausa)

João Carlos – Eu sou Sanat Kumara e vos saúdo na paz de Cristo, na unidade fraterna que une os nossos povos em eterna comunhão. Abençoado seja o momento do reencontro. Cada um de vós permanece no coração de cada um de nós, desde há milénios e o nosso povo guarda profunda homenagem e profundo amor pelo vosso povo.

Que o reencontro aconteça no mais profundo amor, na mais profunda paz, que a fraternidade e a unidade e a igualdade como irmãos, filhos da Fonte, se faça de acordo com a vontade suprema do nosso amado Pai.

Recebam em vossos corações infinitas bênçãos do meu coração.
Muito obrigado por permitirem, com a vossa abertura de coração,
esta proximidade, este encontro.

Até breve meus amados irmãos. Fiquem na paz de Cristo.

A separação nunca será real e também nunca o foi.

1.9 O TEMPLO DE JADE

João Carlos – Ao sabermos da existência do nosso duplo, um mundo de novas possibilidades abre-se para nós. E o portal de entrada para este mundo? O nosso chakra do coração!

O duplo não tem as mesmas limitações que o corpo físico. Ele pode viajar, à velocidade do pensamento, para qualquer lugar ou qualquer tempo.

As possibilidades do duplo são utilizadas na Terapia Multidimensional e há muito para descobrir.

Uma das maravilhosas possibilidades que temos é viajar com o nosso duplo até aos Templos de Cura e Ascensão. E sempre acompanhados pelo nosso Anjo da Guarda!

Um destes maravilhosos templos é o Templo de Jade. Ele está localizado na cidade de Telos, uma cidade da luz que existe debaixo da montanha sagrada Mount Shasta, na Califórnia, EUA.

O Templo de Jade é um centro de cura intergaláctico. Muitos seres do Universo conhecem bem este templo e visitam-no frequentemente para a sua cura e limpeza, sobretudo depois das suas missões na Terra, para se descontaminarem das energias mais densas.

Neste templo, actuam muitas equipas de Terapia Multidimensional de várias partes do Universo, especialistas em muitas áreas de cura espiritual e energética inovadoras e de vanguarda.

Para viajarmos a estes templos de cura basta ficarmos focados no nosso coração e pedir ao nosso Anjo da Guarda para nos levar lá. Depois é só encostar-se na cadeira e aproveitar os benefícios multidimensionais, físicos e extra-físicos destas experiências.

Para mais informações sobre o Templo de Jade e a cidade intraterrena de Telos, veja o livro "Telos" de Aurélia Louise Jones, publicado pela Anjo Dourado.

Meditação "Viagem ao Templo de Jade"
Orientada por João Carlos Paliteiro
Leça da Palmeira, Portugal
24 de Setembro de 2005

Vamos ficar confortáveis, fechar os olhos e dar três grandes respirações. Debaixo dos nossos pés, vamos imaginar uma placa de luz branca. Vamos estender esta placa por toda a sala. Vamos, agora, sentir o contacto dos pés com o chão e imaginar as nossas raízes de luz branca que entram profundamente na Terra e ancoram no Sol interior da Terra.

No nosso lado direito, vamos sentir a presença do nosso Anjo da Guarda e vamos dar a nossa mão direita ao nosso Anjo da Guarda.

No centro do nosso peito, vamos imaginar uma bola de luz branca e, de mão dada com o nosso Anjo da Guarda, vamos entrar dentro desta bola branca, dentro do nosso coração.

É Mestre Adama quem se apresenta para nos levar até ao Templo de Jade. Muitos Anjos de cura estão presentes no Templo para nos receber e eles convidam cada um de nós a instalar-se confortavelmente. Este Templo tem muitas salas, cheias de um amor profundo e de uma grande tranquilidade. As paredes são todas em cristal e as vibrações destes cristais são puras e curativas. Cada um de nós escolhe um lugar que lhe seja atraente, que lhe seja mais agradável e instala-se confortavelmente, permitindo ao seu corpo relaxar. Uma equipa de Anjos ocupa-se de cada um de nós, com muito amor e carinho cuida das nossas feridas mais profundas, lava as nossas mágoas, harmoniza as nossas dores e pacifica o nosso coração.

Envolvidos por espirais de Luz e de cor, de nuvens suaves de amor e ternura, os nossos corpos relaxam e expandem. Os nossos corações abrem como flores, emanando o seu perfume divino, espalhando a sua luz pelo Universo e aceitando receber todas as bênçãos, as graças que os nossos Seres de Luz derramam sobre nós.

Todos os nossos níveis multidimensionais estão a ser alinhados, sintonizando o nosso ser encarnado com a nossa alma, o nosso espírito, com a nossa partícula divina "Eu Sou", com o nosso nível crístico, com o Cristo Cósmico e com a nossa Fonte Suprema, limpando e abrindo e purificando o nosso canal de conexão divina. Estamos a ser moldados e curados com o fogo sagrado, uma substância cósmica que nem é fogo, nem é água, é os dois ao mesmo tempo... uma chama doce, que não queima, que purifica, que liberta.

Os Anjos da cura estão agora a trabalhar os nossos chakras, limpando-os, alinhando-os, regulando-os. Gradualmente, cada um dos nossos chakras é integrado num único chakra, activando a dimensão do nosso coração em que é o único chakra unificado... uma grande bola de luz dourada, que envolve e unifica todos os nossos chakras. Neste chakra unificado a nossa alma encontra um veículo mais livre e expandido para se exprimir e esta sua nova capacidade de expressão na matéria e em outros níveis dimensionais proporcionam-lhe uma nova dimensão de cura e reconexão com o Pai, pois parte das feridas da nossa alma são o resultado de uma dificuldade em exprimir a Sua luz e o Seu amor na matéria e em outros níveis dimensionais. Esta nova *"dispensação"* de cura da nossa alma deu-lhe acesso a níveis de paz mais profundos, permitindo-nos estar, mais facilmente, presentes no Aqui e Agora, aceitando viver o caminho que nos propusemos percorrer com confiança e alegria. Aceitando viver o momento presente, o nosso coração abre-se mais facilmente e tem assim maior contacto com os nossos irmãos cósmicos do outro lado do véu que nos acompanham no nosso caminho de luz e que, a cada momento, nos enviam mensagens, conselhos de muito amor para nos ajudar a viver o nosso dia-a-dia com tranquilidade, entrega e confiança no plano divino.

Vamos agora agradecer a todos os Seres de Luz, Anjos da Luz, que nos acompanharam e nos assistiram nesta sessão de cura no Templo de Jade, em Telos, e, em especial, agradecer a Mestre Adama, que orientou todo o trabalho.

Vamos de novo, dar atenção ao nosso chakra do coração e sentir a nossa mão dada com o nosso Anjo da Guarda. Ele vai trazer-nos de volta à consciência desta sala. Devagar e com suavidade, vamos sentir o contacto dos pés com o chão. Mexer um pouco as mãos, e os pés, a cabeça. Sentir a nossa respiração. Mexemo-nos um pouco e quando nos sentirmos confortáveis, podemos abrir os olhos.

Estamos no aqui e agora cheios de força e vitalidade.

- CAPÍTULO 2 -

AS CHAVES DO TERAPEUTA MULTIDIMENSIONAL

2.1 CORAÇÃO E RAÍZES

João Carlos – O "chakra do coração multidimensional" que é utilizado na Terapia Multidimensional é um chakra da nova era, o qual teve autorização para ser activado com o advento actual da ascensão planetária.

Este chakra é um chakra do coração que é multidimensional. É um chakra da unidade com Deus. Da unidade da Terra com o céu. Da Nova Terra e do novo céu. O nosso chakra de conexão com o novo paraíso na Terra.

O "chakra do coração multidimensional" atravessa todas as dimensões. Desta forma, através dele é possível comunicar sempre com os Seres de Luz e com Deus e assim ter acesso às leis milagrosas do amor divino.

Este chakra é activado através de uma iniciação que é dada por Mestre Sananda e às vezes também por Mãe Maria.

Hélène – A única forma de utilizar este chakra maravilhoso é ficar totalmente concentrado no centro do peito e ter consciência da presença das nossas raízes na Terra. Estes são os códigos de entrada na realidade do coração multidimensional. Tal como nós precisamos de digitar o código certo para entrar no nosso prédio, ou temos de clicar no botão certo do elevador para irmos para o andar do nosso apartamento, também precisamos de utilizar estes códigos de coração e raízes para praticar a Terapia Multidimensional. Se não forem utilizados estes códigos não entramos no nosso prédio, e estamos a fazer algo que ja não é Terapia Multidimensional. Esta terapia é mesmo algo diferente. Algo novo, que estamos agora todos a descobrir. Ela tem passos certos, muito definidos. As diferenças em relação ao que conhecemos são muito subtis no início da prática mas com o tempo tornam-se nítidas. Mesmo que sintamos que é tudo muito familiar e que não há nada de novo aqui, é possível que, com a prática, descubramos todo um novo mundo, toda uma nova e maravilhosa maneira de olhar para a vida.

2.2 A IMPORTÂNCIA DA PRÁTICA

João Carlos – Vou falar-vos dos nossos sentidos: a visão, a audição, o tacto, o olfacto e o paladar.

São cinco os sentidos aos quais estamos habituados, não é?

Nós estamos tão habituados que temos tendência para achar que aquilo que nós sentimos com estes sentidos existe e aquilo que não sentimos através deles não existe.

Mas talvez não seja bem assim que acontece. Talvez o Universo seja muito mais alargado do que aquilo que nós conseguimos abarcar com os nossos cinco sentidos fisiológicos, ou com a nossa filosofia, enfim… com a nossa visão limitada da vida, do mundo e da realidade.

O facto de ficarmos sentados sem sentirmos nada, sem vermos nada, sem ouvirmos, isto é estarmos ali quietos, mudos, surdos, exclusivamente focados no coração, emitindo a nossa intenção de cura durante uma hora, ou mais, é o mais extraordinário nesta abordagem. É que, por mais que nós não sintamos nada quando estamos a praticar, as coisas acontecem.

Depois, se a pessoa que está a receber também não sente nada, diz: "Ah! Eu não senti nada." E pronto, fica convencida de que está exactamente igual, no fim da terapia, ao que estava quando ali chegou e, portanto vai viver a vida dela.

Mas, passado um mês ou passado uma semana telefona a dizer: "Ah! Está tudo diferente."... "Ah! Estou tão alegre"! ... enfim, muitas coisas boas.

Também acontece não telefonarem, não dizerem nada, mas isso são outras coisas. *(risos)*

O que acontece é que se vêem resultados: as pessoas melhoram, sentem-se mais calmas, mais em paz, recuperam de doenças, a vida flui melhor. E tudo isto acontece com uma prática em que nós nada sentimos.

Isto é mais uma questão de decisão pessoal de praticar, de experimentar.

Hélène – Já que nós não sentimos nada, então, também fazer ou não fazer é igual, não é? Antes não sentirmos nada do que sentir coisas desagradáveis. *(risos)*

João Carlos – Então, a melhor decisão é experimentar e ver o que acontece.

Por exemplo, ao participar num Atelier de Terapia Multidimensional, só o facto de estarem presentes e receberem as iniciações, faz com que saiam transformados. Pois o trabalho a nível espiritual e energético de alinhamento, de cura, de treino do duplo... tudo o que acontece lá enriquece-vos em várias dimensões. Então, quer vocês tenham consciência ou não, o trabalho vai acontecer, o trabalho de abertura do chakra do coração vai acontecer. A partir daí, os Seres de Luz e o vosso duplo vão estar a trabalhar com vocês e através do vosso corpo, com a vossa vida e com as pessoas à vossa volta.

Vocês, se assim decidirem, se estiverem atentos, podem começar a descobrir pequenas diferenças no vosso dia-a-dia. Talvez em certos momentos em que tinham dificuldades as coisas estejam diferentes; pode ser que comecem a aparecer pessoas a procurarem-vos e a fazer-vos perguntas, a pedirem-vos conselhos; pode ser que as pessoas à vossa volta comecem a desbloquear-se, a pensar em coisas que antes não pensavam, etc...

Vocês podem dizer "não aconteceu nada, é por acaso." Mas o que é certo é que aconteceu alguma coisa. E isto é o mesmo que acontece nas terapias.

> Com a prática vai começando a notar-se algumas diferenças entre o que se sente a cada terapia.

Mais importante do que não sentir nada é a prática.

Nas primeiras práticas, vocês vão continuar a não sentir nada ou a sentir o "nada". Mas, a cada nova prática vocês vão começar a sentir, pouco a pouco, pequenas diferenças entre um "nada" e um outro "nada". Vocês vão dizer assim: "fiz uma nova sessão a uma pessoa diferente e não senti "nada", mas realmente o "nada" que eu senti hoje é muito diferente do "nada" que eu senti ontem".

E daí a uns dias vocês atendem uma pessoa que já atenderam antes e não sentem "nada" na mesma, não vêem "nada", não vêem nenhum Ser de Luz, dão atenção ao chakra do coração e não sentem "nada" no chakra do coração, mas no fim da sessão, vocês vão pensar "Pois mas... realmente é um "nada" diferente do "nada" que eu senti da outra vez com esta mesma pessoa". Isto é muito engraçado porque vocês vão começar a entrar numa vivência, numa experiência em que começam a explorar os "nadas". Para vocês antes era nada mas, pouco a pouco, começam a ter percepções, começam a ter uma certa textura dos "nadas".

Dá para sentir?

E isso só se consegue com a prática.

Hélène – E durante anos e anos ainda vão continuar a ser "nadas". Mas "nadas" com algumas diferenças e nós vamos sentir mesmo essas diferenças. E o nosso mental, o cérebro racional vai ser-nos muito útil porque ele é capaz de arquivar e de classificar os "nadas". Como vai focar a atenção dele em servir-nos sempre,

> A construção de um dicionário, de um arquivo de sensações.

vai referenciar todas as sensações, todo o desconhecido, porque, afinal, o "nada" é só o desconhecido, a falta de referências. Ele vai fabricar um dicionário, um arquivo, uma biblioteca sem nós nos apercebermos. É por isso que nós dizemos sempre que é preciso prática, porque sem prática não há maneira de fabricar o dicionário. Ele é individual e intransmissível. Assim, para ele existir, temos que ser nós a fabricá-lo e é esse o papel do nosso mental.

Com a prática, desenvolvemos a nossa sensibilidade e passamos a sentir mais as diferenças.

Meditação: Viagem à Cidade Lys-Fátima
Orientada por João Carlos Paliteiro

Debaixo dos nossos pés vamos imaginar uma placa de luz branca.

Dos nossos pés vamos imaginar que raízes de luz branca entram profundamente dentro da Terra. Nossas raízes são fortes. Elas vão ancorar na cidade de luz de Lys-Fátima. Através das nossas raízes podemos sentir o amor que a Mãe Terra, Mãe Gaia, sente por nós. Podemos sentir o seu puro amor, a sorrir, a entrar pelos nossos pés e preencher todo o nosso corpo.

No centro do nosso peito, ao nível do chakra do coração, vamos agora imaginar uma bola de luz branca. Do nosso lado direito vamos sentir ou imaginar a presença do nosso Anjo da Guarda.

Vou chamar aqui a presença do Mestre Adama e pedir que ele nos ajude e oriente durante esta noite.

Mestre Adama vai levar-nos numa viagem.

O nosso Anjo da Guarda segura a nossa mão direita e, com ele, vamos entrar dentro do nosso coração. Mestre Adama vai-nos levar numa viagem à Cidade de Lyz-Fátima. Dentro da cidade, Adama conduz-nos para dentro de um Templo de Luz. Muitos Seres de Luz, queridos irmãos, aguardam-nos dentro do templo.

Adama convida-nos a encontrar um lugar para nos instalarmos.

Perto de cada um de nós chegam vários Seres de Luz.

Cada um de nós está a receber um tratamento de luz e amor. Vamos abrir o nosso coração para receber as dádivas e as bênçãos que os nossos Seres de Luz nos querem dar.

Cada vez mais preenchidos de amor, os nossos corpos sentem-se mais leves e mais relaxados e nós continuamos a aceitar receber o amor e a luz dos queridos Seres de Luz. Sentimo-nos profundamente agradecidos e, em sinal da nossa gratidão, vamos emitir, dos nossos corações, um raio de luz branca em direcção à nossa querida Mãe Terra. Vamos estender a nossa dádiva de energia e vamos emitir um raio de luz branca para as outras dimensões, para os outros reinos e para todo o Universo.

Vamo-nos lembrar agora de todos os nossos familiares e também para eles vamos enviar um raio de luz branca, para os nossos amigos, colegas e todos aqueles que nos lembrarmos.

Vamos agora enviar também para uma pessoa muito especial, para nós mesmos e vamos dizer: eu me amo, eu me aceito tal como eu sou.

Sentimo-nos gratos e em união com todos os nossos Seres de Luz e dando a mão ao nosso Anjo da Guarda, agradecendo profundamente a Mestre Adama, iniciamos a nossa viagem de regresso. Vamos concentrar a nossa atenção de novo no nosso chakra do coração e vamos sentir a presença do nosso corpo, nesta sala; vamos tomar consciência da nossa respiração, mexer um pouco os pés, as mãos, abrir os olhos, estamos de novo no aqui e agora cheios de força.

2.3 APRENDER A GERIR O PENSAMENTO

"O que tu és hoje é o resultado do que pensaste ontem.
O que serás amanhã será o resultado do que pensares hoje."

Buddha

Hélène – Todos nós nos alimentamos de energias.

A alimentação é um automatismo do nosso ser. É determinado pelas necessidades que temos em dado momento da nossa evolução.

A alimentação pode ser de energias positivas e de energias negativas.

As quantidades de energia positiva e de energia negativa que o nosso ser necessita para se alimentar vão mudando à medida que vamos evoluindo.

João Carlos – Aquilo que permite a nossa evolução é a nossa escolha de emitir mais energia positiva, activando outros tipos de automatismos e mudando as nossas necessidades energéticas. E esta escolha é possível mesmo na presença de uma grande dor ou um grande sofrimento na nossa vida. É aliás apenas fazendo esta escolha de emitir mais energias positivas que nós podemos activar os nossos automatismos de cura, de evolução, superando todas as dificuldades.

A energia que nós emitimos é determinada pelos pensamentos que temos, conscientes ou inconscientes. Então, para emitirmos mais energias positivas precisamos de ter mais pensamentos positivos. Desta forma, o nosso ser vai necessitar cada vez menos de se alimentar de energias negativas.

Os teus pensamentos positivos são o teu trampolim para a felicidade.

Hélène – É possível não saber que um pensamento é negativo e que prejudica a si próprio e aos outros. Exemplos de pensamentos negativos são: estar sempre a perguntar porquê, alimentar saudades, focar nas impossibilidades, nos medos, nas preocupações, na crítica, no julgamento, nos ciúmes, alimentar a tristeza e a revolta, permitir a baixa auto-estima, a possessividade, a inveja e o controlo do outro.

É possível também saber que um pensamento é negativo e ainda assim pensá-lo porque se acha que é justificado devido à "injustiça" da situação ou à necessidade de "correcção" ou "educação" da outra pessoa. Assim ir-se-ia repor a justiça. Então emite-se negatividade pensando que se está a fazer bem, que assim é que as coisas vão ser corrigidas e o outro vai ser endireitado e educado.

João Carlos – Quando nós emitimos muitos pensamentos negativos, começamos a atrair energias que correspondem a estas frequências do pensamento negativo, pois os semelhantes atraiem-se sempre, pela lei da atração. E perdemos a capacidade de estar no momento presente com Deus, pois Deus só existe no presente. Não existe no passado nem no futuro.

Podemos ter sinais de que isto está a acontecer quando a nossa atenção começa a ser chamada mais frequentemente para coisas negativas, como por exemplo dar muita importância ao noticiário, aos jornais, às circunstâncias negativas das sociedades, às doenças, às preocupações, aos medos, às impossibilidades, às histórias negativas e dramáticas dos amigos e dos familiares. Passamos a estar sempre em estado de alerta, como se a vida fosse apenas uma fonte de perigos, dificuldades e de contas para pagar.

E já não conseguimos dar atenção e apreciar coisas bonitas e positivas, como as flores no jardim, ou uma notícia boa, ou um momento tranquilo passado sem fazer nada, só a sentir a vida. Não conseguimos estar no aqui e agora.

2.3.1 AUTOMATISMOS DE ALIMENTAÇÃO ENERGÉTICA

Hélène – Acontece com bastante frequência que, quando estamos com uma pessoa que nos é muito querida (familiar, amigo), de repente, começamos a discutir e, então, um de nós, deixa de se sentir bem. Passa a sentir-se mal, vazio, sem forças, enquanto que o outro, apesar da discussão, continua a sentir-se muito bem.

Pode ter acontecido que aquele que continua a sentir-se bem se tenha alimentado da energia do outro e tenha desviado energia através deste processo de discussão. O outro perde toda a energia e a pessoa, sem se aperceber, alimenta-se desta forma. Este é um automatismo muito comum. E quando isso acontece, muitas vezes com o nosso pai, com a nossa mãe ou com um amigo, devemos com muito tacto, muita sensibilidade, dizer-lhe o que, em nossa opinião, está a acontecer.

Podemos dizer-lhe: "Olha, sabes, quando tu me disseste isto ou aquilo – e já várias vezes me aconteceu isso – eu senti-me vazio, sem forças, perdi completamente a minha energia." A maior parte das vezes basta dizermos isto para a pessoa se aperceber que se está a alimentar da nossa energia através do conflito. E as coisas entram no bom caminho só pelo facto de comunicarmos e de explicarmos ao outro aquilo que estava a acontecer.

João Carlos – Outro tipo de automatismo que existe é quando nós estamos a falar com amigos, com colegas, e podemos estar a falar, a pensar ou a descrever coisas que são negativas e que nos põem num estado de angústia, de mau-estar profundo. Só o tema da conversa coloca-nos no meio das energias negativas.

Também quando estamos sozinhos, a pensar nas nossas coisas, por vezes podemos estar embrenhados em preocupações, em limitações, a pensar impossibilidades, a focar nas tristezas, a perguntar "Mas porquê?". "Porquê eu?" ou "Porque é que isto está a acontecer-me?". "Isto é muito injusto!" ou "Estou tão preocupado com o meu filho..." ou "Se estivesse a viver noutro lugar ou a trabalhar noutra área ou a viver com outra pessoa..." ou "como é que vou conseguir pagar esta factura?" Enfim, vocês entendem. Estes pensamentos, que todos temos, não são tão inofensivos nem tão pequenos como podemos achar.

Hélène – O que é que estamos a fazer?

Estamos a alimentar-nos de energias negativas sem nos apercebermos.

É um automatismo. O nosso cérebro habitua-se a "puxar-nos" para este tipo de alimentação.

Todos nós vemos televisão e não podemos perder uma única vez o telejornal porque não podemos passar sem sabermos o que se passa no mundo.

Mas o que é que estamos a fazer?

João Carlos – Estamos a alimentar-nos com energia negativa e, muitas vezes, ao mesmo tempo que estamos a comer. À hora da refeição, a gente alimenta-se com a dor do mundo. Claro que ao vermos isto não ficamos contentes, obviamente que ficamos tristes.

E a nossa tristeza alimenta o circuito de negatividade. Construindo uma espiral que nós alimentamos e que nos alimenta também. Podemos modificar este hábito que é bastante comum na nossa sociedade, que faz com que cada vez comamos mais disto e que cada vez queiramos comer ainda mais, numa roda sem fim, atraindo cada vez mais energias negativas. A nossa cura passa então por reduzir a nossa participação neste circuito de alimentação, deixando-nos mais livres para descobrir outros circuitos mais positivos.

Nós somos capazes de mudar a nossa alimentação. Nós podemos decidir focar a nossa atenção numa outra onda.

E como é que podemos passar de um tipo de alimentação para outro?

Através da mudança do tipo de pensamentos que temos. É uma mudança subtil e muito profunda e é mesmo uma questão de escolha.

2.3.2 A FÉ

Hélène – Uma vez, por uma razão completamente justificada, aconteceu que perdi a força toda, fiquei muito triste, entrei numa grande depressão e já não sabia sair de lá.

Um dia, farta do meu desespero, procurei voltar a comunicar com os Seres de Luz, que até isso eu tinha deixado de fazer.

Concentrei-me no meu coração e comecei a fazer aquelas perguntas que nós conhecemos "Mas porquê? Porque é que isto meu aconteceu? Porquê a mim?" *(risos)*

E fiquei focada no silêncio do meu coração com um papel e uma caneta, aguardando uma resposta.

Os Seres de Luz, com muito amor, disseram-me: "Hélène, minha querida, tu estás assim porque queres".

Eu fiquei muito revoltada com esta afirmação. Não entendia esta frase. Como é que eu podia querer estar numa situação em que nem forças tinha para estar de pé, nem para preparar o almoço para os meus três filhos? Ninguém pode querer isso!

Fiz a birra e fiquei três dias sem comunicar com os Seres de Luz! *(risos)*

Ao fim desses três dias, pensei: "Se Eles me dizem que eu estou assim porque eu quero, agora vão ter que me ensinar uma forma de sair de lá!" *(risos)*

Eu, apesar da minha revolta, estava disposta a aceitar que podia estar errada e a aceitar que me indicassem o caminho para ultrapassar a situação.

Então voltei a comunicar com os Seres de Luz. Peguei no meu caderno e na minha caneta e resolvi pedir-lhes que me dissessem alguma coisa.

Os Seres de Luz então disseram-me: "Hélène, encontras-te neste estado porque perdeste a fé."

Fiquei chocada! Respondi: "Eu não perdi nada a fé! Continuo a acreditar em Deus, nos Seres de Luz. O que é que vocês querem dizer com isso?"

Eu disse-lhes: "É claro que não estou nada satisfeita com a situação que estou a viver, mas isso não significa que tenha perdido a fé, até porque me sinto bem todos os dias com a presença da luz, de Jesus e é isso que me faz bem!"

Eles repetiram: "Perdeste a fé porque deixaste de acreditar na saúde, deixaste de acreditar na felicidade. Deixaste de acreditar que existe uma vida bonita para ti e para a tua família."

E continuaram: "A fé de que estamos a falar não é acreditar em Deus; acreditar em Deus é uma das manifestações da fé, mas não é a fé."

Percebi então que o conceito de fé dos Seres de Luz era muito mais alargado do que o meu. Para mim fé era acreditar num Deus todo poderoso.

Os Seres de Luz continuaram a esclarecer-me sobre este assunto.

"A fé é um conceito mais alargado do que aquele que os seres humanos costumam utilizar. Ter fé não se refere a alguma prática de culto ou religiosa, não se refere a seguir uma religião nem sequer é acreditar em Deus. Pode-se ter fé sem conhecer Jesus, Deus, Alá, Buda, Vishnu, Brahma ou Moisés. Pode-se ter fé sem nunca se ter ouvido falar dos Seres de Luz, dos Anjos, das energias, das fadas, dos devas ou dos duendes. Pode-se ter fé sem conhecer os Génios, os Espíritos, os Orixás, Exus ou Tronos. Pode-se ter fé sem nunca se ter ouvido falar de símbolos, de ascensão, de cura, ou de espiritualidade."

Eu não estava a entender nada! *(risos)*

Os Seres de Luz continuaram: "A fé é nós sabermos que estamos de boa saúde, que somos felizes, que somos tudo o que é

| O conceito da fé alargada |

necessário para a nossa vida, mesmo quando nos falta alguma coisa. Fé é ter a certeza que a vida é perfeita, que tudo corre bem, que nós temos abundância, felicidade, amor, paz, amizade e tudo o que é bom na vida. É saber que isso já é uma realidade."

Eu estranhei muito tudo isto. Não estava nada a sentir isso como sendo verdade. Para mim, a minha dor era a única realidade.

A depressão leva a estados tão baixos de energia e coloca-nos em contacto com energias muito pesadas. Por isso não sabemos quanto tempo conseguimos resistir. Aqui não se trata de uma escolha, trata-se mesmo de resistir, de aguentar. É lógico que eu gosto da vida, que gosto de viver mas, na altura só me apetecia desaparecer, nada para mim fazia sentido.

Os Seres de Luz explicaram que perder a fé era isso mesmo.

Então eu virei-me para eles com muita sinceridade e humildade e disse: "É verdade, já perdi tudo aquilo que me dava vontade de viver. Não posso dizer que estava numa situação de felicidade porque se o disser, estou a mentir, será uma grande mentira."

Eles responderam-me: "Hélène, tu não perdeste nada filha! Está tudo perfeito. A saúde perfeita e a felicidade existem, tu não as sentes mas elas existem. Esta realidade existe numa outra dimensão e se tu deixares de acreditar nela, pelas circunstâncias da vida, manifesta-se na tua vida uma outra realidade que já não é de felicidade. Mas não é por ela se manifestar que ela é mais verdadeira do que a outra. Ela é apenas a manifestação da tua falta de fé. E ela só se manifesta por causa da tua falta de fé. Na ausência da fé, qualquer realidade desagradável pode manifestar-se. Existe, numa dimensão de ti própria, uma vida de família feliz em que tudo está totalmente bem, em que tu estás de boa saúde e os teus filhos também, tudo está impecável. E é preciso que tu voltes a acreditar nisso para te curares."

É como se para ires na matéria e passares bem temos um compromisso de acreditar que tudo está bem. Se não acreditas nisso vais passar mal. Se não assumires o teu compromisso de acreditares que tudo está bem mesmo quando ocorrem coisas desagradáveis, vais passar mal. Porque uma das características da matéria é ser o reflexo do nosso pensamento. A própria matéria só funciona assim, ao contrário do que nós acreditamos. E é um grande desafio para a lógica, para a nossa lógica de seres humanos. É uma lógica que não faz sentido. É uma lógica que não tem lógica nenhuma! *(risos)*

E isto acontece com todos. Não há ninguém com quem isso não aconteça.

Este exemplo da minha vida era uma situação extrema. Mas afinal na vida isso está sempre a acontecer.

Só que nós, seres humanos, não damos importância. O desconforto não é suficiente para nos activar o desejo da mudança. Não é um desconforto que dê perigo de vida e vontade de reagir para sobreviver.

Todos nós temos a tendência para só nos mexermos quando a coisa está mesmo mesmo mesmo mal! *(risos)*

Quando está meio mal ainda se aguenta.

"Então como você está?

– Vamos andando..."

(risos)

João Carlos – Nós às vezes encontramos pessoas que são ateias, que não acreditam em Deus. Mas pelo contacto com elas podemos aperceber-nos que elas estão a viver este conceito alargado da fé, pois acreditam nelas, acreditam que a vida é bonita, mágica, positiva e que, mesmo que isso não se manifeste a 100% no seu dia-a-dia, elas interagem com uma dimensão da vida em que tudo está bem. Então elas estão habituadas a procurar possibilidades, a encontrar soluções, a dar a volta por cima, a continuar a sonhar mesmo no meio das dificuldades. E isso faz toda a diferença.

Hélène – Então, os Seres de Luz aconselharam-me: "Começa por fazer exercícios curtos, porque o teu espírito, no estado em que está, só se consegue alimentar de coisas negativas e, devido a esse mesmo estado, estás incapaz de te alimentar de energias positivas, energias de luz. Estás capaz apenas de pensar limitações e impossibilidades.

| Procurar possibilidades |

Se tentares fazer exercícios longos, isso pode ser prejudicial porque ficarás ainda mais cansada, mais enfraquecida. Assim, deverás fazer os exercícios em pequenas doses. É como uma pessoa que passou sede durante muito tempo; de repente, não pode beber um rio inteiro. Tem que beber primeiro pequenas quantidades até se readaptar e só depois é que pode beber quantidades maiores. O mesmo acontece com uma pessoa que passou muito tempo sem comer. Ora, é exactamente isso que acontece com o alimento espiritual, as energias."

Então, Eles sugeriram: "Constrói uma frase com as palavras que te tocam mais, descrevendo o que tu queres para a tua vida como se essa fosse a realidade actual".

E eu respondi, muito revoltada: "Mas isso não é verdade! Se eu fizer isso estarei a mentir!"

E eles disseram: "Minha querida, considera o dizer essa frase como tomar cálcio quando tens falta dele. Só o tomas porque estás em carência. Então, diz essa frase mesmo que não acredites que ela seja verdadeira. E, de vez em quando, muda de frase. Repete cada uma das frases várias vezes, e sempre que puderes, diz em voz alta pois é mais eficaz."

"Personaliza a tua frase, senão torna-se impessoal e não pegas nela. Por exemplo, a frase: "Eu sou luz, eu sou amor" é muito eficaz mas neste momento necessitas de frases mais próxima do que estás a viver, frases que te dêem motivação para as usares todos os dias durante muito tempo."

Os Seres de Luz tinham razão. Esta frase tinha uma energia já tão elevada que nem me tocava, porque eu estava muito em baixo mesmo. Hoje, ao dizer: "Eu sou luz, eu sou amor", sinto-me muito bem. Naquela altura, não sentia nada, nem me tocava.

Então assim fiz. Construí uma frase e passado algum tempo construí outra e ia mudando, porque dizer sempre a mesma frase chega a um ponto que enjoa! *(risos)*

Quando ia a conduzir ou estava a fazer coisas de rotina, em vez de deixar que os pensamentos que vinham e que eram sempre negativos me dominassem, do tipo: "a minha vida já não vale nada", "eu perdi tudo", "já não tenho nada", "quem sou eu", "eu não valho nada", "eu não mereço", "isto é muito injusto", "nunca mais vou ser feliz", etc., repetia as tais frases que tinha escrito.

A frase que repetia mais vezes era esta: "Eu vivo uma vida de família rica, unida e feliz!"

Quando comecei a dizer isso, revoltava-me muito! E dizia para os Seres de Luz: "Mas isso é uma grande mentira! É exactamente o contrário do que eu estou a viver! Ao dizer a frase não a estou a sentir como sendo verdadeira e por isso não pode funcionar!"

E disse ainda: "Eu só aceito fazer isto para vos provar que não funciona!"

O que é certo é que, ao fazer isso, ao dizer a frase em voz alta várias vezes seguidas, ficava completamente bem durante dez minutos, normal, com energia e dona do meu corpo físico. Era capaz de me levantar, lavar a loiça, passar a ferro, varrer o chão etc., sem me custar nada. Tudo era normal. Passados estes dez minutos, voltava a depressão e o meu corpo já não respondia novamente.

Só que esses dez minutos, valiam ouro!

Então continuei este esforço e, à medida que ia continuando, esses dez minutos de "ouro" foram aumentando, aumentando até conseguir ter dias absolutamente normais.

Hoje estou curada.

Demorou alguns anos. Pôr este comboio da fé em movimento é que foi a grande decisão. No início foi difícil, parecia completamente impossível. Não havia qualquer visão de resultados, nem sequer via a luz ao fundo do túnel. Até nem havia túnel. Era tudo um completo absurdo!

Nunca houve túnel, nunca houve luz. Mas de repente tudo em mim mudou. As circunstâncias que provocavam a depressão continuam a existir. Mas eu mudei. Actualmente eu sou feliz. Nunca mais fui afectada por estas circunstâncias. Descobri que a felicidade não depende do exterior e sim apenas de mim própria. E só mudando por dentro a felicidade tornou-se possível. Eu tornei-me independente de tudo o que provocava a minha infelicidade.

É caso para cantar: "tou nem aí, tou nem aí!" *(muitos risos na sala)*

Agora, não me interessa minimamente saber o que vai acontecer no futuro, o que o outro faz, se as circunstâncias vão mudar ou não, ou se eu sou ou não injustiçada pela vida.

O que me interessa actualmente, o que me faz viver e sentir viva, é viver o presente, dar-me prioridade em tudo, fazer crescer os meus projectos e manifestar os meus sonhos, interagir com a vida na base das possibilidades. Em vez de dar energia à luta e gladiar contra as circunstâncias que não me fazem feliz, eu aprendi a aceitar tudo. E comecei a dar energia, atenção e prioridade áquilo que eu quero fazer crescer. Aos meus projectos, aos meus sonhos, aos amigos, à minha vida feliz do presente.

E querem saber? Funciona!

Meditação pela Terra
Entroncamento, Portugal
12 de Junho de 2005
Orientada por Hélène Abiassi

Então agora eu vou convidar-vos a fechar os olhos e a sentirem-se confortáveis. A sentirem-se como se estivessem num cantinho, em vossa casa; no cantinho mais confortável da vossa casa.

Vamos tomar três grandes respirações e voltar à respiração normal.

Eu vou convidar aqui a trabalhar connosco o Mestre Adama e convido também todas as hierarquias espirituais, os Seres de Luz que vão participar connosco, aqui, hoje, nesta dádiva de energia pela Terra.

Vamos sentir, imaginar, por baixo dos nossos pés, uma placa de luz branca. Sentir o contacto dos nossos pés com o chão.

Do nosso lado direito, perto da nossa mão direita, vamos sentir a presença do nosso Anjo da Guarda.

Vamos agora concentrar a nossa atenção no chakra do coração; no meio do nosso peito, vamos imaginar uma bola de luz branca.

Vamos sentir, imaginar esta bola de luz branca em movimento, a rodar muito devagarinho. E vamos sentir o nosso corpo a relaxar, principalmente a nossa nuca, relaxar as tensões, o stress no pescoço, na nuca. Sentir os nossos braços relaxados, as nossas pernas também. A barriga, as ancas também estão relaxadas agora.

Vamos agora dirigir a nossa atenção para o nosso lado direito e sentir novamente o contacto com o nosso Anjo da Guarda. De mãos dadas com o nosso Anjo da Guarda vamos fazer uma viagem e, para iniciar a nossa viagem, vamos entrar dentro do nosso chakra do coração acompanhados pelo nosso Anjo da Guarda. Nós somos, hoje, levados até à Cidade de Lys-Fátima.

A nossa Terra, como todos os planetas deste sistema solar, é oca. Dentro da nossa Terra a vida existe organizada, estruturada em cidades de luz. A cidade de Lys-Fátima é uma das cidades de luz, que corresponde a Portugal. E temos uma filiação directa, uma filiação espiritual, com os seres que vivem nesta cidade de Lys-Fátima.

Hoje nós somos convidados a ir até um templo de cura dentro da cidade de Lys-Fátima.

Vamos tomar um lugar confortável, meio sentado, meio deitado. Sentir sempre a presença do nosso Anjo da Guarda.

Vocês podem sentir uma cor verde que é a cor deste templo de cura e sentir à volta os terapeutas multidimensionais que vêm e que vão trabalhar dentro dos vossos corpos e que vão aliviar as tensões, limpar, curar, remover tudo o que já não serve para a vossa vida actual. Libertar o vosso Ser de Luz.

Muito cuidadosamente as sarcedotisas e os sarcedotes trabalham à volta de vocês.

Do vosso lado esquerdo vocês podem ver piscinas com águas de várias cores e cada um ao seu ritmo, à sua maneira, pode ir nadar. Dentro destas piscinas, as águas são terapêuticas. Estas águas vão permitir ao nosso Ser de Luz ficar mais brilhante, mais puro, mais flexível. Podemos sentir a presença dos nossos amigos golfinhos dentro destas piscinas acompanhando-nos.

O nosso corpo regenera.

Os códigos da paz estão a trabalhar dentro de cada célula do nosso corpo.

Os códigos da paz entram de uma maneira muito profunda.

A paz vibra agora dentro do vosso corpo, numa vibração que vocês podem sentir. Mantendo connosco estas vibrações de paz que acabámos de receber, vamos sentar-nos agora num lugar muito confortável, muito agradável: numa rocha, num relvado. Vamos passear um bocadinho e achar um lugar agradável, um lugar onde vocês se sintam bem, em harmonia com a natureza, perto de um ribeiro pequenito. E cada um acha uma posição confortável. E vocês vão *"dar um tempo"* para observar a natureza à vossa volta, descobrir, abrir os vossos olhos espirituais, os vossos sentidos, imaginar, deixar a vossa imaginação trazer as informações, ser receptivos.

E vamos *"tomar um tempo"* para partilhar esta beleza e, a partir do nosso chakra do coração, vamos emitir um raio de luz, um raio de paz, um raio de muito amor e dirigi-lo para a nossa Mãe Terra. Pode ser com as vossas mãos a tocar a Terra, a tocar a relva. Vocês estão a emitir muito amor, e muita paz e a transmitir esta paz e este amor à nossa Terra.

Vamos agora partilhar a nossa energia também com os nossos familiares, os nossos amigos e podemos mandar pacotes cor-de-rosa a todas as pessoas que nós conhecemos: pais, filhos, amigos, vizinhos. Aproveitamos desta paz para mandar muitos pacotes cor-de-rosa a todos os seres que vivem perto de nós, muita paz, muito amor.

Vamos agora mandar um pacote cor-de-rosa para uma pessoa muito especial, uma pessoa que ocupa muito espaço dentro do nosso coração, esta pessoa és tu. E vocês vão escrever uma carta, uma coisa linda, e depois vão deixar o pacote e a carta em cima da vossa cama.

Tu é a pessoa mais importante da tua vida, não há pessoa mais importante.

Vamos retomar o contacto com o nosso Anjo da Guarda.

Novamente vamos focar a nossa atenção no chakra do coração e vamos regressar aqui nesta sala.

O nosso chakra do coração está cheio de paz e nós vamos começar a sentir novamente o contacto dos pés com o chão, movimentar um bocadinho os pés, as mãos, abrir os olhos, estamos no aqui e agora, cheios de força.

2.4 AS PRINCIPAIS FONTES DA ESTABILIDADE ENERGÉTICA

2.4.1 A PAZ

João Carlos – A **energia da paz** é uma energia muito importante, muito poderosa e muito utilizada na Terapia Multidimensional. Aliás, em todas as sessões, nós fazemos a verificação do nível de paz da pessoa que nos procura. A um dado ponto da sessão, sentimos que chegou o momento de nós fazermos essa verificação. Então, como fazemos a verificação?

Utilizamos uma imagem que é a do abraço da paz.

Há três momentos importantes numa sessão. No início, quando recebemos a pessoa, falamos com ela e perguntamos-lhe em que é que podemos ajudar. A pessoa conta algumas coisas da vida dela, o que é que sente, as dificuldades… e nós vamos registando. Pode ser uma dificuldade com a mãe, com o marido, com um filho, etc. Nós registamos que há uma dificuldade ao nível da paz. Quando vamos fazer a sessão, que é o segundo momento, vamos fazer a verificação, o tratamento energético propriamente dito em que nós ficamos sentados a fazer a prática de terapia. Quando estamos de olhos fechados a emitir, a praticar, chega um momento em que sentimos que devemos verificar como está o nível de paz entre esta pessoa e o filho, ou a mãe. E nós imaginamos, no mundo espiritual, um abraço da paz entre o cliente e a outra pessoa.

Conseguimos sentir como se desenrola o abraço. Pode ser que este abraço choque, não se efectue imediatamente, as pessoas podem não se encontrar ou até, se for mesmo complicado, uma pode bater na outra, pode passar em cima ou então nem sequer se aproximam. Sente-se uma resistência. Então, o nosso papel enquanto terapeutas é continuar focados no coração, que é a nossa acção base do princípio até ao fim. Depois, quando há uma situação como esta, nós sentimos necessidade de emitir, do nosso coração, energia de paz. Podemos também sentir necessidade de emitir, do nosso coração, energia de perdão. Pode haver um desequilíbrio ao nível da sensação de justiça: o cliente ou o outro podem sentir-se injustiçados. Aí entra a energia do perdão. Ou então pode haver um conflito, um atrito qualquer e aí entra a energia da paz.

E o terapeuta vai emitindo, muito tranquilamente. Temos tempo e muita paciência! Com o passar do tempo, sentimos que já é mais fácil a nossa imaginação conseguir fazer o abraço. Se antes estavam a bater uma na outra, podemos sentir que agora já estão, ao nível espiritual, ao nível das almas, a conversar, a resolver os assuntos pendentes. No final, consegue-se mesmo dar este abraço da paz. Aí temos um sinal que se atingiu um nível de paz bem estável.

Hélène – Muitas coisas são resolvidas, naturalmente, com este abraço da paz. Noutros casos teremos que procurar "o que é que aconteceu?". De repente vem uma memória. Entramos assim na segunda etapa – a regressão de memória. A memória explica o que sucedeu e passa-se para a etapa do perdão. Em seguida, tentamos fazer de novo o abraço da paz e, desta vez, ele vai ser bem sucedido. Com o tempo, com a prática e a experiência, vocês vão descobrindo estas coisas.

A regressão dá a compreensão dos factos. Isso permite que o trabalho se desenrole. A compreensão dá o acesso ao perdão.

Estas são bases naturais da Terapia Multidimensional. É que não é preciso ir com espadas e com isto e aquilo porque quando estas coisas são harmoniosas, curam-se facilmente, sem esforço, porque as leis naturais do Universo trabalham a favor do cliente. Se notamos que o cliente está mal e se pesquisarmos nos pontos-chave (por exemplo, perdão, paz, etc), encontramos sempre situações onde há bloqueios. É melhor passar tempo a estudar e a resolver naturalmente estes pontos do que a focarmo-nos em todos os obsessores que são atraídos por emissões desorganizadas de falta de paz. É melhor refazer a paz, pois, naturalmente, estes obsessores vão-se embora por falta de comidinha! Para ficarem, precisam de comer. Para comerem, tem que haver emissão de energia negativada, de sofrimento. Se formos à fonte de emissão desta energia (muitas vezes são conflitos e falta de perdão) e a secarmos, os obsessores são encaminhados com muito prazer porque não querem ficar aqui a morrer à fome! É a lógica do trabalho.

Quando existe um conflito dentro de nós, portanto entre duas partes nossas, externas ou internas, o que é que acontece ao nível das energias espirituais?

Todos nós temos um corpo que é protegido por um certo tipo de energia e, junto de nós, existem seres com a missão de nos proteger, os Anjos. Cada um tem, conforme a sua essência, um determinado tipo de protecção à volta de si. E quando há um conflito que nos afecta, quando há uma energia que nos afecta, muitas vezes é porque a protecção que existe à nossa volta não consegue ser eficaz. Ela não consegue, naturalmente, manter a sua posição de protecção.

O que é que faz com que ela não possa ser capaz de manter esta posição de protecção?

Imaginemos que temos um conflito com uma pessoa. Entre os dois existe um conflito, então vão circular energias que são negativadas. Se não existisse esse conflito, essas energias não poderiam entrar – nem circular até – mas, se vierem a circular, não podem entrar. Se houver conflito é como se assinássemos um contrato dizendo: eu autorizo esta guerra. Então as energias vão circular e vão entrar no nosso campo que normalmente deveria estar sempre protegido.

O que é que fazemos com as energias de Paz?

Nós limpamos este tipo de contrato. Nós fazemos o perdão, a paz.

E, agora, já existe um outro contrato, que é o contrato de Paz e os Guardiães, à nossa volta, seja de que natureza for, conseguem reerguer-se porque Eles funcionam com ordem divina, funcionam por Deus. Então, por Lei, eles têm autorização para nos proteger de qualquer coisa que venha ter connosco. Se nós temos uma guerra interna, eles são obrigados a deixar passar as energias estão a contrabalançar com outro contrato que diz: – "aqui há guerra, e estas energias podem entrar" e eles são obrigados a deixá-las passar.

João Carlos – A cada momento, estamos a assinar e a rescindir contratos.

Hélène – Há uma parte da terapia em que podemos sentir com o nosso discernimento. Na conversa que vamos ter com a pessoa com quem vamos fazer a terapia e que se encontra fisicamente na nossa presença (não estou a falar da terapia à distância, que é diferente), há uma parte que nos vai permitir compreender e interpretar a situação utilizando o nosso discernimento. Esta parte vai ser feita por nós, não vai ser feita pelo nosso duplo, e vai permitir-nos também orientar e conversar com a pessoa ou, às vezes, dar um conselho. Nós vamos sentir rapidamente se a pessoa se sente em paz e com quem ela não está em paz, o que é uma das partes mais importantes da cura.

Porquê?

Porque todos nós escolhemos vir à Terra também para resolver alguns assuntos. Nós somos seres eternos mesmo que a manifestação da eternidade não se veja porque, de quando em quando, passamos pela morte física e, depois, pelo renascimento! A nossa essência é eterna.

Todos nós fizemos um percurso até chegarmos ao encontro de hoje. Durante este percurso, atravessámos várias vidas aqui na Terra, em outros planetas, em outros planos, em outras formas de vida. Podemos dizer que o resumo da nossa história nos acompanha ao longo da nossa vida. E nós vamos reencontrar durante o tempo da nossa vida muito do que nos aconteceu durante outras vidas e, tanto no lado positivo como, principalmente, no lado dos bloqueios, nos lados mais pesados, mais difíceis, muitos destes acontecimentos mais difíceis, mais dolorosos, vão acontecer durante a nossa infância, sem que tenhamos muita maneira de escapar.

Digamos que há partes cármicas muito pesadas que vão materializar-se muito cedo na nossa vida e que podem ficar marcadas em nós, não só por serem desta vida, mas também por serem a reprodução de algo que já aconteceu, e que, eventualmente, se foi repetindo ao longo de várias vidas. Podem, até, ter uma origem interestelar.

Na Terapia Multidimensional, sem saber, nós procuramos que a nossa equipa espiritual vá à origem disto e limpe tudo, para isto não voltar a acontecer na nossa vida actual e daqui para a frente. Dentro destas coisas todas, que podemos não entender e não ter mesmo consciência delas porque o trabalho será feito pelas equipas, há uma parte que podemos ainda entender que é aquela parte do relacionamento com as pessoas que são próximas de nós: nosso pai, nossa mãe, nossos irmãos, nossos amigos, os colegas de trabalho… pois são seres que já conviveram connosco noutras vidas mas nós não temos consciência disso.

Normalmente dizemos que não escolhemos a nossa família.

Será que é verdade?

Eu acho que escolhemos a família e a composição da família também é feita por escolha nossa, mesmo que rejeitemos esta escolha depois. Mas antes escolhemos: escolhemos ter um pai assim, por tal e tal razão; escolhemos ter uma mãe assim, por tal e tal razão … mas o nosso pai também escolheu dar-nos a vida por tal e tal razão. Nestes relacionamentos, há um interesse recíproco. E é assim que as famílias se compõem. Isso é a nossa ideia de raiz.

Quando estamos prestes a entrar numa das nossas vidas na Terra, temos as ideias claras mas, quando chegamos à Terra, as ideias baralham-se.

Então quando tínhamos as ideias claras o que é que pensámos?

Pensámos que com a tal pessoa sempre foi guerra, até no tempo das estrelas lutávamos para ter este planeta, ou para trabalhar com este grupo de pessoas, por qualquer razão já lutávamos.

Depois, de vida em vida, o que é que fizemos? Só fizemos encarnações em que fomos inimigos.

Agora vou escolher o perdão para esta pessoa. Se eu já a matei dez vezes foi porque ela já me tinha prejudicado. Só que desta vez eu vou escolher perdoá-la.

E o que é que eu vou fazer para manifestar na matéria a minha escolha?

Eu vou dar-lhe a vida que já lha tirei tantas vezes, vou perdoá-la e avançar no sentido da Paz. Então vou ser a mãe dela, ou vou ser o pai dela.

No entanto, a animosidade que existia não desapareceu, ainda fica nalgum lado.

Eu vou nascer e vou oferecer-lhe a vida. Ela vai nascer.

E quando nasce o que é que acontece?

Eu consigo manter-me fiel à minha linha, eu consigo manter-me centrado na opção que eu fiz da paz, mas, de vez em quando, tenho as minhas vibrações a baixar e irrito-me.

O que é que me acontece? Volto a lembrar-me que ela me matou?

Conscientemente não me lembro mas sinto uma raiva tão grande que só me apetece bater-lhe.

Então, vou ser desagradável, vou manifestar coisas não sei quê, vou...

Estes acontecimentos surgem, com frequência, nas famílias, sem se saber porquê. Ninguém sabe qual é a raiz disto.

Sentimo-nos mal, sentimos uma coisa desagradável, sem a saber explicar.

Isso acontece quando as nossas vibrações baixam e voltamos a sentir estas irritações. Mas, no fundo, no fundo, estamos a fazer um trabalho de paz porque nascemos para a paz e nestas condições familiares, para organizar algo durável pelo amor dado pelos laços de sangue, que vai contrabalançar o ódio e a guerra.

Então quando fazemos um atendimento, nós estamos nesta situação mas as pessoas que vamos atender estão na mesma situação, têm as mesmas coisas com os pais, com os irmãos, com todos os colegas de trabalho, com todos os que estão à volta, e estamos todos no mesmo impulso de paz. À partida, a nossa vida foi escolhida para conseguir um objectivo pacífico.

No entanto, acontece que, quando convivem dois seres que tentam uma paz que foi difícil e que nunca foi conseguida, de vez em quando, as coisas correm mal.

O nosso trabalho profundo de terapia vai ser de paz e podemos, primeiro, pensar que pode haver uma base de algum dos lados para aquelas guerras e o nosso trabalho pode ser de acompanhar, de incentivar, de visualizar a paz. A partir do momento em que o terapeuta emite a sua intenção de cura, emite uma visualização da paz entre as pessoas que se

estão a dar mal. A energia da paz envolve-os no nível espiritual e ajuda-
-os a reconciliarem-se.

A visualização que costumamos utilizar é o abraço da paz.

Quando falamos na paz, estamos a falar ao nível do presente. É no presente que estamos, porque se sentimos um desconforto com uma pessoa, é no presente que sentimos esse desconforto. Autorizamos ou não.

Ignorar este desconforto, no presente, significa que nós autorizamos este conflito. Ignorar é assinar. É assinar o que está. Se nós queremos outra coisa porque esta sensação é desagradável, vamos debruçarmo-nos sobre o assunto.

Vamos entrar em acção.

E a nossa acção é:

O que é que se passa aqui? Será que há uma guerra?

E uma guerra pode ser uma simples sensação de que, quando estamos com esta pessoa não nos sentimos bem. Então, temos duas soluções: ou vamo-nos embora ou tentamos resolver. Muitas vezes não conseguimos resolver falando com essa pessoa, porque, simplesmente, essa pessoa não fez nada para me irritar e eu também não. Existe uma coisa que não se sabe o que é.

O abraço da paz (ver capítulo 7).

Então o que é que utilizamos para evitar estas sensações desagradáveis que chegam até nós e que fazem com que a nossa protecção baixe?

Fazemos o trabalho da paz, o abraço da paz. Um trabalho de energias positivas. O abraço da paz é uma coisa que adoramos fazer... É assim...

2.4.1.1 O ABRAÇO DA PAZ

Hélène – Quando eu comecei a interessar-me por todas estas energias, antes de começar a escrever qualquer coisa, quem me deve ter aberto as portas foi um senhor cujo primeiro contacto que tive com ele foi através duma rádio pirata.

Um dia ligo o rádio e sintonizo uma daquelas rádios piratas (em que as pessoas iam para a prisão por fazerem a emissão) e estava um senhor a falar de curar pessoas com cores.

Isso mexeu tanto comigo que quase ía caindo para o lado.

Então, liguei para este senhor para marcar um encontro com ele.

Depois, ele disse-me que fui a única pessoa que fez uma marcação com ele.

A mensagem era mesmo pessoal. Deus tem destas coisas.

Ele fez-me um tratamento de terapia.

Perguntou-me se eu tinha problemas, se tinha conflitos à volta de mim porque eu tinha eczema nas mãos, tinha perdido a pele toda das mãos. Eu disse que sim. Que não me sentia muito confortável com as minhas colegas de trabalho. Mas não era conflito, era uma sensação desconfortável, mas elas nunca me tinham feito mal e eu também nunca lhes tinha feito mal nenhum. Eu não lhes queria mal nenhum. Ele explicou-me que podia ser isto a origem do eczema que tinha nas mãos.

Então, aconselhou-me a ir a uma livraria comprar um livro de pensamento positivo. Eu nunca tinha ouvido falar destas coisas, fui à livraria e comprei o livro, que era muito pequeno, mesmo muito pequeno, escrito em letras enormes, o contrário de um livro! Nós gostamos dum livro assim muito grosso, com muitas páginas e as letras pequenas, com muitas coisas concentradas. Aquele não. Era muito pequeno e dentro estavam escritas coisas muito, mesmo muito básicas. Eu achei isso muito estanho e meti o livro debaixo do sofá porque o achei fácil demais e que se o mundo era assim, nós já sabíamos disso. Ia ser tão simples. Mas, isto do livro, ficou-me a trabalhar na cabeça. Fui recuperá-lo e disse que, para me livrar daquilo, ia aplicar aquelas coisas e provar que não funcionavam. Apliquei então a explicação que estava no livro acerca do abraço e que consistia em sentar-me no sofá e imaginar um abraço com as pessoas com quem eu estava em conflito.

Então, pensei que não perdia nada em experimentar. Não acreditava nada naquilo, mas também não perdia nada em experimentar.

Todas as sextas-feiras, tínhamos uma reunião do grupo de trabalho, na qual eram tomadas as decisões para organizar a semana seguinte. Nesta reunião estavam todos os directores dos tempos livres das escolas daquela zona.

Eu vinha do exterior e as pessoas tinham crescido dentro da estrutura. Então, elas tinham uma maneira de pensar e eu tinha outra. Em cada reunião, todas as pessoas emitiam as suas ideias. Quando eu emitia a minha, todas as pessoas começavam a discordar e gerava-se um "*sururu*" que durava, mais ou menos, meia hora. Depois concordavam e a ideia era aceite. Isto durou cinco anos.

Até que, nesse dia, eu emiti uma ideia que não era nada de especial e as pessoas falaram normalmente, como pessoas normais em relação de trabalho e aceitaram a minha ideia.

Então, eu pensei: "Bem deve ter acontecido um acidente. Mas, em cinco anos de trabalho, nunca houve um acidente destes! Vamos ver!"

Na semana seguinte, a mesma coisa, tudo ficou direitinho.

Então, o que é que eu fiz?

Nunca falei com nenhuma delas, nunca fui mais do que colega como costumo ser, mas a coisa passou. Algo aconteceu.

Então a partir daí, eu comecei a experimentar tudo o que estava no livro, tudo, tudo.

Isto tudo é para dizer que o abraço da Paz é algo de que gostamos muito.

Depois deste abraço da paz básico que eu fiz com os colegas, fiz muitos outros, e todos nós já fizemos muitos abraços da paz, nos cursos, nos *workshops*, nas terapias, em imaginação, fisicamente, em pensamento, de qualquer modo.

É uma ferramenta poderosíssima, porque ela vem directamente de Deus. Ela não é nada de esquisito, nem nada do outro mundo e, às vezes, é difícil.

Na nossa vida, como é que se aplica?

Olhem, eu já fiz abraços da paz com a minha mãe, e não fiz só um, porque com a nossa mãe, só um não chega. Já fiz um, dois, três, quatro, cinco, seis, cem. Duzentos, mil, cinco mil... mas doseados, porque há pessoas assim, têm que repetir um bocadito. Também fiz abraços de paz com a minha sogra, não só um porque não chegou. Fiz cinco, seis, dez, mil, dois mil... Em cada situação que eu sinto uma tensãozinha com a minha sogra, faço um abraço da Paz e tudo corre bem.

Há coisas que nunca vamos resolver... não vale a pena... são mesmo assim mas, fazendo isto, podemos diminui-las, não ficar a sofrer tanto com as coisas do nosso dia-a-dia.

E quando fazemos uma terapia para uma pessoa, o que é que podemos fazer?

Quando sabemos que ela está em conflito com outra, porque nos explicou isso, imaginamos o abraço da paz entre elas. Na nossa imaginação, nós sentimo-las a fazerem isso uma à outra.

Às vezes sentimos uma a ficar superior à outra, ou uma a ficar inferior à outra. Então, visualizamos uma aproximação entre elas, pois isto tudo é a realidade espiritual. E ao fazer isso, continuamos o nosso esforço, emitimos a Paz e ajudamo-las.

Nós não estamos a interferir no livre-arbítrio. Nós estamos só a ajudar duas pessoas, duas almas, porque a gente faz isso ao nível das almas e as almas querem sempre Paz. Nós estamos só a ajudar estas almas a fazer o que elas têm dificuldade em fazer. Uma vez feitas as pazes, o que pode demorar um mês, dois meses, três meses, as coisas vão correr sempre bem.

Mas e se alguém pedir para nós ajudarmos ou se eu conheço alguém que precisa de ajuda?

João Carlos – Em qualquer situação isto é válido. Pode ser simplesmente alguém que eu conheça, ou um familiar, ou um amigo que vem ter comigo a falar de duas pessoas do trabalho que eu não conheço e dizer "aquelas duas pessoas estão em conflito uma com a outra, etc". Eu posso imaginar logo essas pessoas a darem um abraço e nunca as tinha visto.

Hélène – Nós imaginamos sempre esse abraço mesmo quando é difícil imaginarmo-nos a abraçar uma outra pessoa que nos provoca uma irritação forte … Há vezes em que é uma guerra pegada mas, mesmo assim, queremos a paz …

Muitas vezes ao fazer isso vêm-nos informações sobre a natureza do conflito. E, ao tratar estas informações, voltamos a tentar o abraço da Paz e aí conseguimos. Não podemos sentir-nos descansados enquanto não conseguirmos. Enquanto não conseguirmos materializar a visualização ou visualizar só em pensamento as duas pessoas a abraçarem-se, a nossa terapia não pára, vamos tentar até conseguir.

Então quando vemos que não conseguimos por este caminho, vamos procurar receber informações sobre a natureza do conflito. E aí vêm informações porque os Seres de Luz adoram a Paz, não gostam de conflitos. Não há nenhum Irmão da Luz que nos vá incentivar, de forma nenhuma, a qualquer conflito. Nunca. Os Irmãos da Luz são da Paz!

Então recebemos estas informações e imaginamos. Podemos até imaginar duas crianças a rebolar-se e a brincar na relva. Enfim, qualquer coisa que substitua a rigidez dos adultos… de anos de conflitos… Imaginamos duas crianças e, ao fazermos isso, a energia passa. Damos a volta, inventamos, há outras coisas para inventar que ainda não estão inventadas, e assim a energia da paz vai passar.

2.4.2 O PERDÃO

Hélène – Uma energia com a qual gostamos muito de trabalhar é a energia do perdão. Nós utilizamos muito esta energia porque uma pessoa que não consegue perdoar fica afectada.

Durante a Terapia Multidimensional transmitimos aos outros a energia do perdão, através do nosso coração. Durante a entrevista sentimos que a pessoa que veio à sessão precisa de perdoar alguma coisa que lhe aconteceu na vida. Ela não vai fazer o perdão conscientemente. É um trabalho no qual nós oferecemos o nosso apoio, o nosso suporte para ela ter mais facilidade.

Por exemplo, aconteceu-me uma coisa há pouco tempo e pensava que tinha perdoado. Mas, de facto, não tinha perdoado. Na minha cabeça eu sentia "pronto, já está, já passou, já perdoei." Mas, no fundo, no fundo o perdão não estava feito porque, quando eu pensava no assunto, ainda sentia tristeza ou emoção. Assim reconheci que não tinha perdoado e decidi fazer o perdão. Por vezes, quando são assuntos antigos, que já passaram, eu consigo fazê-lo sozinha. Mas outras vezes, quando são assuntos antigos mais emocionantes, temos dificuldade em perdoar. Então, eu posso pedir ajuda a alguém e dizer "eu preciso de ajuda, eu preciso de mais energia porque sozinha não consigo fazer este perdão." Aconteceu-me uma coisa estúpida de noite. Eu estava a andar de carro, quando muito a 70 km/h, e de repente apareceu-me um cão. Eu ia para travar mas atrás de mim vinha um outro carro quase colado ao meu. Eu deixo de travar e *paff...* bati no cão. Chorei, chorei, chorei, chorei. O tempo passou. Há alguns dias, estou a passar na auto-estrada e vejo um cão morto na berma e voltei a sentir emoção. Então, pensei "não perdoei, aconteceu uma coisa e não perdoei." O que é que se passou? Na minha cabeça, achei que alguém tinha tentado matar-me. Apesar de ter sido apenas um cão a atravessar a estrada... nada mais do que isso. Internamente sentia que, apesar de querer, não tinha conseguido perdoar.

Nesta situação pede-se ajuda ao terapeuta. Neste caso, eu pedi ajuda ao João Carlos para ele me ajudar a fazer o perdão. Ele ajudou-me e agora, quando vejo a imagem do cão e da estrada, já não sinto emoção. Já sinto que consegui perdoar.

Neste caso, eu entendi o que se passava, mas pode haver outras situações em que eu não entenda o que se passa mas necessito de energia de perdão para passar e perdoar.

São testes muito simples, lógicos e fáceis que podemos fazer para a nossa própria auto-cura. Pedir perdão. Chamar a energia do perdão até nos sentirmos bem com um assunto. Às vezes, uma só vez não é suficiente, temos que repetir.

Este exemplo que dei é só para terem um exemplo palpável e recente, mas há muitos outros exemplos.

Ao nível espiritual, quando conseguimos perdoar, libertamos os outros e libertamo-nos a nós próprios. É uma grande libertação e, de facto, as telepatias, as más energias que circulam, já não vão circular, deixando de nos afectar.

João Carlos – A energia do perdão também é muito poderosa e nós podemos aliá-la à energia da paz, durante o trabalho da paz.

Quando nós estamos a enviar paz e sentimos que há algo que tem dificuldade em passar, nós podemos usar o perdão para ajudar a desbloquear o fluxo da paz. Há uma frase muito bonita que nós costumamos praticar e ensinar as pessoas a praticarem também: "Eu amo-te, eu perdoo-te, eu respeito-te, eu aceito-te tal como tu és."

Nós podemos fazer isto mesmo durante o abraço imaginado e imaginar, simultaneamente, que estamos a dizer isto à outra pessoa. É muito, muito forte, muito poderoso. E é claro que tudo isto é válido para nós mesmos, como é óbvio, aquilo que nós podemos fazer aos outros podemos fazer a nós mesmos também. Então nós podemos também, naqueles momentos da nossa vida em que nos sentimos mais em baixo, com dificuldades no dia-a-dia e nas situações pelas quais passamos, sentarmo-nos um bocadinho, imaginarmos um abraço a nós próprios e dizermos a nós próprios: "Eu amo-me, eu perdoo-me, eu respeito-me, eu aceito-me tal como eu sou."

E sentimos logo a boa energia a passar e ficamos quentinhos … e depois é um caso sério porque a gente não quer sair dali! *(risos)*

É claro que a ordem desta frase pode ser alterada.

Se nós não nos lembrarmos da ordem correcta, então não vamos ficar à espera de nos lembrarmos.

O importante é dizermos estas quatro coisas: "eu amo-te, eu perdoo-te, eu respeito-te, eu aceito-te tal como és".

Evidentemente que podemos acrescentar mais coisas, como, por exemplo "eu abençoo-te", mas estas quatro são suficientemente fortes para nós avançarmos bem.

2.4.3 PALESTRA COM CANALIZAÇÃO DE SANANDA

Serviço e Entrega
Por João Carlos Paliteiro
11 de Dezembro de 2005

Serviço e Entrega... andam sempre juntos. Podemos dizer que o verdadeiro Serviço é a Entrega. A entrega ao coração. A entrega a Deus. A entrega ao plano divino. Esse é o verdadeiro serviço. Não há maneira de nós, aqui, com a nossa consciência actual, sabermos qual é o propósito último de Deus para todos nós. Mas isso não impede que nós possamos colaborar com Ele. E para podermos colaborar com Ele basta, tão-somente, pormo-nos à Sua disposição.

Deus conhece tudo sobre nós e Ele não nos deixa um só segundo... e a vida que Ele tem reservada para cada um de nós ultrapassa em larga medida as melhores maravilhas que a nossa imaginação consegue conceber. Apenas as nossas resistências, os nossos medos, representam barreiras para que essa nossa vida, reservada por Deus para cada um de nós, se manifeste e materialize. Só isso. Não é Deus que impede isso. Deus não impede nada. Deus respeita infinitamente a vontade de cada um de nós. Se nós mantivermos a nossa atenção na limitação, o Seu infinito amor respeita essa vontade. A nossa entrega representa simplesmente uma comunicação nossa com Deus a dizer que nós estamos disponíveis para recebermos o infinito do Seu amor no nosso coração e isso é o começo de todos os milagres na nossa vida e isso é o verdadeiro serviço.

Ao termos o nosso coração em Deus, Deus pode operar milagres através de nós. Pode tocar todos os corações de todas as pessoas à nossa volta e, dessa forma, incentivar e encorajar todos quantos nos rodeiam a fazerem o mesmo... a entregarem-se, a aceitarem receber todo o Amor, toda a luz, toda a paz que Deus tem reservado para nós desde o começo dos tempos e ainda antes disso.

Como é que nós nos entregamos? É simples: "Deus, eu me entrego a ti hoje e sempre. Deus, eu me entrego a Ti. Seja feita a Tua vontade."

(pausa)

Cada um de nós é, em todos os momentos, acompanhado por muitos Seres de Luz que nos amam infinitamente. Não é o facto de nós não os conseguirmos ver ou sentir que faz com que eles não estejam lá.

É como uma criança que está a brincar no parque infantil, completamente absorvida com os seus brinquedos, com os seus amigos e o pai e a mãe, mesmo ali ao lado, a olhar por ele, a seguir-lhe os movimentos, a adivinhar-lhe os pensamentos, em comunhão com os seus desejos, com as suas emoções. A criança muitas vezes nem se lembra que os pais estão lá. Mas às vezes lembra-se, levanta os olhos e sorri ao ver que os pais sempre lá estiveram e continuam. É exactamente assim com cada um de nós.

Muitas vezes estamos tão absorvidos com as nossas tarefas que não nos lembramos que somos constantemente acompanhados. E ao entregarmo-nos, o serviço que estamos a prestar ao Planeta e à humanidade é um serviço que, a maior parte das vezes, não temos qualquer percepção da sua magnitude... não temos. Não temos maneira de saber.

Essa entrega abre as portas para que os Seres de Luz, que nos acompanham, possam vir, entrar na nossa vida, tocar as pessoas à nossa volta de uma forma que, muitas vezes, nós não temos percepção. Mas ela acontece e, dia após dia, se estivermos atentos, nós vamos conseguindo ler esses sinais e esses sinais vão alimentando, também, a nossa fé, a nossa esperança e a nossa vontade de continuar a entregarmo-nos, dia após dia, pois é uma resolução, uma escolha nossa. A entrega é uma escolha e cada um de nós pode começar ou recomeçar neste preciso instante a fazer essa entrega e a deixar acontecer tudo aquilo que Deus sabe que nós necessitamos.

(pausa)

CANALIZAÇÃO DE SANANDA

Que a vossa luz tenha sempre as portas do vosso coração abertas para poder brilhar a entrega ao Pai. Para poder tocar longe cada ser do Universo e assim espalhar, numa corrente de Luz infinita, a vontade sublime do nosso Pai celeste de irradiar e multiplicar as bênçãos do seu coração cósmico por cada Ser que existe em todos os Universos.

Confiem, meus queridos irmãos, **na fé, no vosso coração** e permitam que ele vos guie no caminho mais luminoso que o nosso Pai reserva para cada um de vós... para cada um de nós.

Eu, Sananda, aqui estou, a cada dia, juntamente com os meus colegas deste lado do véu, assistindo e acompanhando cada um de vós nas vossas jornadas diárias. Confiem pois no infinito amor que, a cada gesto nosso, move os nossos corações à acção em comunhão com Deus... a acção de vos acompanhar de mão dada no vosso caminho.

Muitas vezes sentem que caminham sozinhos, mas isso não corresponde à imagem completa das vossas vidas. Confiem, pois essa confiança vos irá tirar muitas dificuldades e irá abrir as portas para que muitas bênçãos entrem nas vossas vidas. Mesmo que não entendam, não importa. O entendimento não faz parte dos requisitos da luz, do amor e da paz. A única coisa que é necessário é a vossa entrega e a vossa confiança no plano divino.

Sintam agora a nossa presença pois esta sala está repleta de Seres de Luz das mais variadas dimensões e no vosso coração brilha a Luz do Infinito, pois cada um de vós foi criado para além do Infinito.

(pausa)

Deixem sair tudo aquilo que não deixa a Paz serenar dentro de vós e mesmo que sintam alguma dor podem também entregar essa dor. Entreguem tudo, entreguem tudo. Entreguem tudo.

(pausa)

Que a Paz do mais alto esteja sempre convosco. Eu sou Sananda, vosso Irmão e estou sempre do vosso lado, ao vosso dispor, amando-vos sempre, a cada passo do vosso caminho.

(pausa)

E lembrem-se de um último pormenor. Vejam a entrega não como a renúncia de algo que é vosso. Vejam a entrega como a devolução de toda a vossa vida, de toda a Vida, de toda a energia, de todo o poder, de toda a acção à Fonte e ao Criador da própria vida... a Deus. A entrega não é mais do que a devolução a Deus de tudo aquilo que um dia nós achamos que era nosso. Nada é nosso. Tudo é de Deus. Tudo é do Ser único do qual fazemos parte... somos parte... somos parte do Seu corpo.

E assim é.

Hélène – Muito obrigada João Carlos por esta maravilhosa canalização de Sananda.

2.4.4 A ENTREGA

João Carlos – Uma outra prática muito boa é a Prática da Entrega. Com certeza que todos nós já ouvimos falar da Prática da Entrega. Em qualquer situação, seja connosco ou com qualquer outra pessoa ou mesmo no contexto da terapia, nós podemos utilizar a entrega: a entrega a Deus, a entrega à Vida, ao Universo ... (como vocês sentirem aquela inteligência infinita e aconchegante) nós podemos entregar a situação e a pessoa em dificuldades a Deus e, uma vez entregue, nós confiamos que Deus está a cuidar da situação. Só o facto de dizermos "eu entrego" já faz toda a diferença.

Hélène – A entrega é, realmente uma cura, é realmente um remédio. Nas sessões de Terapia Multidimensional pertence-nos trabalhar até um certo ponto e, a partir desse ponto, é a entrega. Até um certo ponto, nós temos possibilidade, temos capacidade e, até obrigação, de fazer e há uma outra parte que é só entregar.

Na raiz de um conflito, a primeira parte é da nossa competência, da nossa capacidade resolvê-la e tentar tudo para a paz: este abraço da

Paz, esta recepção de informações sobre a natureza do conflito para o podermos entender e o perdão constituem a parte da nossa responsabilidade... a partir daí nós entregamos.

João Carlos – Lembro-me de uma situação, no início de 2006, em que eu e a Hélène estávamos a sentir muitas dificuldades em alguns assuntos de trabalho.

Então nós tomámos uma decisão e dissemos: "Vamos trabalhar e resolver isto de uma vez por todas!" *(risos)*

Então fomos para a sala de terapia, sentámo-nos, começámos a concentrar-nos, contactámos com os Seres de Luz para obtermos informações e saber como deveríamos agir para resolver a situação. Fomos andando, recebíamos informações e fazíamos; recebíamos outras informações e fazíamos; fazíamos pesquisa e entendíamos que a raiz do problema estava num conflito que vinha de muito longe, vinha das estrelas. Era, portanto, um conflito muito profundo e continuámos a andar, a andar e estávamos a perceber que era uma coisa muito séria. Passou uma hora, passaram duas horas e chegou um ponto em que os Seres de Luz só nos disseram isto: "A partir deste momento o que vocês necessitam de fazer é só entregar!"

E então nós começámos a entregar tudo. Tudo o que nos vinha à cabeça e ao coração nós entregávamos. Entregámos a família, entregámos o trabalho, entregámo-nos a nós próprios, os amigos, as agendas, as dificuldades.

Hélène – Tudo entregue a Deus.

João Carlos – Tudo, tudo, tudo... Estávamos a entregar tudo a Deus e, o que é certo, é que aquele desconforto que sentíamos há já algum tempo, a cada nova entrega, ía desaparecendo. A cada nova entrega nós sentíamo-nos mais leves e maior era o bem-estar. E quando nós chegámos ao fim e já não havia mais nada de que nos lembrássemos para entregar, estávamos completamente cheios de paz interior.

Então sentíamo-nos tão bem que nasceu aí o "momento da entrega". Foi a partir daí que introduzimos nas nossas reuniões públicas o "momento da entrega". Porque sentimos que a entrega é tão bonita e tão eficaz no sentido de nos dar paz interior, harmonia e soluções, que era aconselhável fazermos isto regularmente.

E já há muitos casos, tanto connosco como com outras pessoas, de resultados muito rápidos. A pessoa, tenta de tudo e chega à saturação, entende que sozinho não consegue e de repente… *pufff*… rebenta e diz "eu entrego". No dia seguinte ou passado umas horas vem a solução, tudo se resolve e uma pessoa fica completamente em paz e cheia de alegria.

Vou-vos dar um exemplo pessoal do poder da entrega e da fé.

Quando a Hélène me convidou para trabalhar com ela, para dar *workshops* eu disse-lhe: "Não estou preparado! Não sei nada de ascensão. Já vivi muitas coisas, já li muitas coisas mas não tenho aquilo que tu tens que é a experiência de ensinar, conviver com pessoas." Achava eu. Não tinha um diploma a dizer: "Estás formado como formador de ascensão". Sendo assim, não podia dar cursos de ascensão! Aquele bichinho dos diplomas… da Universidade…

O tempo ia passando e eu a deixar arrastar. Mas o *workshop* estava marcado para Abril e a Hélène estava a sentir: "Mas eu quero trabalhar com ele, mas ele não se decide…" Houve então uma palestra no Porto. Nós quisemos ir. Assim que eu chego lá, a Hélène estava à porta a distribuir panfletos. E eu disse: "Que giro! Estás a distribuir o quê?" Pego num panfleto e li: "Abril de 2005, Workshop de Ascensão, facilitado por Hélène Abiassi e João Carlos Paliteiro".

"Ai minha Nossa Senhora!" – pensei eu – "O que é que ela está a fazer? Onde é que ela me está a enfiar?" Ela não me disse nada! Fui o último a saber!!! Fiquei mesmo chateado com ela "Não podias fazer uma coisas destas comigo! Tinhas que me ter avisado! Ao menos, fazias os panfletos mas dizias-me!" Só me lembro de ela dizer: "Desculpa mas eu não pude fazer nada. Eu tive que fazer. Desculpa."

No fundinho, eu estava a gostar do que estava a acontecer. Estava a apanhar um pontapé no rabo do tipo "Vai em frente!".

Três dias antes do *workshop*, eu cheguei a casa da Hélène e disse "Olha, eu não vou fazer o *workshop*. Não estou pronto. Não estou preparado. Não sei nada de ascensão. Nunca trabalhei assim em público." A Hélène ficou em pânico porque não dava para cancelar três dias antes. Foi um momento triste. "Pode ser que um dia… se calhar não tinha que ser agora…" Aquelas coisas que se dizem, estão a ver… E pronto, eu fiquei super aliviado, já não tinha aquela pressão em cima tipo "vais dar aquele *workshop* com a grande Hélène Abiassi". Já conseguia conversar tranquilamente.

Entretanto, comecei a sentir por dentro uma coisa que me dizia que se calhar eu até era capaz… "Eu até sei algumas coisas!"

Nisto, a Hélène disse uma coisa muito bonita: "As nossas fraquezas são as nossas riquezas". Isto significa que tudo aquilo que achamos que são incapacidades nossas, fragilidades, dificuldade – acharmos que somos mais pequenos do que os outros porque somos mais novos ou temos menos experiência – podem muito bem vir a ser as nossas riquezas ou até serem já as nossas riquezas. Ao primeiro curso que demos foram quarenta pessoas. Eu não estava nada à espera de ser assim tanta gente e com uma receptividade tão grande. Eu senti um carinho e um amor enormes. Guardo no meu coração esse primeiro *workshop* com grande carinho. Esse momento foi uma grande cura para mim. Eu conheci-me um pouco mais e conheci-me, sobretudo, apercebi-me ser capaz de coisas que não estava habituado a considerar que era capaz. E aquilo que eu acho que é muito bonito partilhar convosco, é que eu descobri uma outra visão da vida. É uma visão baseada na fé, baseada na confiança do próximo passo. Decidir fazer e ir aprendendo à medida que vamos caminhando. E, sobretudo, a certeza de que estamos sempre acompanhados pelos Seres de Luz. Eles estão sempre connosco, mesmo

> Uma visão da vida baseada na fé: a confiança no próximo passo, decidir fazer e ir aprendendo à medida que vamos caminhando.

quando achamos que fomos abandonados ou que temos que caminhar muito para ganharmos a atenção deles. Eu achava isso – achava que tinha que aprender muito, tirar muitos cursos de espiritualidade e dar muitas provas para que, por exemplo, Sananda tivesse sequer vontade de saber quem eu era. E não. É ao contrário. Eles sabem tudo de nós,

Eles é que trabalham imenso para chegar o dia em que nós tenhamos vontade de saber quem Eles são, de Os escutar, de trabalhar com Eles e de Os aceitar na nossa vida.

Essa experiência que eu tive fez-me crescer muito na fé. Eu tinha muitos receios em mudar de profissão... em deixar a Engenharia. Quer dizer, ontem tive uma conversa com a Hélène, em que ela me disse que eu não devia dizer que deixei a Engenharia. Eu tirei o curso de engenharia electrotécnica. Sou engenheiro e agora estou aplicar os meus conhecimentos de engenharia numa outra área. Estou por exemplo, a desenvolver uma empresa, a criar novas coisas para a Nova Terra, mas sou engenheiro à mesma e estou no activo! Bom... então, eu não deixei a engenharia. *(risos)*

Eu tinha muitos receios de me lançar assim no escuro. Até por uma questão monetária... nunca se sabe se vai dar para viver das terapias. Sempre que eu dizia que estava a fazer terapias, as pessoas perguntavam--me: "Mas estás só a fazer isso? Mas dá para viver?" Então, eu tinha esses receios. Quando eu dei este *workshop*, passado um mês, no segundo *workshop* de ascensão também estavam quarenta pessoas. Agora damos mais *workshops* mas com menos pessoas. No entanto, o grau de fé que eu tenho actualmente não necessita que venham tantas pessoas para me mostrar que esta via de vida é possível. Aquele crescimento da fé que eu tive no início foi super importante. Os Seres de Luz deram-me exacta-mente os sinais que eu necessitava para avançar com confiança neles.

Eu tinha aqueles receios: "Ai, ai, como é que eu vou viver?" Mas eu tive uma prova tão grande dos Seres de Luz em que, apesar de eu não me sentir seguro e de achar que não sabia nada, mesmo assim as coisas correram tão bem... senti-me tão bem a dar os cursos, a canalizar, a aprender enquanto estava a fazer... que eu tomei uma decisão. A escolha era minha. Eu podia continuar o caminho da segurança mas tomei a de-cisão de confiar nos Seres de Luz e ir em frente, rumo ao desconhecido. Hoje estou aqui convosco e continuo a tomar essa decisão todos os dias. Às vezes não é fácil, mas eu quero partilhar o meu testemunho de vida porque eu sou um exemplo de quem tinha muitas dificuldades em acre-ditar que era possível. Antigamente eu era muito céptico, quando era mais novo nem acreditava em Deus! Mas hoje sei que tudo é possível e é possível acontecer a toda a gente! É possível nós abrirmos o coração e deixarmos os Anjos entrarem, deixarmos Deus entrar na nossa vida e fazer milagres. Aí tudo é possível mesmo!

Hélène – E a parte que tu contaste, que é muito importante, que foi aquela reunião na minha cozinha em que tu disseste que não ias fazer o *workshop*. O João Carlos sentiu uma pressão bem forte, que é normal, mesmo não sabendo o número de pessoas que íamos ter… já era o início de uma grande aventura. Durante a nossa conversa, os Seres de Luz transmitiram aquela parte de que "as nossas fraquezas são as nossas riquezas". Quando nós não sabemos fazer uma coisa, reconhecemos que não a sabemos fazer e a única hipótese que temos no momento da acção é pedir a Deus. É entregar tudo a Deus e pedir-lhe que, através de nós, Ele faça o que puder porque nós não sabemos realmente fazer nada nesta área. É aqui que entra a frase "As vossas fraquezas são as vossas riquezas". Quando eu reconheço que não sei fazer e peço a Deus para fazer, ele envia os Seres de Luz e os Seres de Luz vão fazer através de mim. Isto vai dar um resultado bem diferente de quando eu sei fazer algo e o faço. Porque neste caso, como eu sei fazer, faço sempre a mesma coisa e limito-me ao que sei fazer. Se eu reconheço que não sei fazer, eu peço a Deus, apresento a minha fraqueza com sinceridade e Deus diz: "Ok. Eu faço." E através de mim ou de ti vai fazer. Isso é que enriquece e isso é que confortou o João Carlos, na altura. "Eu posso experimentar isso, sim. Aceito que não sei fazer e aceito que Deus sabe fazer tudo. Eu tenho a sinceridade de dizer que não sei, Deus trabalha através de mim, logo vai acontecer algo, vai haver algum resultado muito interessante." E foi isso que houve! Aí é que foi a escolha dele de ir para a frente… de avançar. Foi um momento super forte.

> As nossas fraquezas são as nossas riquezas.

João Carlos – É uma questão que é muito subtil mas é aí que está a chave. Nós não estamos a passar informações técnicas, não estamos a ensinar coisas que estão nos livros. **Nós estamos a partilhar quem nós somos.** Essa é a chave.

Então, se eu não sei algo, aquilo que eu estou a ensinar é a capacidade de caminhar não sabendo. A capacidade de me entregar a Deus e de O deixar actuar através de mim. E mesmo quando sei alguma coisa eu entrego-me na mesma e peço-Lhe para ser Ele a fazer as coisas, porque Ele sabe sempre mais do que eu. A humildade é um grande portal de evolução.

É uma outra forma de estar na vida. Há uma forma de estar na vida que é "eu só caminho quando souber" e há outra que é "eu não sei mas caminho na mesma". Esta segunda é um acto de fé. E eu tinha essa fé. Todos estes anos de trabalho, de dar formação, de mais de trinta *workshops* dados por ano, enfim, toda a prática e experiência que eu tenho é que o processo de ascensão é um processo de fé, é um processo de viver o dia-a-dia, de viver a vida o melhor possível, de aprender a amar cada vez mais as pequeninas coisas do dia-a-dia, as pessoas que estão à nossa volta. Isso é a ascensão. Muito mais do que saber quem são os mestres ou utilizar aquela energia ou a outra, ou fazer esta limpeza espiritual com esta energia ou a outra. A ascensão e a Terapia Multidimensional é amar.

Quando eu mudei o enfoque de que ser formador é passar do: "eu aprendi todas estas coisas e vou-vos passar isto que aprendi mesmo que nem sequer as pratique ou as sinta", para o: "eu vou ensinar tudo o que eu sou mesmo se não souber responder", entendi que era isso que ia ensinar às pessoas. Isso é trabalhar de coração.

Quando eu fiz esta mudança na minha consciência, imediatamente, de um minuto para o outro, passei de não querer fazer o curso porque não estava preparado, para finalmente me sentir preparado. Porque **eu já era eu.** Então eu já tinha todas as condições para dar um bom curso e ensinar coisas boas, vivenciadas. Este pormenor é que fez toda a diferença para mim.

Quando vocês estão a dar cursos ou estão a dar terapias, são vocês com Deus, a serem quem vocês são, dizendo o que estão a sentir no momento e quando não sentem nada ficam calados. É essa vossa presença, com este grau de sinceridade, com este grau de entrega, de estarem despidos perante Deus e, perante aquele momento presente, esta sinceridade é que vai fazer a cura e é que vai ensinar as pessoas na Nova Era.

A Terapia Multidimensional é uma das áreas novas da Nova Era em que a fé e a entrega são grandes motores dos acontecimentos.

Hélène – Estas são as dicas do terapeuta: um bocadinho de paz, um bocadinho de perdão, muita entrega. E para cuidar da nossa autoconfiança dizer: "eu amo-me, eu perdoo-me, eu respeito-me e eu aceito-me tal como eu sou."

2.4.5 A ACEITAÇÃO MULTIDIMENSIONAL

Hélène – Existem também situações em que nós não entendemos nada e não sabemos nem aconselhar, nem responder. E ficamos assim, perante a vida, tal como ela se apresenta e, aparentemente (visivelmente até), não podemos fazer nada, não vemos forma de ajudar. Aqui entra uma energia muito pura e preciosa, a energia da aceitação. Aceitamos que tudo o que existe está certo e aceitamos que só Deus sabe o propósito desta situação. O nosso papel é aceitar e ficar no coração com muita compaixão. Através desta pureza interior, desta posição de humildade, os Seres de Luz podem trabalhar e ajudar de formas que nunca conseguíramos conceber.

A aceitação é um portal de evolução. Este portal é uma abertura interior para recebermos ajuda de Deus. Há um determinado tipo de ajuda que só aparece depois da nossa aceitação. Aceitar tudo o que a vida traz, como sendo a coisa certa no momento certo, enviada por Deus para me ajudar a evoluir.

- CAPÍTULO 3 -

NA PRÁTICA

3.1 COMO SE PRATICA ESTA TERAPIA?

João Carlos – A prática da Terapia Multidimensional é muito simples. Ficamos com a nossa atenção focada no nosso coração e pensamos em cura. Depois, deixamos que o amor de Deus faça o trabalho. Os Seres de Luz, a nossa equipa de cura... são eles que vão fazer o trabalho juntamente com o nosso duplo. O nosso papel é ficar no coração e pensar na cura da pessoa. Ficamos assim o tempo todo. Todos os pensamentos, percepções, ideias que nos possam vir, se estão relacionados com a cura, deixamos que fiquem. Tudo o que sejam pensamentos de dúvida deixamos de lado. Por exemplo vamos ignorar pensamentos como: "será que eu consigo?"; "ah, não consigo fazer nada por esta pessoa"; "estou a ser muito perturbado e não me estão a deixar trabalhar"...

Vamos comunicar com este tipo de pensamentos e vamos dizer-lhe mentalmente: "Obrigado por estarem presentes mas agora estou a trabalhar. Depois!"

E voltamos ao pensamento de cura. Emitimos uma intenção de curar. Esta intenção é que vai ser a directora de todo o trabalho. É uma intenção de coração.

Onde quer que coloquemos a nossa atenção, nós fazemos crescer isso.

Quando emitimos a intenção de cura, esta intenção vai puxar a energia da luz necessária para ajudar na cura. Então, quando colocamos a atenção na cura, no coração, tudo o que acontecer a seguir vai-nos ajudar a curar. Pode não nos vir nada durante muito tempo, mas não nos importamos, porque estamos no coração e a cura está a fazer-se.

Se vierem ideias de que é necessário fazer o perdão entre esta pessoa e outras pessoas ou que há uma memória de vidas passadas que tem a ver com este assunto, podemos ter a certeza que vai ajudar na cura. Então deixamos fluir, porque é a nossa equipa de cura que nos está a dar as intuições e a organizar todo o trabalho.

Todas estas iniciações que estão a receber, todas estas dicas que vos estamos a transmitir nos cursos são códigos iniciáticos que vos vão permitir receber energias mais elevadas para ajudar na cura. No entanto, vocês não precisavam delas para a prática em si, para cumprir o método de ficar focado no coração. Só que com as iniciações, seguindo o método da mesma forma, vocês vão estar a ser canais de energias mais elevadas que vão levar a resultados mais intensos e profundos.

Há três momentos importantes numa sessão.

No primeiro momento, quando recebemos a pessoa, falamos com ela e perguntamos-lhe em que é que podemos ajudar.

É a **Entrevista**. A pessoa conta algumas coisas da vida dela, o que é que sente, as dificuldades... e nós vamos registando. Pode ser, por exemplo, uma dificuldade com a mãe, com o marido, com um filho, etc. Então, nós registamos desde já que poderá haver uma dificuldade ao nível da paz. As informações dadas pela pessoa são muito importantes pois podem dar-nos pistas que orientam a sessão, como por exemplo mostrar que pode existir um obsessor.

A entrevista é um momento em que as equipas espirituais de Terapia Multidimensional já estão a trabalhar, ajudando espiritualmente a pessoa a falar de tudo o que é difícil na sua vida. Ao falar, a pessoa está a dar autorização aos Seres de Luz para tratarem destes assuntos, pelo poder do seu livre-arbítrio.

Às vezes acontece que uma pessoa não tenha nada para dizer. Não sabe porque veio ou apenas sentiu que devia vir mas não se lembra de nada na sua vida que gostaria de mudar. Nesse caso, podemos sugerir um *check-up* geral às suas energias.

Então, preparamo-nos para a sessão (ver ponto seguinte) e dizemos ao cliente: "vamos fazer o tratamento energético para o ajudar nos assuntos que falou, ajudar a que se sinta mais leve, em paz e feliz. Eu vou ficar em silêncio, de olhos fechados, para me concentrar no tratamento e no final falamos um pouco sobre o que foi feito. O(a) senhor(a) não necessita de fazer nada, pode aproveitar para relaxar e descansar um pouco. Pode ficar com os olhos abertos ou fechados, mas é sempre bom fechar os olhos fechados pois ajuda a relaxar e isso ajuda ao tratamento."

Quando vamos fazer a sessão, que é o segundo momento, vamos fazer o **Tratamento** energético propriamente dito em que nós ficamos sentados "sem fazer nada". Assim é a nossa prática de terapia!

O terceiro momento é depois do tratamento, quando falamos com o cliente sobre o que foi feito durante a sessão. A este momento chamamos **Relatório** e apresentamos as percepções que tivemos durante o desenrolar da sessão acerca do que foi feito pelos Seres de Luz. Muitas vezes, temos pouca percepção do que se passou.

Às vezes temos dificuldade neste terceiro momento porque não temos à-vontade com a pessoa/cliente e não temos muito para contar, pois não sentimos grande coisa durante o tratamento, ou mesmo não sentimos nada! O que fazer?

Uma coisa que podemos fazer é no final da sessão, antes de fechar os olhos, perguntar aos Seres de Luz o que foi feito. Ou podemos perguntar-lhes: "o que é que eu digo à pessoa?"

Outra sugestão é pedir ao Seres de Luz para canalizarem através de vocês durante o momento do relatório, o momento em que vão falar com a pessoa. Desta forma os Seres de Luz vão inspirar-vos e vocês vão sentir que há algumas coisas que podem ser ditas.

Com o tempo e a prática esta parte torna-se mais fácil. Com pessoas que já tenham mais à-vontade, quando não sentem nada podem sempre dizer que não sentiram nada. Elas vão compreender. O que importa é que o trabalho de cura das equipas espirituais é sempre feito, quer tenhamos consciência disso ou não.

Algo importante a dizer aqui é que precisamos usar o nosso discernimento. Às vezes podemos receber ou sentir informações delicadas sobre a pessoa ou a sua situação. São informações que interessa dizer-lhe pois iriam perturbá-la. Com o nosso discernimento vamos sentir o que é para dizer e o que não é. Não é porque alguns de nós temos dons de ver ou sentir que é preciso contar tudo. O que importa contar é algo que sentimos vai dar mais paz e esperança à pessoa e a certeza de que o tratamento que foi feito trouxe já mudanças positivas para a sua vida. O objectivo da terapia não é dizer coisas que vão preocupar ainda mais a pessoas. O objectivo é ajudar a pessoa a sentir-se bem, em paz e a sentir que a vida já mudou para melhor.

Então resumindo: 1º Entrevista; 2º Prática de terapia e 3º Relatório.

Uma dica interessante em cada sessão é nós utilizarmos um caderninho onde vamos apontar as ideias chave da entrevista, enquanto a pessoa está a falar. Depois da sessão de terapia, nós apontamos um resumo do relatório. Desta forma, temos a possibilidade de nos apercebermos do crescimento e da evolução do cliente. E também da nossa própria evolução como terapeutas multidimensionais.

3.2 PREPARANDO A SALA DE TERAPIA MULTIDIMENSIONAL

João Carlos – É bom escolhermos um espaço, quer seja em casa ou noutro local, que seja sempre o mesmo para praticar a Terapia Multidimensional. Este espaço precisa de duas cadeiras, frente a frente, com dois metros entre elas e um banquinho com uma almofada para colocar os pés do cliente. Isto significa que o terapeuta e o cliente estão sentados e os pés do cliente estão a pelo menos um metro do terapeuta. Os pés do cliente estão levantados porque uma grande parte do trabalho da Terapia Multidimensional será feito nas raízes. Uma mantinha para aconchegar o cliente, uma musiquinha suave ou de relaxamento.

Estas são condições ideais, mas na ausência delas, tudo é válido. É possível deitar a pessoa numa cama ou numa marquesa. Claro que é possível praticar em silêncio e também é possível praticar à distância.

3.3 LIDANDO COM AS ENERGIAS ANTES
    DE UM TRATAMENTO

Hélène – Muitas vezes antes da hora marcada para a sessão de Terapia Multidimensional sentimos uma irritação, uma dificuldade em nos concentrar, ou mesmo partimos um copo ou deixamos cair objectos no chão.

Que fazer?

Nós ficamos calmos e iniciamos uma actividade que não pede muito da nossa atenção. Ficamos focados no coração, bem no aqui e agora. Os nossos gestos fazem-se num ritmo lento. Como por exemplo passar a vassoura no chão, ir limpando o pó, a casa com muita calma, muita paz.

Estas irritações que sentimos são provocadas pela chegada, às vezes um hora antes, de seres acompanhantes espirituais do nossos cliente, os quais nós chamamos de uma maneira carinhosa, os "bichinhos" do nosso cliente. *(risos)*

3.4 O CLIENTE E O TERAPEUTA

João Carlos – A cura do cliente é sempre cura também do terapeuta. Cada assunto que é tratado para o cliente tem sempre a ver com o terapeuta, quer tenhamos consciência disso ou não. E essa é a razão pela qual esta pessoa/cliente escolhe este terapeuta e não um outro, pois ela sabe, ao nível da alma, que é ele quem a pode ajudar.

O cliente é sempre um espelho do terapeuta, num determinado nível, num determinado tipo de assuntos. Ele traz assuntos que nós sozinhos não conseguimos ver que temos para resolver, pois sao muito internos e escondidos. Ao termos alguém na frente a falar dos seus problemas, interiormente somos capazes de sentir que também sentimos o mesmo, e isso é muito bom às vezes, pois descobrimos que não somos os únicos a viver aquilo. E ao desenrolar-se a sessão de tratamento, podemos descobrir que nos identificamos com certas causas de problemas da pessoa/cliente, e que portanto podemo-nos deixar ser tratados pelos Seres de Luz nesses assuntos, na mesma sessão de terapia. Talvez o Universo tenha encaminhado esta pessoa até nós com este propósito também. De nos ajudar na nossa própria cura.

A um outro nível, consciente ou inconscientemente, podem haver laços de vida passada entre o Terapeuta Multidimensional e a pessoa/cliente e ser essa uma outra razão para o encontro. Nesse caso, a sessão de Terapia Multidimendional irá sempre resolver e curar estes laços, substituindo quaisquer ligações de sofrimento e limitação por outras de luz e paz.

3.5 QUEM CURA?

João Carlos – Quem cura é a inteligência infinita criadora de tudo o que é e que flui dentro de tudo o que existe. A onda de vida eterna e infinita. O Universo. Aquela presença amiga à qual podemos ou não chamar de Deus.

3.6 QUAL A DURAÇÃO DE UMA SESSÃO DE TERAPIA MULTIDIMENSIONAL?

João Carlos – A duração de uma sessão de Terapia Multidimensional varia sempre, porque cada sessão é única. No princípio, quando ainda não temos prática, podemos considerar a duração de uns 40 minutos para uma sessão. Depois com a prática vamos começar a sentir intuitivamente quando termina a sessão, pela própria mudança do nosso estado de consciência.

No princípio quase não sentimos diferença no nosso estado quando praticamos, mas a pouco e pouco vamos sentindo nitidamente um estado físico que é diferente quando estamos a praticar Terapia Multidimensional. Quando a sessão acaba o estado físico torna-se normal. Ao praticar vamos começar a sentir mais e mais esta diferença de estado e é isso que nos dá os sinais de que a sessão começou e a sessão acabou.

Eis, porque não se pode dizer taxativamente que uma sessão dura quarenta e cinco minutos. Normalmente é isso que dura, mas não com um rigor matemático. Ao terminar, nós vamos sentir, de repente, que estamos diferentes, que voltámos a um estado normal, enquanto que, quando iniciamos a terapia, quase não nos apercebemos que estamos a entrar. São estas pequenas diferenças que vocês, ao praticar, vão descobrir e vão começar a sentir. Não é difícil. Não necessita de nada… só de prática.

Hélène – Há outro sinal que é muito rápido a aparecer. No início, podem não o sentir mas não deve demorar muito até começarem a sentí-lo. É o seguinte, quando pensam que a sessão acabou porque o vosso estado de pensamento é normal, tentem levantar-se. Se não conseguirem, então é porque ela ainda não terminou. Se

> **Modo de saber quando acabou a sessão de Terapia Multidimensional.**

tentarem forçar podem cair novamente na cadeira. Isso é o que vos vai acontecer mais rapidamente que qualquer outra coisa porque há momentos em que nos impacientamos, ou irritamos, uma vez que a sessão já dura há uma hora, ou até mais, e, como já estamos fartos e não estamos a ter nenhuma sensação, deduzimos que a sessão já acabou. Pois, se nos tentarmos levantar não conseguimos até que, a uma determinada altura aquela ilusão de normalidade se torna mesmo real e então, aí, já nos podemos levantar. Isso acontece muitas vezes quando há uma grande desobsessão ou uma doutrinação de espíritos muito forte.

João Carlos – Outra coisa que também pode acontecer é, simplesmente, vir a ideia de que já terminou e duvidarmos porque estamos, ainda, naquele estado *"meio-meio"*. Então podemos perguntar aos Seres de Luz se já acabou. Se Eles responderem "já" e nós duvidarmos, perguntamos novamente, até sentirmos com certeza que realmente já acabou. Se Eles disserem que não, continuamos.

Parece estranho, mas não é difícil e vocês vão aperceber-se facilmente como funciona.

Hélène – Como referência para vocês, já fizemos sessões que duraram pouco mais do que 15 minutos. Isso é comum com as crianças, pois as sessões duram menos tempo com elas. Por outro lado, já chegámos a fazer sessões de mais de três horas, embora isso seja muito raro. O importante a fixar é que a sessão só acaba quando o tratamento multidimensional feito pelos Seres de Luz termina.

João Carlos – E é importante haver da nossa parte uma entrega total, um querer ficar focado no coração com intenção de cura o tempo que for necessário para ajudar a outra pessoa. É um *"commitment"*, entendem? Uma entrega total.

3.7 QUANTAS SESSÕES SÃO NECESSÁRIAS?

Hélène – Pode-se curar tudo numa só sessão de Terapia Multidimensional?

João Carlos – A cada sessão de Terapia Multidimensional, os Seres de Luz só podem fazer, exactamente, aquilo que cada pessoa consegue receber naquele momento, a nível físico e a nível da alma também. Se a pessoa está num nível muito em baixo não adianta estar a dar luz em demasia. E é por isso que trabalhar a partir do coração é muito importante e muito eficaz porque com o coração nós temos sempre a garantia de que estamos a dar à pessoa exactamente aquilo que ela necessita.

A cada patamar da sua evolução a pessoa necessita de receber ajudas e energias diferentes.

Há assuntos específicos que podem ficar totalmente resolvidos apenas com uma sessão. Há outros assuntos para os quais é necessário um acompanhamento mais prolongado e este acompanhamento respeita sempre o ritmo de evolução da pessoa.

Dentro destes outros assuntos, alguns apresentam um carácter de urgência, outros não.

No início poderá ser possível apenas limpar a negatividade e tentar ajudá-la a fechar as fugas de energia e ajudá-la a subir o seu nível vibratório. Essa é a urgência. É como chegar alguém às urgências de um hospital: estancam-se as hemorragias, dá-se-lhe soro e estabiliza-se a pessoa que está muito instável. Algo semelhante é feito na Terapia Multidimensional. Trabalhamos e estabilizamos as emoções que quando estão instáveis abrem buracos na aura por onde a pessoa perde energia.

Então, quando nós estabilizamos e tornamos a pessoa mais sólida e a ajudamos a subir o seu nível de vibração, passamos a uma outra fase de resgatar o ser autónomo, o ser

> A Terapia Multidimensional dá autonomia à pessoa que recebe

completo e o criador divino que ela é. Nós podemos começar a entrar mais nas memórias das vidas passadas que já são mais específicas, que entram em assuntos específicos, como, por exemplo, uma dificuldade com dinheiro ou uma dificuldade em lidar com o poder no trabalho ou nos relacionamentos, etc. E começamos, a pouco e pouco, através do coração a fazer um trabalho energético no sentido de desbloquear, de curar uma ferida muito localizada e que vai tornar a pessoa cada vez mais autónoma com as suas próprias energias e com a sua própria vida. Isto é um trabalho contínuo.

Hélène – Nós receitamos, de vez em quando, um trabalho de casa que tem como propósito elevar a auto-estima da pessoa.

> Trabalho de casa para aumentar a nossa auto-confiança

Este trabalho de casa consiste em dizer, várias vezes ao dia, sempre que possível em voz alta, estas pequenas afirmações: "eu amo-me, eu perdoo-me, eu respeito-me e eu aceito-me tal como eu sou".

Quando ela faz o trabalho para aumentar a auto-estima, para se amar mais, o que vai acontecer é que começa a sentir-se mais merecedora e mais digna de si própria. Então ela já não vai ter tantas resistências em receber ajuda dos Seres de Luz, o que permite encurtar o tempo necessário para a cura. Nas sessões seguintes já é possível entrar num outro patamar de terapia que antes não era. Ao fazer o trabalho de casa a pessoa encurta o tempo em que precisa de acompanhamento

João Carlos – A partir de um certo ponto a Terapia Multidimensional deixa de ser apenas um serviço de urgências – em que a pessoa vem só quando se sente mal na vida – e

> **A Terapia Multidimensional como desenvolvimento pessoal**

passa a ser um serviço de desenvolvimento pessoal e de ascensão. Neste caso, a pessoa determina com o Terapeuta Multidimensional o ritmo que ela quer utilizar, tendo ou não consciência dos temas que ela quer tratar ou desenvolver. Ela poderá escolher um ritmo mais rápido (de uma vez por mês ou até de quinze em quinze dias, por exemplo) ou se desejar pode escolher um ritmo mais moderado de três, seis meses ou até um ano de intervalo. Ela poderá escolher, por exemplo, superar alguns medos (como andar de carro ou avião ou falar em público) ou então desenvolver algumas capacidades (como amar mais o próximo ou comunicar mais com os Seres de Luz), entre muitas outras coisas. Tudo se pode desenvolver, tudo pode ser curado. Tudo é possível!

Hélène – Temos testemunhos de muitas pessoas que adoraram seguir este tipo de desenvolvimento pessoal, com muito bons frutos. Ele permite que o Universo tenha um lugar especial e escolhido na orientação da evolução pessoal. É um momento privilegiado entre o céu e a Terra.

3.8 DESAPEGO AOS RESULTADOS – A ENTREGA

Hélène – Eu lembro-me quando comecei a praticar Terapia Multidimensional eu ficava muito alegre quando havia resultados favoráveis em consequência da terapia e muito triste quando as coisas não funcionavam. Até um dia em que eu comuniquei com os Seres de Luz e Eles disseram-me: "Não te preocupes com esta parte. Não te identifiques e deixa a vida avançar à sua maneira".

João Carlos – Eu também me envolvia muito com o sofrimento e o processo de cura de algumas pessoas, principalmente familiares e amigos.

Como eu já praticava outras terapias holísticas como por exemplo o Reiki antes de conhecer a Terapia Multidimensional, já me tinha sido ensinado este assunto importante do desapego aos resultados. Depois e ao longo dos anos, os Seres de Luz sempre me diziam a mesma coisa: "Meu querido, entrega-nos esta pessoa, entrega-nos os resultados e deixa que o Universo dirija os acontecimentos".

Ainda assim, continuei sempre a necessitar de dar atenção a este assunto, umas vezes mais outras vezes menos. Somos seres humanos e é natural para todos nós sentirmo-nos responsáveis e querermos o melhor para o outro. Então, o desapego é uma prática quase diária até se tornar uma segunda natureza, diferente da que era antigamente.

Hoje, é mais fácil para mim, depois de uma sessão de Terapia Multidimensional, entregar a pessoa a Deus e não pensar mais no assunto até à próxima sessão, deixando assim que Deus faça sempre o seu trabalho sem eu estar sempre em cima a interferir, com o pensamento e as emoções, mesmo à distância.

Mesmo que pareça não haver resultados visíveis, a pessoa é sempre curada nas causas multidimensionais da situação que está a viver e, a certa altura, essa cura irá manifestar-se de forma visível na sua vida. E mesmo que às vezes não tenhamos muita percepção disso a cura, mesmo assim, está a acontecer.

Hélène – Deus é único que tem a responsabilidade pela cura e o percurso dos nossos clientes. Deus sabe sempre o que faz.

Actualmente o que nós fazemos é entregar o cliente, no final de cada tratamento, a Deus.

3.9 A TERAPIA SELVAGEM

João Carlos – Depois de receber formação em terapia, os nossos olhos físicos espirituais vêm com mais facilidade o potencial e o cres-

cimento que podem ter as pessoas à nossa volta. E o nosso bem amado amigo mental tem a tendência de querer dar conselhos a todas as
pessoas à nossa volta. E não perde uma oportunidade de de fazer isso:
"Sabe, devia fazer isso" ou "eu faço isso" ou "seria bom fazer assim" ou
"por isso é que devia fazer assim" ou "deixa que eu vou-te curar" ou
"espera dois minutos que eu já te limpo" ou "os teus chakras estão de-
salinhados. Eu vou alinhá-los" ou "Caramba! Não posso com as tuas
vibrações, estás cheio de bichos!" *(risos)* ou "não posso ir aos jantares
de família porque eu vou ter que limpar todas as pessoas" ou "eu passo
no hospital e aproveito para limpar tudo".

Assim, ou nos tornamos o amigo chato e toda a gente foge de nós
ou estamos constantemente doentes porque estamos sempre a meter o
nariz onde não somos chamados.

A Terapia Multidimensional é com data e hora marcada e o resto da
vida é uma vida normal.

Pode chegar a um momento em que somos muito solicitados e precisamos aprender a gerir o nosso tempo e a nossa energia. E com uma
agenda isso resolve-se muito bem. O nosso tempo e a nossa energia são
preciosas e nós – e os nossos assuntos – somos tão importantes como
os outros. Podemos sempre propor à pessoa uma marcação com data e
hora e não estar a fazer de uma maneira selvagem a terapia em quaisquer condições.

3.10 A PRÁTICA DE TERAPIA MULTIDIMENSIONAL
À DISTÂNCIA

Aluno – Será que posso praticar a Terapia Multidimensional à distância?

João Carlos – A Terapia Multidimensional pratica-se sempre à distância, seja a dois metros e meio ou a 250 quilómetros. Ou mais.

O nosso duplo é que faz a terapia e ele não tem limitações de distância.

A preparação para uma sessão de Terapia Multidimensional à distância é marcar com a pessoa uma data e hora e sentar-se no seu local escolhido para praticar a Terapia Multidimensional. A prática será igual ao habitual *(ver ponto 3.1 – como se pratica esta terapia).*

O nosso cliente pode ficar a fazer as suas actividades habituais mas aconselhamos a que ele fique numa posição calma, ou a dormir ou deitado no sofá ou na sua cama durante o decorrer da sessão. O cliente poderá até colocar uma música suave ou de relaxamento.

3.11 A CLÍNICA ESPIRITUAL DE TERAPIA MULTIDIMENSIONAL

Aluna: Eu não tenho clínica, não tenho clientes e não sinto à-vontade para fazer Terapia Multidimensional aos meus amigos e familiares. Mas gostaria muito de começar a praticar. O que posso fazer?

Hélène – Aconselhamos que compres uma agenda e um caderno. No caderno fazemos uma lista dos nomes de todas as pessoas que conhecemos. Algumas destas pessoas serão escolhidas depois para entrar na nossa clínica espiritual. Para a clínica espiritual funcionar precisamos de datas marcadas na agenda. Vamos escolher um dia e uma hora, marcar na agenda e escolhemos uma pessoa na nossa lista de nomes. À data e à hora marcada fazemos uma sessão à distância para esta pessoa. Como a clínica é um exercício completamente espiritual, para o nosso próprio treino, não há necessidade de comunicar com a pessoa dizendo-lhe que nós vamos fazer-lhe uma sessão de Terapia Multidimensional. Nós vamos só entrar em contacto com a nossa equipa espiritual e esta equipa é que vai interagir com a pessoa, espiritualmente.

No final da sessão, apontamos todas as nossas observações, sensações e intuições no caderno numa parte que chamamos relatório, onde colocamos a data, a hora e o nome da pessoa. É o relatório do serviço! *(risos)*

Ao ver as coisas escritas nós conseguimos ver a nossa evolução e os passos que estamos a dar porque é tão subtil, tão subtil, que precisamos de algumas coisas palpáveis.

Com a prática, em vez de sermos nós a escolher uma pessoa da lista dos nomes, começamos a sentir no nosso coração que há uma pessoa da lista que no chama a atenção. Como se essa pessoa nos estivesse a pedir uma sessão. É muito interessante.

A clínica vai começar a mudar algo no nosso mundo espiritual. E tudo o que acontece espiritualmente mais tarde ou mais cedo aparece no mundo físico. Então, a partir de certa altura, com a prática da clínica, aparecem pessoas físicas que nos contactam para pedir atendimentos de Terapia Multidimensional. Estas pessoas não são necessariamente as mesmas das pessoas que estão na nossa clínica espiritual.

Muitos terapeutas multidimensionais em actividade iniciaram a sua actividade actual desta forma. E mais bonito ainda é que alguns até abriram centros de terapias como uma consequência desta prática da clínica espiritual.

3.12 UMA TERAPIA EVOLUTIVA

> **A mudança dos patamares**

João Carlos — Há uma situação muito interessante que acontece na Terapia Multidimensional que é a mudança dos patamares. Ela é uma consequência da ascensão do terapeuta, a qual faz subir os seus níveis de vibração.

No início, quando contactamos pela primeira vez com esta forma de terapia tudo parece estranho. Ouvimos falar pela primeira vez nos "nadas", no desconhecido, de que é o duplo a fazer tudo e nós ficamos sentadinhos sem fazer nada, ficando só focados no coração. Depois, começamos a fazer um passo de cada vez e, pouco a pouco, começamos a ganhar prática, a ganhar o tal dicionário e o cérebro começa a catalogar percepções e experiências. Começamos a sentir... "com aquela pessoa senti estas coisas, com a outra senti outras coisas" e, quando aparece um caso parecido, ou um caso que suscita em nós uma sensação parecida (há casos iguais que provocam sensações completamente diferentes), sentimos a mesma energia, sentimo-nos da mesma maneira e lembramo-nos da outra pessoa. Então nós vamos, pouco a pouco, ganhando esse catálogo, esse dicionário. Nessa altura, já nos sentimos com mais referências e já sentimos que sabemos mais alguma coisa, que já entendemos alguma coisa da Terapia Multidimensional e ficamos um bocadinho mais seguros.

Ao fim de algum tempo, começamos a fazer uma sessão de Terapia Multidimensional, ficamos focados no coração e emitimos a intenção de cura como habitualmente e, de repente, não sentimos nada, não percebemos nada...

Hélène – É pior do que no princípio...

João Carlos – ... parece-nos que já tivemos imensos casos daqueles, parece que é familiar, que já sabemos resolver e, de repente, fechamos os olhos e ficamos ali uma hora ou mais sem entender nada, não nos vem nenhum pensamento, fazemos perguntas e não vêm respostas nenhumas.

Então o que é que acontece aqui?

> A construção do dicionário, um processo em constante evolução

Acontece que nós estamos a passar para um novo patamar. Que as referências que nós tínhamos construído até aí, já na Terapia Multidimensional, estão a ser também mudadas, transformadas; então necessitamos de um novo dicionário ainda. O dicionário que nós estivemos a construir vai continuar a servir-nos sempre de alguma maneira porque ficará registado para sempre.

Vejam: Eu aprendo uma língua e não é por ir viver para outro país que aquela língua deixa de ser útil. Naquele país, se estiver com os meus filhos, como acontece com a Hélène que é francesa, eu vou falar na minha antiga língua; mas para conviver com as pessoas que moram lá eu tenho que aprender a língua desse país.

> **Terapia Multidimensional: uma terapia evolutiva.**

Ora, o que acontece na Terapia Multidimensional é que nós vamos estar a mudar de Terra, uma a seguir à outra, a conhecer novas fronteiras, novas realidades, novos Universos, novos desafios. E então, nós ficamos durante algum tempo numa nova realidade a ambientarmo-nos, a familiarizarmo-nos com ela, a fabricar o dicionário, a saber falar aquela língua. E quando já estamos minimamente confortáveis, proficientes naquela matéria, naquele Universo, os Seres da Luz trazem-nos uma outra realidade. Porque nós nos abrimos a uma nova aventura, que é a aventura da cura utilizando o coração, a qual não tem fim; é uma evolução contínua. O coração é ilimitado!

Então, se nós entramos num Universo e aprendemos a curar, aprendemos a estar disponíveis para a vida, para curar nesta realidade e já nos sentimos à vontade, o impulso da nossa essência, do nosso coração, e o desejo de estar sempre a evoluir vão trazer-nos novas situações para continuarmos a aprender. Senão íamos estagnar, e nós não nos sentimos bem a estagnar.

Isto vai acontecer, e tem acontecido com a Hélène, tem acontecido comigo e tem acontecido com imensas pessoas. De quando em quando, parece que é a primeira sessão que nós fizemos em toda a nossa vida e isso é, ao mesmo tempo...

Hélène – Desafiador...

João Carlos –... muito desafiador mas é, ao mesmo tempo, muito bonito porque não nos deixa estagnar, não nos deixa ficar apegados, demasiado estruturados.

Porquê? Porque a vida é uma espiral sem fim, contínua e aquilo que é válido para um plano, uma esfera da existência... os entendimentos, os conceitos até, as palavras que nós usamos para comunicarmos uns com os outros, não quer dizer que nos sejam úteis numa outra esfera.

De repente entramos numa outra esfera. Aconteceu-me a mim quando eu fui passar um tempo a InglaTerra com os meus pais quando era pequenito, ou quando entrei para o liceu, a cada nova realidade... de repente, tudo aquilo que para mim era normal, era intuitivo, era o familiar, tornou-se inútil... queria comunicar e não saía nada, ouvia as outras pessoas a falar inglês e não entendia o que diziam. Ou, em vez de ter só um professor tinha vários e, subitamente, estava completamente desorientado... mas cresci. Depois fui para a universidade, tive dificuldades mas cresci... recentemente mudei de profissão, foi muito desafiador para mim mas cresci... e o que importa é crescer.

Dá para sentir?

É muito bonito aceitarmos viver assim, aceitarmos ser desestruturados para, depois, vir uma nova estrutura para a nossa vida. É muito bom para nós porque não ficamos fechados e presos dentro de uma estrutura que nós construímos e na qual vivemos muito confortavelmente durante vinte anos, trinta anos. Só que depois, de repente, temos aquela vontade: "Eu quero conhecer o Universo, eu quero tocar os Seres de Luz, eu quero..." Mas estou dentro de uma casa e os Seres de Luz estão lá fora a bater à porta e eu já nem sei onde é que está a chave, já nem sei onde é que está a maçaneta, e nem sei que há porta e... "Seres de Luz, o que é isso?!"

Eu sei que há um sofá e que vou ver televisão todos os dias...

Por isso é muito bom, ter disponibilidade para a mudança interna, para novas estruturas, para deixar vir o novo substituir a nossa vida antiga.

A Terapia Multidimensional é uma terapia evolutiva. Ela está sempre em movimento pois é uma terapia de ascensão e acompanha a evolução do Planeta e dos seres humanos.

- CAPÍTULO 4 -

O QUE PODE SER FEITO PELAS EQUIPAS ESPIRITUAIS DE TERAPIA MULTIDIMENSIONAL

4.1 REGRESSÃO, PROGRESSÃO E TRANSMUTAÇÃO DE VIDAS PASSADAS, FUTURAS E PARALELAS

Hélène – Na Terapia Multidimensional utilizamos técnicas de **regressão de memória**. Especificamente, a regressão de memória é feita pela equipa espiritual e depois o Terapeuta Multidimensional receberá ideias em forma de pensamento que o vão orientar sobre o assunto que está a ser tratado. O cliente não passará pela regressão consciente, deste modo não terá que voltar a sofrer com as informações que vão ser transmitidas. As emoções são estabilizadas por técnicas modernas das equipas extrafísicas. O mesmo acontece quando se encontra informação vinda de vidas paralelas ou futuras. Muitas vezes encontramos informações nesta forma que não são mais do que realidades paralelas ou futuras da pessoa. Podemos pedir à equipa espiritual para ajudar e curar a pessoa na sua vida paralela, passando a manifestar-se um bem-estar na sua vida do dia-a-dia. Outras vezes, projecções de informações negativas vêm de uma vida futura da pessoa. Da mesma forma, em conjunto com a equipa espiritual, podemos limpar e curar o futuro e a vida da pessoa transforma-se.

4.2 O TRABALHO DA PAZ

João Carlos – O ser humano tem o poder da paz. Vem à Terra em missão de paz e a energia da paz é a energia mais poderosa do Universo. Onde focarmos a nossa atenção tendo a intenção de paz, esta materializa-se mais cedo ou mais tarde, pois todas as armas têm o desejo profundo de paz.

Numa terapia, tudo será posto em movimento ao nível mais elevado de forma a que as energias de paz possam ajudar o nosso cliente. Um bom exemplo, foi o trabalho realizado o ano passado com um cliente nosso em Curitiba, Brasil. Este senhor chegou ao nosso atendimento muito triste porque não via a filha há mais de vinte anos, pois ela vivia no Canadá. Uma grande parte da sessão foi passada a ajudar a alma deste senhor a fazer um abraço da paz com a sua filha. Este ano, ficámos a saber que o senhor não estava em Curitiba porque tinha ido de viagem para o Canadá ao encontro da filha. Em pouco tempo, o senhor conseguiu o que mais desejava na Terra.

Por vezes, é necessário descobrir onde é que a paz faz falta. Em praticamente todos os casos, através da nossa imaginação, descobrimos facilmente. Podemos, simplesmente, verificar o nível de paz dentro do nosso cliente. Todo este trabalho é sempre feito ao nível da alma e é feito deste modo porque a personalidade poderia não aceitar este trabalho.

O trabalho técnico consiste em várias verificações:

1ª verificação: **Paz consigo próprio** – muitas vezes as pessoas não estão em paz consigo próprias. Podemos ajudar proporcionando ajuda energética e facilitando o abraço da paz com elas próprias. Este processo ajuda muito a melhorar a auto-confiança.

2ª verificação: **Paz com o pai** – ajudamos a alma da pessoa a dar um abraço da paz com o pai. Muitas vezes, este abraço é mais fácil do que parece à primeira vista, porque as almas procuram a paz. Depois de efectuado, muitas dificuldades se resolvem por si na personalidade. O que desejamos são as divinas sincronicidades, que nos dão a prova que tudo regressa à harmonia divina.

3ª verificação: **Paz com a mãe** – repetimos o mesmo exercício com a mãe do cliente. A mãe representa também o lado divino da criação.

4ª verificação: **Paz com Deus** – nas diferentes épocas de vidas passadas, várias vezes rejeitámos ou nos escondemos de Deus. Estar em paz com Deus permite ao nosso ser holístico aceitar novamente as suas conexões divinas e deixar-se alimentar e amar por Deus. Esta situação, permite-nos sentir a doçura da vida e muita paz interior e, ao deixarmo-nos ir no fluxo das bênçãos divinas, criar a "magia de viver".

5ª verificação: **Paz com Jesus** – ao longo da história da humanidade, muitas barbaridades foram cometidas em nome de Jesus. Estes episódios podem levar um ser a sentir um grande sofrimento. Neste caso, é necessário reencontrar-se com Jesus e fazer as pazes com ele. O abraço será um símbolo dessa reconciliação de Jesus no nosso ser espiritual, representando uma etapa da nossa evolução, independentemente da nossa escolha/opção religiosa.

6ª verificação: **Paz com a Terra** – a Terra tem igualmente muita importância na nossa história. Muitas das dificuldades que atravessamos estão ligadas a ela. A Terra é a representação da conquista do nosso sustento. Podemos, em alguma altura, tê-la rejeitado inconscientemente, por ter sentido traição ou medo. Ao fazermos um abraço de paz com a Terra, sentimo-nos imediatamente em profunda paz e o nosso corpo volta a aceitar receber diariamente a energia da Terra. A nossa vida passa a estar mais protegida e em harmonia com todo o plano material.

4.3 HARMONIZAÇÕES, RESGATES E AFINAÇÕES:

4.3.1 A ASCENSÃO

Hélène – Cada um de nós é um ser multidimensional. Temos várias partes nossas, energias nossas em várias dimensões, fazendo aprendizagens, tendo vivências, vivendo vidas tal como nós vivemos a nossa aqui.

São vivências necessárias à evolução da totalidade do nosso ser. Vamos chamar estas partes nossas de corpos.

Um destes nossos corpos é aquele que temos aqui na Terra, ao qual nós chamamos de corpo físico.

Todos nós estamos a viver um momento muito importante da nossa evolução e da evolução da Terra que é a ascensão.

A ascensão é um processo de elevação das vibrações de todos os nossos corpos, incluindo o corpo físico até à quinta dimensão e mais além.

Nesse processo, todos os nossos corpos que estão na quarta dimensão vão ser resgatados e reintegrados no nosso corpo físico. O nosso corpo físico de terceira dimensão passa assim a vibrar simultaneamente na quinta dimensão. A parte do nosso corpo físico que vibra na quinta dimensão chama-se duplo. Essa é a base do fenómeno da bilocação. Porque uma vez que o corpo físico vibre também na quinta dimensão ele tem a capacidade de estar em vários locais de terceira dimensão ao mesmo tempo.

Assim, nós passamos a ter aqui connosco, disponível para a nossa vida do dia-a-dia, mais da nossa energia, mais da nossa divindade. Mais do amor de Deus que faz parte da nossa essência. E é assim que nos vamos tornando num Cristo. A palavra Cristo significa "Ser Integrado".

Através da Terapia Multidimensional, a equipa espiritual realiza todas as harmonizaçoes e afinações necessarias, em todos os corpos que necessitam, ajudando assim o processo de ascensão. A Terapia Multidimensional não realiza a ascensão. A ascensão é um processo natural, realizado pela natureza, que acontece espontaneamente logo que existam as condições para tal. Todos os seres vivos têm um único objectivo que é elevar as suas vibrações, ascender e fundir-se com Deus. O caminho que cada ser percorre para o fazer é totalmente escolhido por ele.

Então para ascender, cada ser necessita apenas de ultrapassar os obstáculos que o impedem de passar à próxima etapa. É como um balão que nós enchemos e que sobe ficando a bater no tecto. Uma vez que o balão consegue encontrar a passagem por onde ultrapassa o tecto, ele sobe até ao céu infinito.

A passagem que permite ultrapassar todos os obstáculos é o coração multidimensional.

4.3.2 ASCENDER OS NOSSOS MEDOS

João Carlos – O processo de ascensão tem um efeito irreversível em relação aos nossos medos. Os medos são um sinal das nossas limitações. Reacções de que o nosso ser bate em paredes que nos limitam. As paredes são as limitações proporcionadas pela quarta dimensão. Ao ascender para a quinta dimensão, todas as paredes da quarta dimensão desaparecem. Consequentemente, os medos que lhes correspondem desaparecem também por completo.

Desta forma, com a ascensão para a quinta dimensão, a vida na terceira dimensão torna-se mais fácil, mais leve e mais feliz, pois torna-se uma manifestação fiel da vida harmoniosa da quinta dimensão e mais acima.

A pessoa passa a conseguir fazer coisas que antes não era capaz. Ela pode experimentar coisas novas, explorar a vida. Por exemplo, pode aprender a tocar musica com mais facilidade, aprender a pintar, a conduzir, pode escrever livros, andar de avião, falar em público, ter filhos, viajar, aprender línguas, tirar novos cursos, mudar de profissão, ser patroa de si própria, e muitas outras coisas. Tudo o que antes era impossível passa a ser possível, pois as paredes já não existem. Tudo o que ainda poderá haver é a memória de que antes existiam paredes que nos limitavam. Agora, tudo o que necessitamos é experimentar. E através da ousadia e da acção descobrimos novas capacidades, novas habilidades.

4.3.3 FITAS DO ADN

Hélène – As fitas do ADN são bibliotecas do ser.

Existem fitas de ADN do outro lado do véu à espera de serem activadas, através do processo de ascensão. Estas fitas são nossas, pertencem-nos. Elas estão apenas adormecidas, aguardando o momento certo da nossa própria evolução.

Os seres da cidade de luz de Telos, no interior da montanha sagrada Mount Shasta na Califórnia EUA, reconectaram 36 fitas de ADN. Através do amor, do respeito, da paz e da cooperação, os seres de Telos conseguiram refazer a essência primordial da civilização lemuriana, que era baseada no amor e na paz. Na antiga civilização lemuriana, todos os seres humanos tinham 36 fitas de ADN.

Actualmente, a maioria dos seres humanos têm 2 fitas de ADN físicas. Algumas crianças já nascem com mais fitas, 3 ou 4 e até mais.

O processo de ascensão faz a reconexão gradual das fitas do ADN.

Na Terapia Multidimensional, as equipas espirituais vão retirando os limitadores espirituais da pessoa. Ao retirar os limitadores a reconexão das fitas de ADN faz-se naturalmente. É um processo natural semelhante ao da subida das dimensões. É apenas necessário que a pessoa ultrapasse os obstáculos. Logo a seguir, sem que seja preciso fazer algo nesse sentido, as nossas fitas de ADN adormecida despertam e são reconectadas com o nosso ser físico actual. Permitindo que tenhamos acesso a todas as capacidades que Deus nos deu e que estão guardadas na biblioteca viva do nosso ADN completo.

Cada reconexão permite a activação de muitas capacidades adormecidas do ser. Capacidades espirituais e também capacidades de viver mais facilmente na matéria.

4.3.4 A IMPORTÂNCIA DA MATÉRIA

João Carlos – Alguns dos nossos corpos podem estar em sofrimento. Na verdade, muitas vezes, um sofrimento que pode estar a ser sentido na nossa vida, no dia-a-dia, com os nossos assuntos normais tem raíz numa outra realidade. Até às vezes nós não conseguimos encontrar explicação para alguma dificuldade que estamos a viver no momento actual das nossas vidas. De facto, algumas realidades sobrepõem-se à nossa. E é nestas outras realidades que se encontra o sofrimento, é lá que estão as causas. As equipas espirituais de Terapia Multidimensional vão trabalhar em todas as realidades onde se encontram as causas do sofrimento. Uma vez curada a causa do sofrimento que está na outra dimensão nós ficamos bem no Aqui e Agora.

A nossa vivência na matéria é a síntese, o somatório de todas as nossa realidades multidimensionais. A nossa vida aqui no plano físico é sempre uma consequência de algo que já acontece ou aconteceu em outros planos da realidade. Somos o último elo de uma cadeia, de uma sequência de eventos multidimensionais.

E a matéria é um lugar do Universo muito importante. É dentro da matéria que se fazem as grandes mudanças nas outras dimensões. Algumas mudanças podem ser feitas pela própria travessia da nossa vida e outras mudanças poderão resultar da interacção com as equipas de Terapia Multidimensional. O papel do Terapeuta Multidimensional – coração com raízes na matéria – é um dos eixos deste milagre. É a roda dentada que permite que o milagre da cura baixe, e se manifeste na matéria. E quando algo é curado na matéria isso significa que toda a rede sequencial de eventos em outras dimensões que tinha criado uma dificuldade específica na matéria é totalmente curada.

Na realidade é esta a razão pela qual nós estamos aqui. Pela qual nós encarnamos e nos vestimos com um corpo de matéria. Nós escolhemos vir à matéria pois ela representa um laboratório de condições ideais para que se encontrem soluções de cura e evolução para muitos assuntos do Universo, dentro dos quais estão incluídos assuntos de evolução de muitas raças interestelares.

Podemos resumir esta parte em 3 pontos:

1 – a causa das dificuldades da matéria está nas outras dimensões e pode mesmo ter uma raiz interestelar. Tudo começa nas outras dimensões.

2 – a resolução de muitas causas interestelares de sofrimento passa pela estadia na matéria, onde se encontram alternativas. Esta é a magia do ser humano.

A própria vida de cada um oferece já muitas soluções e muito já é resolvido através da própria evolução do ser encarnado no dia-a--dia. Este é o milagre do processo das encarnações.

3 – a Terapia Multidimensional proporciona um método de cura que permite acelerar os processos de resolução das várias dificuldades multidimensionais de cada ser. Este método utiliza uma equipa técnica multidimensional e multidisciplinar composta por seres de várias dimensões (alguns deles interestelares) e um ser encarnado na matéria, trabalhando com raízes e coração – o Terapeuta Multidimensional.

4.3.5 A ASCENSÃO DOS CORPOS DA PRIMEIRA, SEGUNDA E QUARTA DIMENSÕES

4.3.5.1 O RESGATE DE CORPO

Hélène – Na Terapia Multidimensional as equipas espirituais realizam um serviço importante que se chama resgate de corpo. Por vezes, existe um corpo nosso que se encontra bloqueado ou preso numa determinada dimensão e não consegue desbloquear-se e seguir no seu caminho de evolução.

As razões que levam a um corpo nosso a ficar bloqueado numa outra dimensão podem várias. A mais comum na sequência de uma morte traumática numa vida passada. Numa morte traumática, o corpo da pessoa que vive essa experiência pode ficar bloqueada numa realidade espiritual onde fica apegada aos pensamentos e às emoções do momento da morte. Pode, por exemplo, não perdoar a alguém que o matou. Ou pode ficar revoltado com Deus devido a um grande cataclismo. Pode igualmente ficar a vibrar nas emoções negativas e auto-destrutivas que estão ligadas a um suicídio. Quando isto acontece, esta pessoa fica no mundo espiritual e fica presa a estas emoções e sentimentos. E a nossa alma pode ficar muito tempo sem poder reencarnar, uma vez que o seu corpo, o seu veículo está lá preso. O que é que a nossa alma faz? Ela fabrica um outro corpo e com ele continua o processo das reencarnações. Deixa o outro corpo preso naquelas realidades espirituais até ao dia em que será possível resgatá-lo e reintegrá-lo.

Actualmente, estamos a viver a ascensão para a quinta dimensão. Assim, todos os corpos que vibram abaixo dessa dimensão necessitam ser resgatados e reintegrados no corpo físico actual. Cada corpo que está preso numa realidade espiritual representa um peso na estrutura completa do nosso ser multidimensional, peso esse que impede a ascensão.

Na Terapia Multidimensional, as equipas vão então encontrar este corpo nosso, vão resgatá-lo e vão realizar todos os tratamentos espirituais e energéticos que ele possa necessitar. Depois disso, as equipas fazem a reintegração do corpo no nosso corpo físico actual. Assim, mais da nossa energia, mais da nossa essência pode baixar e manifestar-se na nossa vida, através do nosso corpo físico.

Cada corpo nosso retém com ele muitas capacidades, muitas energias. Quando um corpo regressa, todas as energias e capacidades que estavam retidas nele regressam também e são reintegradas em nós. Dessa forma, pode acontecer que depois de uma sessão de Terapia Multidimensional nos sintamos mais inteiros, mais capazes. Podemos ver-nos numa situação em que estamos a fazer coisas que nunca pensámos ser um dia capazes. Por exemplo, podemos passar a conseguir falar em público o que nunca tínhamos sido capazes. Ou podemos conseguir exprimir os nossos sentimentos com frontalidade e espontaneidade. Podemos passar a manifestar mais os nossos sonhos, a concretizar os nossos projectos. Até pode acontecer que comecemos uma nova empresa. Apenas porque regressou aquele nosso corpo que era um grande empreendedor.

4.3.5.2 O RESGATE DA ALMA

João Carlos – Existe um corpo nosso que é o corpo principal na nossa estrutura energética multidimensional. Este corpo é a nossa alma.

145

Por vezes acontece que a nossa alma necessita também de ser resgatada. Durante uma sessão de Terapia Multidimensional encontram-se às vezes situações em que a alma está fora do nosso corpo e quando isso acontece a alma continua sempre ligada ao corpo por um cordão energético a que se dá o nome de cordão de prata.

As equipas espirituais vão realizar o mesmo serviço à alma que com qualquer outro corpo que não esteja integrado em nós. A alma, depois de ser encontrada, vai ser resgatada, harmonizada, tratada e depois vai ser colocada novamente dentro do nosso corpo físico actual, no seu lugar específico. A nossa alma tem um lugar próprio dentro do nosso corpo que é dentro de todas as células do nosso corpo. Isso é possível devido ao fenómeno fractal em que o todo está completamente contido dentro de todas as partes. É o mesmo fenómeno que permite que Deus, na sua totalidade, esteja dentro de tudo o que existe.

Também o Shamanismo fala de resgate de fragmentos da alma. O Shamanismo considera que a alma pode ser fragmentada e o Shaman vai procurar cada um dos fragmentos da alma e vai reconstituindo a alma por inteiro.

Na Terapia Multidimensional, consideramos que a alma não se fragmenta. Existe a alma e vários corpos, sendo que a alma é o corpo principal, e todos eles, corpos e alma terão de ser resgatados.

A nomenclatura é diferente, mas o conceito é idêntico.

Aluno – Quais os sinais de que uma pessoa tem a alma fora do corpo?

Hélène – Não é fácil detectar uma situação dessas. Por exemplo, pode haver uma pessoa que tem um comportamento que nos levaria a pensar que teria a alma fora do corpo e afinal a alma estava dentro do corpo. Outra pessoa nós juraríamos que tinha a alma dentro e afinal estava fora. A melhor maneira de saber qual a situação real da alma é perguntar aos Seres de Luz. Para isso, perguntamos ao nosso coração e vai-nos chegar uma resposta "sim ou não".

Mesmo assim podemos indicar algumas características que costumam estar associadas ao facto da alma estar fora do corpo: a pessoa pode ter muita dificuldade em manifestar os seus sonhos, os seus projectos. Pode sentir que está sempre quase a conseguir, e à última da hora, tudo se fecha e nada acontece.

A pessoa pode sentir que não é ela própria. Que não está a viver a sua vida. Que não está bem aqui na Terra.

A pessoa pode sentir-se vazia. Sentir que a vida não tem sentido.

São alguns exemplos que podem ter muitas outras causas, diferentes da alma estar fora do corpo, mas muitas estão associados a isso.

Aluna: E o que é que pode estar na origem da alma estar fora do corpo?

João Carlos – Existem quatro principais razões que levam a alma a encontrar-se fora do corpo.

• A primeira é a pessoa, quando nasce, sentir medo. A nossa alma entra no nosso corpo físico no momento do nascimento. A concepção, a gravidez e o nascimento são programados pela alma e esta fica a aguardar a formação completa do corpo físico, ficando por perto. No momento do nascimento a alma entra no corpo. Neste momento, por vezes, ao sentir de novo a matéria, a alma pode lembrar-se de algumas experiências traumáticas de vidas passadas vividas na matéria. E pode sentir medo e querer voltar para trás. Ao tentar voltar para trás a alma sai do corpo mas continua sempre ligada ao corpo físico através do cordão de prata.

• A segunda razão é um choque emocional muito forte. Um choque negativo, de sofrimento. A pessoa pode viver um momento na sua vida em que sente emoções muito fortes. Pode ser que um ente querido tenha morrido. Ou pode ter um susto muito grande, num acidente, por exemplo. Num momento assim, a alma da pessoa pode sair do corpo.

• A terceira razão é quando a pessoa desiste de viver. Ela pode estar a viver uma situação muito difícil na sua vida. Pode ser uma depressão ou outro momento difícil. A pessoa pode não gostar nada dela. E pode decidir que já não quer viver mais. Muitas vezes, quando a pessoa toma essa decisão, a alma pode sair do corpo.

• A quarta principal razão tem a ver com vidas passadas. A pessoa, numa vida passada, para obter benefícios, poderes, serviços, pode ter vendido a sua alma. Pode ter sido consciente ou inconscientemente. Podemos dar um exemplo.

Uma menina apaixonou-se perdidamente. Ele era lindo. Perfeito. O rapaz ideal. Só que... não lhe ligava nenhuma! *(risos)* E o que é que ela faz? Em vez de procurar um outro rapaz, ideia fixa, começou com ideias. Resolveu usar algumas práticas. Ela tinha em casa um livrito muito engraçado. Um livrito com poções, muitas poções. E escolheu uma que talvez usasse bigodes de gato ou até asas de morcego. Quem sabe? O que aconteceu? Realmente funcionou. O rapaz apaixonou-se por ela, casaram-se e viveram felizes para sempre. Para sempre? Talvez não. Depois de uma morte tranquila na velhice, esta menina descobriu do outro lado do véu que a sua alma já não lhe pertence. Pois naquele livrito que ela tinha em casa, haviam cláusulas em letras invisíveis que falavam dos contratos que ela assinava ao usar aqueles poderes e aquelas poções mágicas. Um desses contratos dizia que a alma dela passaria a pertencer a um outro ser.

Quando isto acontece, no momento do nascimento, este ser que agora tem a alma em sua posse, pode vir com o seu contrato e mostrar ao Anjo da Guarda da pessoa. E o Anjo da Guarda não tem outra hipótese senão deixar que o ser leve a alma da pessoa. Pois todos os seres do Universo respeitam a lei do livre-arbítrio.

Na Terapia Multidimensional, a pessoa/cliente dá todas as autorizações ao terapeuta para que este a represente perante os conselhos cármicos. Desta forma, o terapeuta tem todas as autorizações para resgatar todos os corpos e a alma e rescindir todos os contratos que sejam encontrados ainda activos, pois essa é a vontade actual da pessoa, de se libertar, de evoluir, de ficar bem. Esse é o seu livre-arbítrio actual e este é respeitado e atendido.

Aluno – Podem dar-nos um exemplo de uma terapia em que foi feito o resgate da alma?

Hélène – Sim. Uma senhora, vamos chamar-lhe Ana, veio fazer um tratamento connosco e apresentou-nos uma dificuldade que ela tinha já há muitos anos. Quando nós começámos o tratamento, apercebemo-nos que a alma da Ana não estava no corpo, mas também não estava presa; a alma, de sua livre vontade, estava a acompanhar alguém, por amor e serviço; ela estava com uma outra pessoa cuja alma estava presa.

Nós então falámos verbalmente com a Ana porque havia uma parte que não conseguíamos entender. Então, ela explicou-nos que o marido dela tinha ficado muito revoltado com uma coisa que tinha sido mal feita a nível espiritual. Explicou que, antes, na casa deles, havia a presença da mãe do marido da Ana que, apesar de ter falecido, andava a fazer ruídos nas portas. Então a Ana chamou alguém para ajudar, e esta pessoa encaminhou a mãe e os ruídos desapareceram. Mas o marido ficou revoltado porque sentia que algo foi mal feito, houve alguma injustiça, embora não soubesse explicar o quê.

É muito interessante pois na terapia eu já tinha recebido a informação de que havia uma injustiça, um erro espiritual mas esta informação era insuficiente para nós conseguirmos entender o assunto. Então, a Ana explicou-nos que tinha sido feito o encaminhamento de um ser que obcecava a casa, neste caso a mãe dela.

Então nós fomos pesquisar. E o que é que encontrámos?

Uma situação em que a alma da Ana estava com a alma do marido que, por sua vez, estava com a alma da sua mãe que estava presa porque tinha sido expulsa da casa mas não tinha sido encaminhada para a luz.

São pessoas que fazem trabalho espiritual com pouca qualidade, mas não só. Tratou-se de outra coisa muito feia, mesmo muito feia, como já vamos ver. Esta alma em vez de ter sido encaminhada para a luz, foi colocada numa bolsa astralina.

Aluno – O que é que é uma bolsa astralina?

João Carlos – É um grupo de seres que estão unidos pelo mesmo sofrimento e que ainda não foram resgatados.

> O que é uma bolsa astralina?

149

Naquele caso, tratava-se de uma bolsa astralina referente a uma batalha da história de Portugal, travada no Norte, acima do Porto, durante a Guerra Civil que conduziu à implantação do liberalismo, por volta de 1830. Milhares de pessoas foram mortas em estado de choque e não foram evacuadas para a Luz.

Hélène – E para resgatarmos a alma da Ana que não se queria ir embora? Ela estava com a alma do marido que também não se queria ir embora porque estava a acompanhar a alma da mãe que estava presa lá na bolsa por causa do "trabalho espiritual" mal feito por aquela tal pessoa.

O que é que nós fizemos?

João Carlos – Recebemos as autorizações para resgatar a alma da mãe, do marido e da Ana. São três almas em cadeia. São os Seres de Luz que fazem isso. Nós só temos autorização para tratar destes assuntos. Não é preciso compreendermos como é que é feito o trabalho ou quais são os detalhes técnicos.

E começou o trabalho de resgate dessa bolsa astralina, mas sem ser muito definido ainda. Acabámos a sessão e saímos do espaço onde trabalhávamos, ainda meios tontos, meio lá meio cá, e fomos passear pela praia porque precisávamos de energia. Fomos então passear a uma praia onde nunca tínhamos ido. E, às tantas, chegámos a um obelisco que era o obelisco da memória, um monumento de homenagem a uma batalha da Guerra Civil de 1830! Estávamos a ser guiados pelos Seres de Luz.

Completamente tontos, começámos a ler os nomes dos comandantes, dos soldados, das corporações, das divisões… a ler tudo, tudo, sem sabermos porque é que estávamos a ler aquilo.

Hélène – À medida que estávamos a ler, sentíamos que os Seres de Luz estavam a começar a fazer o resgate daqueles seres todos, porque estavam os nomes completos das divisões e nós a sentirmos as almas a subirem.

João Carlos – Milhares de almas foram resgatadas a partir da leitura do nome do responsável, que dava autorização em cadeia para o resgate deste grupo de almas que, desde 1832, se encontrava lá preso.

Hélène – Então, o nosso trabalho é um trabalho de formiga mas pode levantar montanhas. O trabalho de Terapia Multidimensional é um trabalho pequenito mas ajuda na limpeza do planeta completo. Cada vez que vocês vão tratar uma pessoa, como as pessoas estão ligadas entre si e estão ligadas à história do seu país, à história da Humanidade, tratam também este conjunto todo.

Nesta bolsa astralina estava "um ser completo", o corpo e a alma. Estas pessoas não reencarnaram, ficaram lá presas este tempo todo. Agora elas já saíram, estão em Cidades de Luz em trabalho de evolução e vão reencarnar brevemente ou já começaram a reencarnar, enquanto anteriormente estavam completamente paradas no tempo.

João Carlos – É claro que este exemplo foi uma situação que ocorreu com alguns detalhes especiais. Era para que eu e a Hélène guardássemos todos os detalhes para podermos ensinar. Normalmente não é necessário deslocarmo-nos assim a locais geográficos para fazer o trabalho, embora às vezes aconteça.

Todos os terapeutas multidimensionais têm as habilitações para fazerem este tipo de trabalho de resgate, seja de uma ou mais almas. E são as equipas espirituais que fazem todo o trabalho, não precisamos ter consciência de nada.

Conforme o vosso grau de curiosidade, podem sempre fazer perguntas aos Seres de Luz e descobrir coisas interessantes sobre a realidade espiritual. As informações são acessíveis a todos.

4.3.5.3 OUTROS RESGATES

Hélène – Existem outros tipos de resgate que podem ser feitos numa sessão de Terapia Multidimensional.

Um desses tipos de resgate é o **resgate da criança interior.** Existem algumas situações em que a criança interior pode encontrar-se fora do corpo da pessoa. Ou porque ela sai sozinha, por medo ou porque é raptada por outros seres espirituais. Quando a criança interior está fora do corpo, a pessoa pode sentir mais dificuldade em sentir alegria. Em maravilhar-se com a vida. Em sentir encanto pelo vida.

As equipas espirituais de Terapia Multidimensional fazem o resgate da criança interior. Vão buscá-la onde ela se encontra e voltam a reintegrá-la dentro do corpo da pessoa/cliente. Quando a criança interior regressa, a pessoa tem tendência a sentir mais espontaneidade, mais vivacidade, mais alegria. Pode começar a rir-se mais e a aproveitar mais de cada momento presente. É a nossa criança interior que dá essas qualidades, uma vez que é esta componente do ser humano que de uma maneira mais fiel manifesta as vibrações originais da alma, de Deus.

João Carlos – Ainda outro resgate que pode ser feito é o **resgate do juízo.** O juízo, segundo o que nos ensinaram os Seres de Luz, é algo diferente do que nós pensávamos. Nós pensavamos que o juízo era a capacidade de distinguir o certo do errado. Mas essa capacidade tem o nome de discernimento. O juízo é outra coisa. É a capacidade de estar no aqui e agora, de estar no momento presente. Com as pessoas que estão connosco. Com as tarefas que temos em mãos. No lugar onde estamos. Quando "perdemos o juízo", passamos a estar em vários lugares ao mesmo tempo. Os Seres de Luz ensinaram que o juízo é uma componente do ser humano que se assemelha a uma lente de focagem. Quando o juízo está presente, esta lente foca a atenção da nossa consciência apenas no momento presente. No aqui e agora. E assim temos a possibilidade de dar 100% da nossa atenção, da nossa consciência, da nossa energia ao que estamos a fazer e a viver no momento presente. Quando o juíz não está "afinado" a lente está muito "alargada" e nós passamos a captar várias realidades ao mesmo tempo. Na verdade, cada ser humano vive várias realidades ao mesmo tempo, em vários lugares espirituais de espaço/tempo. Para vivermos esta experiência num corpo físico aqui na Terra, necessitamos de uma "lente" que nos ajude a focar a nossa atenção apenas no momento presente. Para não enlouquecermos. Na verdade, muitos dos casos de desequilíbrio mental que existem na vida de muitas pessoas devem-se à falta do "juízo", desta lente que ajuda a focar no aqui e agora.

A sabedoria popular até tem uma frase muito adequada para estas situações. Quando uma pessoa já não está bem no aqui e agora, e está a pensar em várias coisas ao mesmo tempo, em vários lugares ou várias pessoas ao mesmo tempo, pode haver algum amigo que lhe diga: "Oh! Tu já não estás no teu perfeito juízo!" ou então "tu já estás é a perder o juízo!". Engraçado, não é?

As equipas espirituais de Terapia Multidimensional fazem o serviço nas sessões de terapia de resgatar o juízo quando ele não está presente.

Gostaria de partilhar como é que descobrimos este conhecimento do juízo. Foi numa altura em que eu estava a passar uma fase difícil. Eu e a Hélène tínhamos recebido muitas cargas energéticas negativas. Estávamos no brasil. E a coisa estava difícil. Então nós fazíamos Terapia Multidimensional um ao outro para ver se a coisa melhorava. Eu próprio, sozinho fazia auto-terapia várias vezes ao dia, durante vários dias. Já tinha feito de tudo. tinha rescindido muitos contrato, retirado muitos implantes, tinha perdoado, pedido perdão, tinha feito trabalho de paz comigo, com muitas pessoas. Tinha resgatado corpos meus. Enfim, tudo o que eu ia sentindo que podia ser por causa disso, eu curava. Mas eu continuava a sentir algumas dificuldades energéticas. Uma delas era que eu me sentia em vários lugares ao mesmo tempo. Sentia-me a mim mesmo em várias realidades ao mesmo tempo. E com a mesma intensidade emocional e a mesma sensação do real. Era algo muito impressionante e, claro, difícil de viver, pois para trabalhar, dar cursos, terapias e canalizar eu necessito de estar bem presente no aqui e agora. E por mais que tentasse e focasse no meu coração e nas minhas raízes, eu não conseguia estar apenas no aqui e agora. Quer dizer, estava em vários "aqui e agora" ao mesmo tempo!

Então resolvi pedir ajuda à Hélène para confirmar algumas respostas que eu obtinha dos Seres de Luz, pois estava numa situação em que já não confiava tanto no que eu próprio recebia. Então perguntei se a minha alma tinha saído do corpo. A resposta foi não. Ela estava dentro do corpo. Então eu perguntei várias outras coisas. E tudo estava bem, tudo no seu devido lugar. E eu já não sabia o que perguntar. Estava sem imaginação. Eu sentia que estava com bastante discernimento, pois eu conseguia dizer com total nitidez tudo o que eu estava a sentir e sabia o que estava certo e errado.

Até que eu disse, meio a brincar: "Oh! Então eu já estou é a perder o juízo! É isso. Preciso resgatar o meu juízo porque estou sem ele!". Disse isto assim, como um absurdo, pois nunca eu tinha ouvido falar sobre isso, nem nunca tinha pensado sobre tal coisa. Era um absurdo que alguém no seu desespero inventa na brincadeira para aliviar um pouco a situação. Mas a verdade é que a Hélène disse: "Sim é isso. A resposta é sim, é mesmo isso que se passa. Estás sem o teu juízo, embora eu não saiba o que isso é!"

Eu fiquei boquiaberto, o que até deu jeito aos Seres de Luz que aproveitaram a minha boca aberta para canalizarem o que era isto de "perder o juízo"

"Juízo é uma lente multidimensional que o ser humano possui e que lhe permite focar a atenção da sua consciência apenas num aqui e agora. Existem vários aqui e agora e cada um de nós vive várias realidades ao mesmo tempo em vários locais diferentes do Universo. O ser humano tem também a capacidade espiritual de estar sintonizado com várias realidades ao mesmo tempo. E de as captar. Mas na fase actual de consciência espiritual da humanidade, ainda não é possível ao ser humano estar sintonizado com mais do que uma realidade sem que isso o perturbe. No futuro, talvez. Por agora, é muito importante estar sintonizado apenas com um aqui e agora, a viver assim o momento presente. Os Seres de Luz disseram que isso tem a ver com algumas características da nossa missão aqui na Terra que necessitam que estejamos focados a 100% no aqui e agora, dando o nosso amor, a nossa energia e a nossa luz ao que estamos a fazer e a viver. Então o que se passava comigo é que eu tinha perdido o juízo, mas continuava com grande discernimento, o necessário para poder discernir tudo o que estava a passar e ter grande consciência de todos estes detalhes que os Seres de Luz ensinaram. Logo a seguir eu pedi à minha equipa de Terapia Multidimensional para fazer o resgate do meu juízo que alguém me tinha roubado. E quando o juízo regressou novamente eu passei a ter facilidade em estar no aqui e agora e apenas captar a realidade multidimensional do momento presente. Digo-vos já que foi um grande alívio! *(risos)*

Hélène – Vamos falar de um outro tipo de resgate que é o **resgate do coração**. Já aconteceu em terapia encontrarmos situações em que o coração espiritual da pessoa não estava presente. Por alguma razão o seu coração espiritual estava fora do corpo. Uma das razões é haverem seres espirituais que desejam ter um coração humano para servir como uma fonte de energia. Outra razão, que às vezes acontece, é uma pessoa encarnada, física, ir buscar o coração de alguém que ama muito. Por exemplo uma rapariga que está muito apaixonada e o rapaz não lhe liga nenhuma. Então o espírito desta rapariga, sem que ela tenha nenhuma consciência disso, vai buscar o coração espiritual do rapaz para poder ficar sempre perto da sua essência. O que é que resulta daqui? O rapaz pode deixar de sentir. De repente, ele fica insensível, frio. Faz tudo o que fazia antes, os comportamentos, as actividades, mas falta-lhe cor, vida, falta-lhe... coração. Parece às vezes um *robot*, outras vezes uma pessoa sem sentimentos. A sua pele pode até estar um pouco mais branca. Ele próprio sente a vida sem sabor, como se estivesse num filme mas em que se mantém apenas como um observador sem poder sentir a intensidade da vida de cada momento.

As equipas de luz fazem o resgate do coração, proporcionando à pessoa/cliente uma nova fase da sua vida com mais sabor, mais sentimento e mais dinamismo. Abrem-se novas portas, surgem novas pessoas e a própria pessoa/cliente sente novamente a vida na pele, como se voltasse a nascer no corpo físico. A pele, se for caso disso, volta a apresentar uma coloração mais rosada.

João Carlos – Outro resgate que pode acontecer é o **resgate da missão**. Todos nós temos uma missão nesta vida. Já muitos de nós ouvimos falar disso. E muitos de nós buscam na sua vida conhecer qual é a sua missão aqui na Terra.

Os Seres de Luz ensinaram-nos que a missão é uma componente interna do ser humano. Tal como se fosse um órgão interno. É a missão que nos dá um rumo, um sentido para a vida. Aquela sensação interior de ser útil, de haver algo que a vida necessita que eu faça na vida, para contribuir para o Todo, o Universo. Aquele guião que foi escrito para mim, por mim mesmo, e que depois, consciente ou inconscientemente, todo o meu ser está empenhado no dia-a-dia em fazer cumprir.

Quando, por qualquer razão, a missão não está presente em nós, podemos sentir-nos perdidos. Sentir que a vida não tem sentido. Podemos-nos sentir vazios, como se estivéssemos a passar ao lado de uma parte importante da nossa vida. E, por mais coisas que possamos fazer, não nos sentimos preenchidos, realizados por dentro.

Eu soube da existência desta componente em nós chamada missão numa altura em que eu estava a sentir-me sem vontade nenhuma de continuar a fazer o que estava a fazer. Dar terapias, dar cursos de espiritualidade e novas energias, canalizar os Seres de Luz.. já não me apetecia. De repente, estava farto, e no entanto era tudo o que sempre sonhei fazer na minha vida, o meu sonho de alma que tanto desejei e persegui. Uma profissão que eu amava fazer... de repente, já não queria. E pensava sinceramente em muitas outras coisas que poderia começar a fazer profissionalmente, porque isto eu já não queria fazer. Até que um dia, graças a Deus, deve ter sito uma bela inspiração divina, eu estranhei o que se estava a passar. De repente, pus-me a pensar: "Espera lá, isto é muito estranho. Como é que é possível eu estar a pensar assim? Depois de tantos anos de caminhada, de altos e baixos, de crises internas, sempre com a certeza de seguir Deus, a luz, o Cristo Interno e a certeza de contribuir para a ascensão da Terra... e agora já não me interessa! É estranho. Onde está aquele sentido de missão tão profundo e intenso que eu tinha?". E os Seres de Luz aproveitaram e disseram-me "Pois é isso mesmo, meu querido. Falta-te a missão. A tua missão está fora de ti."

"Como assim?", disse eu intrigado.

E os Seres de Luz responderam: "A missão é algo com que se nasce. Uma parte interna. E quando a missão não está presente, tu já não estás sintonizado com a tua parte no todo, a tua tarefa primordial, aquilo que nasceste para fazeres. Na verdade, quando te falta a missão, podes até ser a pessoa mais ocupada do mundo, mas estarás a fazer coisas que não te interessam, não interessam à tua evolução espiritual, à tua alma. Estarás muito interessado nas vidas dos outros, irás fofocar muito, ler muitas revistas do *jet set* e serás super diligente, querendo agradar e servir tudo e todos. Só que não estarás empenhado em te concentrares no teu coração e na tua alma, trabalhando para manifestares a tua própria onda, o teu próprio caminho, a tua própria missão. Que poderá até ser uma caminhada solitária às vezes, mas altamente auto-realizadora, pois estarás a trazer ao mundo algo que só tu podes trazer e se estiveres ocupado com tudo e todos não tens tempo nem energia para olhares para dentro e te sentires."

Eu achei uma perspectiva lindíssima!

Na verdade, em várias vezes que em Terapia Multidimensional encontrámos pessoas sem a missão e esta foi resgatada, a vida da pessoa deu uma grande volta. Passou a estar mais centrada em si e nos seus assuntos, sem se dispersar tanto e a amar-se mais. A ter mais noção do seu caminho e de que escolhas tomar no seu dia-a-dia. Voltou o rumo à sua vida.

As equipas de Terapia Multidimensional, ao fazerem o resgate da missão, devolvem à pessoa/cliente o sentido e o gosto pela vida. Aquela vontade de acordar de manhã, levantar de novo e continuar a vida. Pois a vida é maravilhosa, vale a pena ser vivida e existe algo incrivelmente belo e insubstituível que cada um de nós tem para oferecer ao mundo e ao Universo. E o que cada um tem para dar não há mais nenhum outro ser no Universo que possa dar isso. Cada um de nós é único e Deus gosta muito de diversidade. E nós também! *(risos)*

4.3.5.4 A QUARTA DIMENSÃO

Hélène – As diferentes partes nossas que necessitam ser resgatadas, tal como um corpo ou a alma, podem encontrar-se em vários lugares, em várias dimensões. Uma das dimensões em que podem encontrar-se é a quarta dimensão, que se chama astral. Nesta dimensão encontram-se todos os pensamentos e todos os sentimentos que foram criados pelos seres humanos desde o início da Humanidade. Pensamentos e emoções positivas e pensamentos e emoções negativas. É aqui que se encontra a raíz da dualidade. Do bem e do mal.

Quando falamos de alto astral, falamos em emoções e pensamentos que proporcionam a evolução através do amor.

Quando se fala em baixo astral, referimo-nos a todos os pensamentos e emoções que proporcionam a evolução através da dor.

O astral é normalmente um lugar onde não é muito bom ir. Não é um lugar de passeios. *(risos)* É um lugar onde existem memórias e muitos assuntos nossos para resolver. E é bom podermos resolvê-los a partir da plataforma segura proporcionada pelo corpo físico. Através da Terapia Multidimensional, podemos resolver muitos assuntos e resgatar muitas energias nossas que estão bloqueadas nos astral. O trabalho é sempre feito pelas equipas espirituais.

Há assuntos internos e externos. Mas mesmo os assuntos externos são regulados e podem ser resolvidos a partir do nosso interior.

Aluna Quer dizer que cada um é a chave da solução de si mesmo, basta acreditar nela.

João Carlos – Iiiiiiisso! *(risos)*

Então, na quarta dimensão estão todas as energias não resolvidas e todas as limitações à nossa evolução que são criadas por pensamentos e emoções desarmoniosos. Uma vez que tudo tenha sido harmonizado, resolvido e libertado, estará criada a Nova Terra, na quarta dimensão. E um dia, a Nova Terra da quarta dimensão continuará a ter todas as características da matéria, tal como hoje, mas sem a dualidade.

A terceira dimensão vai continuar a existir.

Na terceira dimensão vai continuar a haver dualidade.

Os nossos corpos físicos vão passar para a quarta dimensão.

A Nova Terra é de quarta dimensão.

A quarta dimensão vai passar a ser o chão da Terra. O rés-do-chão do "prédio" da matéria. E a entrada do "prédio" é o coração.

Todos os corpos físicos vão ser de quarta dimensão.

Vão existir seres de terceira dimensão a viver na Terra e que não convivem connosco. Não serão visíveis pelos seres humanos.

Existem as plantas de segunda dimensão, de terceira dimensão, quarta e quinta dimensões.

Existem animais de segunda dimensão, de terceira, de quarta e de quinta dimensão.

Existem cristais de primeira dimensão, segunda, terceira, quarta e quinta dimensões.

Existem outras categorias de seres que também têm membros em diferentes dimensões. São as fadas, os gnomos, os devas e os espíritos da natureza.

Todos os seres estão em evolução e vão subindo nas dimensões, tal como os seres humanos.

É possível convivermos actualmente com os cristais, plantas e animais devido à especificidade maravilhosa da matéria. Este convívio beneficia a todos.

Na Nova Terra passaremos a ver os animais de quarta e quinta dimensão.

Passaremos a ver os Seres de Luz de quinta dimensão e os de quarta.

Nenhuma dimensão é superior à outra.

Tudo tem um propósito.

Cada dimensão tem uma especificidade e uma importância na evolução dos seres.

A terceira dimensão ficará com a especificidade da dualidade, grande motor da evolução. Irá continuar a permitir o convívio com os seres de primeira dimensão. Uma das grandes especifidades e maravilhas da terceira dimensão é esta possiblidade de convívio com os seres de primeira e segunda dimensão.

A quarta dimensão também é física. É uma matéria. A matéria é composta pela terceira e quarta dimensões.

Actualmente os Seres de Luz de Telos vivem na matéria da quarta dimensão.

Os seres de Lys-Fátima também. E outros.

A matéria da 4D tem outras especificidades diferentes das da terceira.

A quarta dimensão é não-dual.

Existem várias quartas dimensões.

Existe uma 4D não-dual, do amor neutro, que é, por exemplo, a dos seres de Telos ou de Lys-Fátima.

Existe uma 4D dual, que foi criada a partir da terceira dimensão. A partir dos pensamentos e dos sentimentos criados a partir da terceira dimensão.

Existem pensamentos e sentimentos na 4D não-dual. São pensamentos não-duais. E sentimentos não-duais. Baseados no amor divino, no amor neutro.

Então, os pensamentos e sentimentos não-duais da 4D são criados pela quinta dimensão não-dual. E os pensamentos e sentimentos duais são criados pela 3D.

As duas 4D não comunicam entre elas, tal como não comunicam a 5D dual e a 5D não-dual.

A 3D dual foi criada pela 5D dual.

O processo de evolução está a fazer com que nós tenhamos baixado nas dimensões através de um caminho dual até à 3D, que é a uma porta, criada por Deus, para passar de uma realidade dual para uma realidade não-dual ou neutra.

A 3D é um portal para entrar no coração de Deus. Um portal de amor neutro.

Uma vez que tenhamos entrado neste portal, podemos começar a subir novamente nas dimensões, de uma forma segura.

Estaremos então a ascender num canal neutro, não-dual, totalmente de coração, o coração de Deus.

A terceira dimensão é uma das muitas portas para o coração que Deus oferece a todos os seres de todos os Universos duais. Sejam de que dimensão forem, todos os seres que vivem na dualidade em qualquer parte dos Universos duais têm a possibilidade de passarem para a realidade não-dual, neutra, de fusão com Deus, ao escolherem vivenciar as condições da matéria da 3D.

Esta é a razão da tão grande importância do coração e das raízes. Dos pés bem assentes no chão. Da ascensão feita através do coração e com os pés no chão. Das canalizações de coração e com os pés bem assentes no chão. Na comunicação com qualquer ser do Universo, precisamos de ficar com os nossos pés no chão e sempre focados no coração. Pode ser um ser de grande luz, pode vir de lugares fantásticos do Universo. A nossa permanência firme no coração e a consciência permanente das nossas raízes é a nossa protecção. Desta forma, estamos a dar-nos um grande serviço para a nossa evolução e também estamos a dar um grande serviço a estes seres que comunicam connosco, pois assim Eles podem atravessar o grande portal do amor neutro do coração da Terra (da matéria) e passar para o corredor multidimensional da ascensão não-dual.

4.3.5.5 OS BICHOS E A ALIMENTAÇÃO NEGATIVA

Hélène – Existem muitos mundos espirituais e muitos seres, de diferentes naturezas. Cada ser espiritual vive a sua vida, tentando evoluir, da mesma forma que cada um de nós, seres humanos, tentamos evoluir também.

Os pensamentos e o nosso inconsciente, o sofrimento de algumas das nossas memórias, desta vida e de vidas passadas ou paralelas, fabricam um determinado tipo de energia. Ao produzir energia de sofrimento, estamos a atrair seres que vibram na mesma frequência. Existem seres espirituais que se alimentam com este tipo de energia. Toda a energia que é criada é sempre aproveitada.

Quando estes seres estão presentes na nossa aura ou no nosso mundo espiritual é usual dar-lhes o nome de obsessores. Nós costumamos chamar-lhes carinhosamente, "bichos", "bichinhos" ou "bicharocos!" *(risos)*

A sua presença pode provocar cansaço ou doenças.

Existem seres que se alimentam da luz. Outros que se alimentam de outras energias menos positivas, com mais ou menos luz. Estão no lugar intermédio. Existem também seres que decidiram e escolheram não se alimentar da luz divina.

Todos os seres são divinos e iguais aos olhos de Deus.

Em relação aos Anjos, os seres humanos têm menos luz. Mas os Anjos não vão aos terapeutas e dizem: "Ai ai ai tenho um ser humano na minha aura! Tira-mo por favor!!" *(risos)*

Os seres menos luminosos são seres diferentes, não são inferiores. Têm propósitos e missões diferentes, missões que necessitam de condições menos luminosas que as nossas actualmente. Tal como nós precisámos de condições menos luminosas até aqui para realizar e vivenciar experiências que nos permitiram aprender, crescer e evoluir.

Cada ser alimenta-se da energia que necessita em cada momento da sua evolução. E todas as energias são válidas. Todas as energias foram criadas por Deus. Todas as energias têm um propósito e servem em algum momento da evolução de um ser.

À medida da nossa evolução, será possível retirar seres que se alimentavam com as nossas energias menos positivas e que tinham uma razão para estarem presentes. Pelo carma, por contratos ou por escolha de pensamentos menos positivos, somos nós que autorizamos, no nosso inconsciente, nesta ou noutra vidas, a presença destes seres. Eles, ao estarem presentes, dão-nos serviço ao ajudarem a que tomemos consciência onde nós estamos presos dentro de nós próprios com escolhas actuais ou passadas que já não nos servem. É a nossa evolução natural que faz com que escolhas que fizemos no passado e que serviram para uma dada fase do nosso caminho, agora já não servem mais. E é só isso. São ciclos que acabam e começam novos ciclos, com novas energias e novas necessidades. Então nós podemos largar tudo aquilo que já não necessitamos, limpar as gavetas, os armários do nosso ser e assim obter espaço interior para o novo.

É neste sentido que entra o trabalho das equipas espirituais de Terapia Multidimensional. Quando chega o momento certo da evolução de uma pessoa, para além dos resgates, as equipas dão também serviço de limpeza das energias, dos seres e das formas de vida menos positivos de outras dimensões que podem encontrar-se perto da pessoa, no mundo espiritual, perturbando a harmonia na sua vida. Tudo no sentido de ir na direcção de mais coração, mais amor e mais paz.

4.3.5.6 AUTORIZAÇÕES PARA CIRCULAR NO ASTRAL

> Ver o capítulo 6
> para as iniciações

João Carlos – Depois de recebermos a "iniciação de autorização para circular no astral" o nosso duplo tem a capacidade de acompanhar as equipas espirituais de Terapia Multidimensional nos trabalhos de resgate e encaminhamento no astral. É um trabalho técnico muito especializado.

Muitos bloqueios e situações de vivência difíceis tem origem no mundo astral. A equipa espirituais de Terapia Multidimensional é formada por vários técnicos e eles vão precisar, para poder circular no mundo astral, de acompanhamento, informações e outros serviços de ajuda e dos conhecimentos de Seres de Luz que conhecem bem as realidades de todos os sub-níveis da quarta dimensão (mundo astral).

Em todos os sub-níveis existem seres luminosos que estão a cumprir uma missão, tal como nós estamos a cumprir uma missão na Terra, na terceira dimensão. Estes seres serão os contactos das equipas espirituais e vão permitir o sucesso da missão de resgate ou limpeza.

4.3.5.7 A DESOBSESSÃO

João Carlos – Existe um trabalho de limpeza e de retirada dos seres espirituais da aura e do mundo espiritual da pessoa que é chamado de desobsessão.

Na Terapia Multidimensional, são as equipas que tratam da totalidade do trabalho, com técnicas adaptadas a cada situação. Este

163

trabalho é bastante rápido e muito eficaz. Normalmente o Terapeuta Multidimensional não tem percepção do que está a ser feito e não necessita de se preocupar.

Vamos olhar agora um pouco para este fenómeno da obsessão O que é que nós fazemos com isto? O que é? O que é que isso provoca depois? Como é que isso se encaixa na nossa vida?

Normalmente, a primeira coisa que é provocada pela obsessão são desregulações energéticas. Basicamente, a partir de uma desregulação energética tudo pode acontecer.

Hélène – O ser que podemos chamar de obsessor não quer dizer que seja ruim ou que nos queira fazer mal. Pode ser um ser completamente inconsciente e que não sabe para onde ir. Neste caso, ele fica perto de pessoas conhecidas. Ele não é um ser que quer mal à outra pessoa mas a presença dele desregula o campo electromagnético dela. Isso acontece principalmente às pessoas que vão passar para o outro lado do véu, que faleceram sem ter nenhum conhecimento que a vida continua depois da morte. Pensam que não morreram, então continuam a viver a mesma vida. Vão ao emprego, entram em casa às 18h30, abrem a porta, vão fazer o comer, vão ver televisão… ficam só surpreendidas porque ninguém responde. Mas pronto… fazem tudo na vida de família como antigamente… vão-se deitar ao lado do marido ou da mulher e o marido ou a mulher ficam com grande desregulação energética que pode ir da simples tristeza, falta de sono e perda de energia, até níveis mais difíceis de gerir. Isso é um tipo de obsessão que é uma das formas mais espectaculares, digamos assim. Não é vinda de um ser que quer fazer mal pois é a própria família dele. No entanto, a situação é muito difícil de viver para a família.

Então, o que é que se passa com estes seres quando vêm os seres que eles conhecem e que, como eles, já deixaram o corpo físico? Eles dizem: "Eu não morri. Vocês são fantasmas. Vão embora." Podem chegar perto dele seres da família, antepassados que estão na luz e que vêm para ajudar – até podem ser conhecidos, um tio, uma avó, um filho. Mas o ser não entende o que se passa e pode dizer: "Ah, mas eu conheço-te! Tu foste a minha tia ou a minha mãe mas já faleceste. Eu estou vivo. Vai-te embora!"

João Carlos – Então, estes seres vão precisar de uma ajuda para serem encaminhados, pois eles não aceitam o contacto ou a ajuda da sua família que vive do outro lado do véu. Eles vão identificar-se mais com a vida da matéria que acabaram de deixar porque as vibrações são iguais, ainda há um entendimento, uma afinidade, uma semelhança. Não há nada de misterioso ou complicado.

Na Terapia Multidimensional nunca há necessidade de o terapeuta falar com o obsessor. Vai ser o duplo e as equipas espirituais que vão fazer o trabalho, sem necessitar que o terapeuta tenha consciência da comunicação com o ser que vai ser encaminhado.

Uma situação de obsessão detecta-se, normalmente, durante a entrevista que fazemos ao cliente, antes do tratamento. Muitas vezes, a pessoa explica que a mãe faleceu há um ano e que desde aí não se sente bem. Ou vai haver algo do género durante a conversa, que vai surgir e que vocês não deixam passar. Tem sempre que se apanhar o que a pessoa está a dizer.

> A importância da entrevista

Hélène – A entrevista é muito importante. Porque sem conversa é mais difícil detectar este tipo de obsessão. É muito forte e muito presente... tão presente que às vezes nem sentimos! É como se fosse mais uma pessoa na sala. A presença é quase física. Por isso, a conversa é muito importante.

Mas vocês devem sempre lembrar-se de explicar à pessoa que este ser não quer mal a ninguém. Ao dizermos obsessor, não estamos a dizer que ele é mau. Sabemos que existem obsessores ruins, não estou a dizer que não, mas nesta situação não são.

Depois disto, como é que estruturamos e organizamos as informações para dizer depois à pessoa no relatório o que foi feito?

Podemos dizer uma coisa. Nós todos fabricamos energia negativa, caso contrário não necessitávamos desta passagem pela Terra. Então, isto significa que todos temos coisas completamente inconscientes e desconhecidas nossas que se alguém nos dissesse: "Tu tens isto e aquilo". Ficávamos assim: "Eu?! Mas isso não é possível! Eu sou completamente o contrário disso. Como é que és capaz de dizer uma coisa dessas?"

Muitas pessoas ficam ofendidas ao saber que no inconsciente têm esta e aquela situação que são memórias antigas, que são coisas de vidas passadas, embora não tenham a mínima ideia que as podem ter. Então, quando nós revelamos, dizem: "Isso não é verdade!"

João Carlos – Qualquer que seja a coisa bem escondidinha que tenhamos, fabrica energias e estas energias são rios pequenitos que saem da nossa aura e que vão ser aproveitados para alimentar seres noutras dimensões – porque, no Universo, nada se perde.

Então, a partir do momento que temos estas energias, as nossas práticas de luz permitem-nos evitar que estes seres nos incomodem muito. Assim, ficam um bocadinho ao lado, sem se aproximarem muito. Quando se começam a aproximar demais chamamos-lhes obsessores novamente, porque eles entram no nosso campo e começam, de novo, a desregular as nossas energias.

O que é que procuramos?

Podemos ter técnicas de cura que consistem apenas em ir à caça dos obsessores. Só isso já dá para séculos!

Hélène – Exactamente! Uma parte do nosso trabalho é esta caça aos obsessores. Faz parte. A outra parte do trabalho do terapeuta é ver de onde vem a comidinha… O que é que fabricamos como rios de energia que alimenta obsessores tão gorduchos, tão poderosos? Se ele é bem gorducho é porque ele é muito bem alimentado! *(risos)* A lei da gula é a mesma em todo o lado!

João Carlos – Então, nós procuramos o quê em relação a estes obsessores? Procuramos onde estão as fugas de energia. Isso é o mais importante. Uma vez fechada a torneira, ele fica fraquinho, começa a pensar em sobreviver de outra forma e pode-se ir embora naturalmente, sem fazer perguntas e sem nós termos que caçar obsessores.

Normalmente, é o procedimento mais eficaz. É irmos à procura de cada fonte de energia negativada. É por isso que nós, nas sessões, muitas vezes somos levados a fazer regressões de memória... para encontrar estas fontes.

Hélène – O objectivo é entender como tudo isso encaixa. Há sempre uma lógica! Pode não ser a nossa lógica. Pode ser outra lógica mas procurando conseguimos entender.

> A casa do meu Pai tem muitas moradas

Existe uma frase, que podemos dizer mentalmente em alguns momentos, quando sentimos intuitivamente. Esta frase é:

"A casa do meu Pai tem muitas moradas."

Com esta frase, que é muito utilizada nos trabalhos espíritas de desobsessão, é muito eficaz. Ela move equipas de luz especializadas na limpeza, encaminhamento e desobsessão e em poucos minutos sentimos que o trabalho está concluído.

É uma técnica muito eficaz também para limpar a sala no início de cada sessão, entre sessões e claro pode ser utilizada para limpar qualquer espaço, casa ou empresa.

Podemos utilizar esta frase também no nosso dia-a-dia, para limpar a nossa aura, a aura de uma outra pessoa, os nossos carros, etc.

Os Ets negativos

João Carlos – Há um outro tipo de obsessor. Esses obsessores são os ETs. Existem ETs positivos e outros negativos mas agora para os efeitos da terapia, interessa-nos falar dos ETs negativos. Os ETs positivos são grandes Seres de Luz que fazem muitas vezes parte das equipas espirituais de Terapia Multidimensional e ajudam muito com os seus conhecimentos técnicos de cura muito avançados. São nossos amigos!

Hélène – Então o que é que provoca a entrada dos ETs negativos na aura de uma pessoa? Muitas coisas… conforme as suas especialidades. Mas o que podemos, mais uma vez, notar é uma desregulação das energias. Toda a harmonia energética desaparece.

Os ETs são cada vez mais frequentes e em terapia temos que aprender a lidar com esta possibilidade completamente absurda para muitos de nós. Como é que lidamos com eles?

Pedimos serviço aos Seres de Luz, porque nós não temos capacidade para lidar com eles. Nós não temos nem tecnologia, nem capacidade para lidar com eles. Então, quem vê… o melhor é não ver! Porque assim não se sabe do que é que se trata. Fica-se tranquilo. O melhor é não ver, não fazer nada porque eles são contagiosos. Contagiosos no sentido de que eles são de uma determinada vibração que não é compatível com a nossa. Eles não têm as mesmas estruturas que nós e quando eles entram no nosso ambiente ficamos poluídos.

Nós ainda não descobrimos a lógica deles. Mas consegue-se encontrar uma constante. As pessoas mais atingidas por este tipo de situação são pessoas que têm uma grande falta de auto-estima. Este é o padrão que surge com mais frequência. Só que, neste planeta, estamos quase todos com falta de auto-estima. Não sei se é por isso mas é um facto que eles são cada vez mais.

João Carlos – A falta de auto-estima é uma das maiores fugas de energia do ser humano. Há um grande rio de energia que sai da nossa aura e pode alimentar todo o tipo de ETs, obsessores, tudo! Com fartura… abundância: a falta de auto-estima! E não é por eu estar aqui a falar em público que eu não tenho falta dela. Nem tudo o que parece é! Falta de auto-estima temos quase todos. Em maior ou menor grau. Mas isto é algo a que normalmente não damos muita importância e não perdemos tempo a vigiar, pois parece que é ser modesto. Mas não é. Não é ser modesto. Parece ser humilde… mas falta de auto-estima não é ser humilde. Ser humilde é uma coisa, falta de auto-estima é outra. Ser tímido não é uma característica positiva no sentido de nos ajudar na nossa evolução e a exprimir a nossa essência. Ser tímido é uma manifestação invertida do nosso ego. É tal como ser-se super-vaidoso. É a mesma energia manifesta em sentidos opostos. São a manifestação da falta de auto-estima pois precisamos de nos exprimir destas formas para esconder que no fundo há uma ferida.

Então, o terapeuta tem que ver sempre a ferida. Estas feridas fabricam estes rios de energia que alimentam estes seres. Onde não há alimento, estes seres não ficam. Dizem "Aqui não há nada para comer, porque é que eu hei-de ficar aqui a morrer à fome?". E vão-se embora.

A lógica diz-nos que devemos fazer a parte de retirar os obsessores. Alguns são possíveis de retirar, outros não. Mas uma coisa é certa, se secarmos o rio, toda a gente foge!

Hélène – Há obsessores que encontramos em terapia que não são possíveis de retirar. Estes são aqueles que têm muitas razões e autorizações para ficar. Por exemplo, eu numa vida passada fiz um acordo com um ser que vai ser meu obsessor hoje. Neste acordo, decidi que, enquanto eu não souber lidar com tal coisa, ele fica comigo. Não interessa a razão que me levou a fazer este acordo, mas enquanto eu não conseguir resolver esse tal assunto (isto é, não consigo lidar com essa dificuldade), ele fica comigo. Este obsessor não é fácil de retirar directamente. Normalmente terá de se verificar outras situações associadas, como por exemplo a existência de contratos ou a cura de memórias de vidas passadas. Trabalho de paz, auto-perdão e elevação do nível de auto-estima também costumam ajudar a que já seja possível remover estes obsessores.

Pode tratar-se também de um ser que, numa vida passada e de uma maneira inconsciente tenha prejudicado. Estes seres são muito difíceis de retirar porque eles têm o livre-arbítrio deles e têm com eles a lei divina do equilíbrio. Imagina, eu prejudiquei alguém numa vida passada. Por exemplo, roubei-lhe todas as vaquinhas. Fui muito ruim! Nesta vida, o que é que se passa?

João Carlos – Ainda se fossem camelos… agora vaquinhas! *(risos)*

Hélène – Vaquinhas lindas… ainda por cima! *(risos)* Nessa vida, este ser ficou arruinado, chorou e morreu. Ele nunca conseguiu ir para as cidades de luz. Nunca me perdoou. Ficou sempre no mundo astral negativo. Ficou lá à minha procura. Eu, apesar de ter procedido mal, consegui subir até às cidades de luz e reencarnar. Reencarnei. Ele sabe que eu reencarnei. O que é que ele faz? Diz: "Olha, ela é que roubou as minhas vaquinhas. Eu reconheço-te."

Vai ter comigo e eu (ainda bebé) grito e ninguém sabe porquê. O bebé grita e ninguém percebe porquê. Ele come bem, não tem dores de dentes, não tem dores de barriga mas o bebé continua a gritar. O que é que se passou? O obsessor reconheceu-o. Ele veio. Neste caso, os Seres de Luz, os Anjos da Guarda não podem fazer nada porque o ser tem razão. Eu roubei as vaquinhas dele. O que é que eles vão dizer? E o obsessor diz: "Tu roubaste-me! És bebé? Azar!"

Se o terapeuta retirar o obsessor, o bebé deixa de chorar.

Agora imagina que o obsessor só te encontra quando tu tens dezoito anos. Cai-te em cima: "Então tu queres um namorado? Já vais ver. Não vais ter namorado nenhum!" Vai-te roubar o namorado, vai-te fazer isto e aquilo. Não pára. O terapeuta pode saber que há um obsessor porque há certos acontecimentos que dão sinais. Por exemplo, esta pessoa afastar sempre certas pessoas ou as coisas não correrem bem … aqueles padrões estranhos. A vida é suposta correr bem! O obsessor encontra-a e a vida começa a correr mal. De repente, e a partir de tal idade, a vida começa a correr mal. Por exemplo aos 18 anos. Porquê? Talvez porque ele ou tu tinham dezoito anos quando se deu o roubo das vaquinhas. Não se sabe o porquê… mas aconteceu alguma coisa que faz com que tudo esteja autorizado. As nossas equipas espirituais sabem muito bem o que é que se passa e vão tratar de tudo o que é necessário para resolver este assunto. São Eles que podem fazer esse trabalho.

João Carlos – Isso aí, como vocês todos sabem, trata-se de carma. É essa a palavra.

Hélène – É um carma… uma lei divina… paciência! Faz parte. Este tipo de obsessores também são chamados de cobradores, pois eles vêm cobrar uma dívida cármica, algo em que os prejudicámos numa vida passada na qual eles procuram justiça.

Muitas vezes ocorre-nos perguntar aos Seres de Luz se é possível fazer uma redução cármica à pessoa. Isso também é possível.

Muitas vezes, a chave do carma é um obsessor. Ele vai ficar até receber o que a vida lhe deve e a pessoa vai pagar até que a lei do perdão permita aos obsessores serem libertos. Também eles estão presos dentro de nós, não somos apenas nós a estar presos. A Lei do Perdão liberta-nos a nós e a eles.

João Carlos – Nem sempre conseguimos identificar o obsessor mas quando conseguimos identificar e localizar uma das coisas que pode acontecer é sentirmos que o nosso duplo está a comunicar com o obsessor e perguntar-lhe o que é que ele quer em troca, como é que pode ser compensado. Às vezes ele pode simplesmente querer: "Olha, queria que ela soubesse que eu estava aqui por esta e esta razão." Pronto, a pessoa já sabe e ele vai-se embora. É algo que varia muito e é raro acontecer. O mais comum é não sentirmos sequer a presença de nenhum ser espiritual. O melhor é sempre deixar que sejam as equipas a tratarem de tudo.

Nós, como terapeutas, se chegamos à vida das pessoas é porque é a altura certa para a pessoa ser liberta de muitos deles. Chegamos à pessoa e está tudo bem encadeado e parece que não podemos fazer nada, mas nós, mesmo assim, podemos fazer algo.

O Terapeuta Multidimensional, ao ficar focado no coração, permite que as equipas espirituais façam o trabalho. E muitas coisas milagrosas podem acontecer.

Um caso de desobsessão

Hélène – Eu vou contar uma história de obsessores. Passou-se numa sessão. O grupo de obsessores era tão grande que formava uma egrégore. A egrégore aparecia na minha visão espiritual como um grande dragão. Vou contar duas ou três coisas através de imagens para ser mais fácil memorizar. Fizemos uma sessão a uma rapariga que tinha vinte e dois anos e que estava mesmo a entrar em completa loucura. Estava à porta do hospital. Ela liga-nos, vem fazer a sessão e aparece o tal grande dragão. Era mesmo um grande dragão. Eu, que normalmente não "vejo", vi mesmo um grande dragão. Bem, o que é que fazemos com o dragão? O que é este dragão?

Por esta altura, nas sessões, eu não tinha as capacidades que tenho agora. Eram sessões em que eu começava a descobrir um mundo maior do que a Psicologia. É sabido que, ao início, na terapia, limitamo-nos muito à Psicologia. Depois começa-se a descobrir que há outras coisas e como se articulam os seus pormenores. Nós, com muito interesse, vamos seguindo o que os Seres de Luz vão fazendo durante as sessões. Neste caso, foi a minha filha Majda a ver as coisas e eu apanhava uma ou duas coisitas. No final, ela contou tudo o que ela era capaz de ver.

A Rainha Santa Isabel apareceu durante a sessão porque conhecia esta moça de outra vida. Conscientemente entendi a memória. Numa vida passada ela tinha sido uma pessoa de alto nível social nas dinastias do Egipto e estas pessoas, quando eram enTerradas, eram enTerradas com todo o seu pessoal. Matavam-se todas as pessoas que estavam ao serviço destes seres e eram mumificados para servirem depois da morte. Era um costume da época. O grande dragão era formado por todos estes servidores que reclamavam vingança... o que é totalmente natural. Quando somos mortos por alguém temos que atingir um grau bem elevado de vibração para conseguir perdoar. Todos estes seres estavam ligados entre si com o mesmo propósito de se vingarem. Deste modo, ninguém saía de lá, formavam um grande dragão e estavam sempre atrás da moça. Ela nunca viu o dragão, mas no mundo espiritual estava possuída por um dragão. No mundo físico, ela não percebia o que estava a acontecer, só que estava a enlouquecer.

O que é que fez a Rainha Santa Isabel? Ela também faz Terapia Multidimensional e ensinou-nos o que tínhamos que fazer, observando-a a trabalhar. Muitos Seres de Luz trabalham desta forma, só que nós não sabemos. Bom, ela emitiu a partir do chakra do coração um raio de luz branca muito fininho. Emitiu muitos raios de luz branca, tendo cada um tocado o coração de cada um dos seres que formavam o dragão. Só ela podia fazer isso. O que é que aconteceu? O nível de vibração do dragão mudou porque os corações começaram a mexer. Os seres eram negativados, todos negros, mas eram Seres de Luz com coração. A partir do momento que se envia uma luz no coração de um Ser de Luz, este coração responde. Qualquer coração responde a um sinal de luz. Assim, o dragão – a egrégore – separou-se e os seres que a formavam foram resgatados um a um.

João Carlos – Eles perderam a consciência colectiva de dragão.

Hélène – Em Terapia Multidimensional, se queres fazer alguma coisa, envias um raio de luz para o ser que está em frente, seja um lagarto ou qualquer coisa… eles têm coração. Ao enviar este raio de luz ou ele se vai embora ou reage de qualquer forma. Este dragão não tinha um coração, era formado por muitos corações. Entendem? É apenas um dos exemplos de como a Terapia Multidimensional resulta. Principalmente quando é feita pela Rainha Santa Isabel!

Isto é um exemplo de uma situação de obsessão ligada a uma vida passada. Acontece muitas vezes. É necessário fazer uma regressão de memória para localizar a memória e se entender o que é que se passou. No exemplo anterior, localizámos um dragão mas muitas vezes só sentimos que são energias. Quando entendemos a memória conseguimos transmutar, conseguimos perdoar, conseguimos avançar, conseguimos mexer, pedir uma graça. Só precisamos de um bocadinho de consciência, qualquer coisa, nem que seja pouco e dá para avançar.

O terapeuta segura um certo nível de energia para a Rainha Santa Isabel poder trabalhar. Numa situação de vida normal, ela não consegue interferir. E é por isso que estamos a subir o nosso nível de vibração e a abrir o nosso chakra do coração. Isto é muito importante!

4.3.5.8 A PROTECÇÃO

Aluno – E o que podemos fazer para nos protegermos?

João Carlos – A nossa protecção é ficarmos sempre focados no chakra do coração e sentir a presença das nossas raízes. E é tudo. Quando estamos focados no nosso coração, nós estamos no coração de Deus. Eu vou convidar-vos a escreverem numa folha de papel a palavra "Deus". Já está? Agora digam-me, onde está a palavra "eu"?... A palavra "eu" está no coração da palavra "Deus", está no centro. Cada um de nós está no coração de Deus. Essa é a nossa protecção. Que maior protecção pode haver do que estar no coração de Deus?

4.3.5.9 O ENCAMINHAMENTO

Hélène – Na Terapia Multidimensional, no trabalho de desobsessão, nem todos os seres são encaminhados para a luz. Nem todos os seres escolhem viver na luz. E também nem todos os seres têm a mesma biologia que nós nem têm a mesma maneira de viver. O Terapeuta Multidimensional respeita o livre-arbítrio de todos os seres, sem julgar. Então, cada ser vai ser acompanhado pelas equipas espirituais e, de acordo com a sua escolha ou a sua origem, vai ser levado para o seu mundo.

Existem seres de naturezas muito diferentes da nossa. Se eles fossem retirados e colocados no nosso mundo eles não iriam sobreviver. As equipas multidimensionais seguem o mandamento "Não matarás". Assim, todos os seres são assistidos e ajudados de acordo com as suas necessidades e, desta forma, todos são beneficiados com o tratamento de Terapia Multidimensional.

Através da "activação dos nossos chakras para serem portais de evacuação interdimensional" o Terapeuta Multidimensional fica habilitado para estar ao serviço destes encaminhamentos neutros. Depois as equipas espirituais poderão utilizar os chakras do terapeuta para realizar

Ver o capítulo 6 para as iniciações

os encaminhamentos de cada ser que seja retirado da aura ou do mundo espiritual da pessoa/cliente, enviando-o para o seu mundo, com muito amor e muita paz.

4.3.5.10 LIMPEZA DE MAGIAS

João Carlos – Muitas pessoas estão afectadas por magias negativadas. Estas magias podem ter sido realizadas nesta vida e também em vidas passadas ou em vidas paralelas. Muitas magias realizadas em vidas passadas ficam a vibrar no plano astral e continuam a actuar, influenciando negativamente a vida actual da pessoa.

Na sua formação, o Terapeuta Multidimensional recebe uma iniciação que dá autorizações para as limpezas de magias negativadas. Estas autorizações permitem que as equipas espirituais de Terapia Multidimensional possam realizar todas as limpezas e acções espirituais necessárias para a total libertação da pessoa destas magias.

> Ver o capítulo 6
> para as iniciações

Quando estiverem numa sessão de terapia, poderão ou não sentir a presença de especialistas de tratamento de magias negativadas. Eles são especialistas que vêm de muitos lados, principalmente de África, mas também de outros lugares do Universo; muitos deles são africanos porque os africanos têm mesmo a especialidade de fazer estas limpezas e vocês vão sentir estas ajudas. São falanges de luz que têm capacidade de entrar nas organizações que estão a reger as magias negras.

São as equipas de luz que realizam todo o trabalho. O Terapeuta Multidimensional não faz nada para além de ficar sempre focado no seu chakra do coração, sentindo a presença das suas raízes e emitindo a sua intenção de cura. E é tudo.

Nestas limpezas, as equipas realizam os encaminhamentos dos seres espirituais envolvidos no processo da magia com muito amor e respeito.

Porquê?

Vamos imaginar que uma pessoa que nos ama muito e por isso nos faz uma magia negativada utiliza espiritualmente um ou mais seres de outros mundos espirituais. Para efeitos de exemplo, vamos chamar a este ser "gato". É um nome totalmente fictício para proteger a identidade do ser. *(risos)*

Então, este "gato" é posto na nossa aura. Mas ele não é mau. Ele só tem vibrações muito diferentes porque vem de um mundo diferente do nosso. Este ser, pela sua simples presença, desregula todas as nossas energias.

Mas ele não tem intenções más. Não é um ser que vá arranhar qualquer ser humano que passa perto só porque é mau. Ele até é capaz de se assustar mais que nós. Ele também é vítima de uma situação. Situação em que é arrancado do seu mundo e é colocado na aura de uma pessoa, através de técnicas de magias negativadas, para prejudicar esta pessoa. O "gato" também agradece o serviço das equipas de luz, pois tem assim uma oportunidade de regressar ao seu mundo e continuar a viver a vidinha dele tranquilamente, como gosta, com os amigos e a família. Tal como nós.

4.3.5.11 A CURA DA NOSSA VÍTIMA INTERNA

Hélène – Outro trabalho que é feito pelos Seres de Luz é a cura da vitimização do espírito.

Tudo o que nos acontece é criado por nós. Nesta ou em outras dimensões, nesta ou em outras vidas, consciente ou inconscientemente, tudo o que está na nossa vida foi escolhido e decretado por nós em algum momento da nossa caminhada cósmica.

Quando recebemos energias negativas de alguém, essas energias só entram em nós porque nós permitimos espiritualmente.

A causa da entrada do pensamento ou da energia de uma outra pessoa em nós está dentro de nós. Essa causa está nas memórias traumáticas e de sofrimento de vidas passadas que podemos ter gravadas no nosso interior. Estas memórias dão autorizações para que o pensamento negativo que alguém tem por nós possa entrar e nos afectar. Corpos nossos presos no mundo astral são portais de entrada para esses pensamentos e essas energias.

A pessoa está dentro de nós. Somos todos um. Logo, se há algo de que eu me culpe, eu autorizo receber cargas criadas pelo pensamento consciente ou inconsciente desta pessoa acerca de mim, para me redimir. O pensamento de alguém sobre mim pode estar cheio de cargas energéticas negativas, mesmo que ela não tenha consciência disso. Mas muitas vezes tem! *(risos)*

O pensamento é real e até mais concreto, duradouro e poderoso do que a matéria.

Pode ser até que a minha alma atraia até mim situações em que alguém me envie cargas de magia, negra ou de pensamento. Para me redimir de, numa vida passada eu ter, por exemplo, enviado muita magia negra a esta pessoa ou a outras pessoas.

E isso é válido para qualquer situação na nossa vida onde nos sentimos vítimas e injustiçados.

Como é que eu posso sair desta situação?

Através do perdão.

Se peço perdão a esta pessoa e me auto-perdoo, já posso fechar essa porta interna da culpabilidade e já não me afecta o pensamento desta pessoa. O seu pensamento, a sua energia já não chega até mim, é como se não existisse. E eu fico feliz da vida.

Resumidamente, onde eu me sinto vítima, onde eu me sinto injustiçado, para além de perdoar a outra pessoa e de lhe pedir perdão, eu posso auto-perdoar-me, porque eu sou vítima de mim próprio. Eu sou aquele que autorizo ou que autorizou esta situação pois nada me acontece sem a minha autorização espiritual. Tudo o que ocorre no meu mundo foi autorizado por mim. Então, sou eu que me castigo, inconscientemente, quando dou autorização para que o pensamento negativo do outro entre em mim e desarmonize a minha vida.

4.3.5.12 LIMPEZA DE IMPLANTES

João Carlos – Os implantes fazem parte da nossa evolução. Eles ajudam-nos, colocando-nos limitações que nos acompanham. Ao chegarmos a um certo ponto da nossa evolução, estes limites já nos prejudicam e é nesta altura que a Terapia Multidimensional pode ajudar. A equipa espiritual de cura vai fazer o trabalho de retirar os implantes que já não servem à evolução da pessoa.

Através da retirada de implantes, as equipas dão um grande serviço ao processo natural de ascensão da pessoa. A cada implante que é retirado, a pessoa ascende para um novo patamar de evolução, mais luminoso e feliz.

4.3.5.13 LIMPEZAS INTERGALÁCTICAS

Hélène – Existe um certo tipo de memórias ou realidades paralelas de natureza intergaláctica.

Todos nós, no passado vivemos noutros lugares diferentes da Terra. Vivemos muitas vidas antes de virmos para a Terra... umas felizes e outras menos felizes. Actualmente, noutras dimensões, temos uma vida a decorrer em paralelo que não tem nada a ver com esta que vivemos de forma consciente na matéria. À semelhança do que vemos nos filmes, existem conquistas, impérios, batalhas em vários lugares do Universo, nos quais nós participamos. Existem paraísos e realidades bonitas, também, onde nós também podemos estar a ter vivências. Podemos várias vidas em paralelo.

Na Terapia Multidimensional, surgem às vezes situações de dificuldade cuja causa pode ter raízes nestes mundos interestelares.

O nosso papel enquanto terapeutas multidimensionais, é observar, acompanhar e ajudar a pessoa a aceitar e perdoar para poder libertar-se e evoluir.

Vamos dar um exemplo.

Uma vez uma cliente disse-nos na entrevista que, tinha medos, inseguranças, muitas dúvidas e uma sensação de não se encaixar na sociedade. Lembrava-se de sentir isso desde que se conhecia.

Então, nós demos início à terapia, começando a pesquisar as memórias dela. Começámos a sentir que havia algo interestelar. Era uma memória interestelar. Pouco a pouco, fomos descobrindo que esta senhora, numa outra dimensão, fazia parte de uma raça intergalática que tinha recebido uma manipulação genética para limitar a evolução desta raça. Ou seja, o que aconteceu é que esta raça ficou milhões e milhões de anos sem evoluir porque tinham sido instalados limitadores genéticos no ADN no sentido de não permitir a evolução.

Por isso, o povo desta raça tinha desenvolvido muitos padrões de inferioridade, de baixa auto-estima. Este povo olhava à volta para os outros povos e via toda a gente a evoluir, mas a sua raça ficava sempre na mesma. Curiosamente, durante toda a sua vida esta senhora sentia-se também limitada, sem conseguir evoluir, sentia-se inferior e com baixa auto-estima. Mas ela pensava que isto eram coisas da sua própria psicologia, das suas incapacidades, pensava que ela era assim mesmo e pronto. Mas ela sonhava muito só que achava que essas coisas que sonhava não eram para ela; eram só para os outros.

Então, durante a sessão de Terapia Multidimensional, descobrimos que ela se tinha oferecido em missão, na Terra, para resgatar a raça dela desta limitação genética e permitir novamente a evolução da sua raça.

E como é que ela fez isso?

Na vida dela, programou uma série de acontecimentos, situações, experiências, vivências emocionais que, a cada obstáculo que ela tinha e conseguia ultrapassar, fazia com que toda a raça dela desse um salto evolutivo. Esta senhora era uma representante da sua raça na Terra.

Vejam que, tal como aconteceu com esta senhora, só o facto de estarmos aqui todos na Terra e vivermos a nossa vida diária com as nossas coisas, em casa, no trabalho, uns com os outros, connosco próprios, já é um milagre. Estamos a resolver assuntos numa magnitude da qual não fazemos ideia. E não é só o Planeta Terra que estamos a limpar. Nós todos, enquanto Humanidade, estamos a resolver assuntos e conflitos de dimensões intergaláticas. Nós estamos a trabalhar para a paz entre grandes povos e impérios e a resolver guerras e conflitos de há muitos milhões de anos, sem ter como nos aperceber disso.

Este é o papel dos seres humanos aqui na Terra. Então, quando os Seres de Luz dizem que os seres humanos são seres grandiosos, grandes Mestres, eles sabem o que é que estão a dizer.

4.3.5.14 LIBERTAÇÃO DE PRISIONEIROS

João Carlos – Há um outro exemplo que queremos dar.

Um senhor veio a um atendimento. Ele explicou-nos que na situação profissional dele as coisas não estavam a correr bem. Por mais que ele trabalhasse e se esforçasse com qualidade, nunca era reconhecido pelo patrão e todos os colegas eram promovidos regularmente menos ele. Isso revoltava-o muito, ele sentia-se muito injustiçado. Então, ao fazer o atendimento, recebemos informação que, ao nível intergaláctico, existia um conflito entre ele e o patrão.

O nosso cliente mantinha, numa outra dimensão, muitos prisioneiros que eram do povo interestelar do patrão e o patrão sofria muito com isso. Assim, pedimos à nossa equipa espiritual para libertar estes prisioneiros e fez-se trabalho de paz e de perdão. Depois disso, a energia passou a fluir e o senhor começou a sentir mais paz interior. Mais tarde, viemos a saber que a vida dele voltou a evoluir. O patrão mudou a atitude para com ele e passou a reconhecer as suas capacidades.

4.3.5.15 LIMPEZA DOS CHAKRAS

Hélène – Numa sessão de Terapia Multidimensional, muitas vezes é necessário que os Seres de Luz façam um trabalho de limpeza dos nossos chakras. Muitas vezes as informações de memórias de vidas passadas estão alojadas nos chakras, sendo neles que se acumula muita energia de sofrimento: culpa, raiva, falta de perdão, abandono, rejeição, etc. Estas feridas dos chakras são fontes de energia negativada que acabam por se tornar alimento energético para alguns seres espirituais. A presença destes seres na aura da pessoa pode amplificar ou mesmo ser a causa de tristezas profundas, depressões, estados de ansiedade e angústias. Pode até criar momentos de grande impulsividade, como ataques de raiva ou violência.

Ao limpar estas feridas dos chakras com muito amor, compaixão e muita paciência, os Seres de Luz fecham os buracos nos chakras e na aura e as fugas de energia deixam de existir. Então, as equipas de luz, ao mesmo tempo que fazem o encaminhamento dos seres que possam ter sido atraídos para a aura das pessoas, fazem também este trabalho lindo de cura e limpeza dos chakras.

Na Terapia Multidimensional, consideramos e trabalhamos com nove chakras principais, denominados chakras 0, 1, 2, 3, 4, 5, 6, 7 e 8 com a seguinte correspondência:

0 – **chakra de ligação à Terra** – fica debaixo dos nossos pés, normalmente um pouco abaixo do chão, na Terra.

1 – **chakra da raiz** – fica situado na zona do cóccix. Este chakra gere as energias básicas da sobrevivência na matéria, como a abundância, o dinheiro e o alimento.

2 – **chakra sexual ou umbilical** – está situado na zona do umbigo.

3 – **chakra do plexo solar** – está situado no extremo inferior do osso esterno.

4 – **chakra do coração** – fica no centro do peito, a meio do osso esterno.

5 – **chakra da garganta** – fica situado a meio do pescoço, à frente.

6 – **chakra frontal** – situado no meio da testa.

7 – **chakra coronal** – situado no alto da cabeça.

8 – **chakra de ligação com as nossas conexões galácticas** – fica mais ou menos a uns 20 cm acima da cabeça.

Libertação de seres presos nos chakras

João Carlos – Existem seres que estão presos nos nossos chakras. Por alguma razão, para obter poderes, serviços, informações, esquecimento ou para alimentar vícios, os seres humanos prenderam seres de outras dimensões nos seus chakras. Estes seres não têm como sair dos nossos chakras. Eles são vítimas da ambição humana.

As equipas espirituais de Terapia Multidimensional dão serviço a estes seres. Em primeiro, acontece a rescisão dos contratos que foram criados espiritualmente e que originaram a prisão dos seres nos chakras. Depois, as equipas fazem a evacuação destes seres e encaminham-nos para os seus mundos de origem, permitindo que eles possam regressar à sua vida normal e em paz.

Para poder ser feito este tipo de trabalho nas terapias multidimensionais, é feita uma iniciação durante a formação do Terapeuta Multidimensional. É a iniciação de activação dos chakras de 0 a 8 como portais interdimensionais de evacuação (ver classificação dos chakras no ponto 4.3.5.14 – Limpeza dos chakras). Com esta activação, os nossos chakras proporcionam corredores interdimensionais por onde as equipas espirituais podem encaminhar os seres que são libertos dos chakras. Os chakras tornam-se portais de evacuação apenas no âmbito da Terapia Multidimensional. Eles não vão permitir a entrada de nenhum ser ou energia.

Estes seres são encaminhados para o Universo a que pertencem, porque se se fizesse a retirada simples destes seres, deixando-os nesta nossa realidade, eles poderiam não sobreviver, pois a sua natureza biológica pode ser muito diferente da nossa.

Então, as equipas espirituais de Terapia Multidimensional fazem o trabalho de encaminhamento, porque respeitam primeiro mandamento do Universo que é "não matarás".

Em relação à libertação destes seres que podem estar dentro dos chakras, não se trata de uma desobsessão.

Não é uma desobsessão comum de seres que estão na aura a "chatear" ou que vêm cobrar alguma coisa. Estes seres que estão na aura são chamados obsessores.

Nós estamos a falar de seres que estão dentro dos chakras e eles têm uma particularidade muito interessante que é estarem ao serviço. Pode parecer que estão a prejudicar por causa da vibração, por terem uma cor menos luminosa ou um aspecto menos bonito. Isto para quem vê alguma coisa – no meu caso não se trata disso! Pode-se até sentir uma energia mais difícil, contudo não é por causa disso que eles são maus; eles estão ao serviço da pessoa.

Aluna: Como é que eles estão ao serviço da pessoa?

Hélène – Todos nós já fizemos um percurso muito longo, não só aqui na Terra, como também antes da Terra noutras realidades, noutras dimensões, Universos, galáxias, com características vibracionais muito distintas, formas de relacionamento, realidades que nem sequer nós conseguimos conceber.

Então, muitas coisas foram acontecendo, vivemos muitas experiências e, por exemplo, podemos ter vivido num Universo em que era normal lidar com energias que correspondem aqui, na Terra, a fumar. Então nós podemos encontrar durante a terapia, dentro de um chakra, um ser que está ao serviço da pessoa originando o impulso de fumar, originando a apetência, a vontade de fumar. Esta pessoa até pode não gostar do cheiro, pode não gostar daquilo que o tabaco faz à vida, mas não consegue deixar de fumar, tem sempre aquela vontade.

E vamos fazer a pesquisa e este ser está lá.

O que é que aconteceu?

Esta pessoa viveu naquele Universo, onde existia aquele tipo de vibração e, ao prosseguir viagem, ao subir na evolução, na subida de etapas de energia, mudou-se desse Universo. Mas ela pode ter tido lá uma vivência tão bonita, tão agradável que sente saudades.

Então o que é que faz este ser?

Este ser dá-lhe um "cheirinho" da realidade que ela teve lá. Então, ele está realmente ao serviço porque esta pessoa necessita durante algum tempo (até chegar ao ponto em que já não necessita sentir aquela conexão com aquele Universo) de ter um "chocolatinho", um "rebuçado", lembranças de casa, uma foto, qualquer coisa, e este ser está lá a fazer isso.

João Carlos – Durante a terapia, quando nós recebemos a informação de que este ser está lá, isto significa que esta pessoa já passou a um outro estádio de evolução que já não necessita deste serviço, deste ser. Pode já ter passado este estado de evolução há algum tempo e, assim, este ser já deixou de estar ao serviço e já é um obstáculo, só que não havia a consciência nem a autorização para a libertação.

Ao terminar o serviço este ser necessita sair de lá, só que muitas vezes não consegue sair sozinho. Então, o nosso papel vai ser servir de canais interdimensionais para o levar de novo até casa. Acabou o emprego deles e eles vão fazer outra coisa.

Com as iniciações de activação dos chakras para serem portais interdimensionais de evacuação cada Terapeuta Multidimensional têm as autorizações e tudo o que necessita para que a sua equipa espiritual de cura possa fazer esses encaminhamentos automaticamente, mesmo que o terapeuta não tenha consciência disso.

4.3.5.16 CONTRATOS, PACTOS, PROMESSAS E VOTOS

Hélène – Qualquer palavra que nós lançamos tipo "Nunca mais vou fazer isto!" ou "Nunca mais vou casar!" ou "Nunca tenho dinheiro para nada!" são contratos. "Eu não tenho valor nenhum" ou "Eu não vou conseguir", também são. Contratos que são emitidos e assinados no nosso mundo espiritual. Tudo o que dizemos fica escrito e a vibrar. Sejam pactos, votos, promessas, desejos, tudo o que pensamos ou dizemos é real e fica em vigor até ao dia em que declaramos que mudámos de ideias. E isso é válido não só para aquilo que dizemos com convicção e a sentir mesmo isso. É também válido para tudo o que dizemos da boca para fora, achando que estamos a brincar. Pode ser um corpo nosso ou o nosso próprio espírito que fala através de nós com muita convicção. Ou até um outro ser que não nós. O que interessa é que tudo o que sai da nossa boca fica em vigor até declararmos algo diferente.

Actualmente na vida do nosso dia-a-dia existem muitas dificuldades que vivenciamos que têm origem em contratos, pactos, promessas ou votos que fizemos nesta ou noutras vidas.

Muitas vezes acontecem-nos situações, aquelas situações a que nós chamamos cármicas ou que, como se diz muitas vezes, "é a vontade de Deus". Nós intuitivamente estamos a falar de algo que é anterior a este plano físico e, portanto, a nível inconsciente, todos nós estamos familiarizados com este conceito de contrato.

Na verdade, podemos dizer que o conceito de contrato está inerente às nossas próprias existências. A nossa própria vida, é escrita como sendo um contrato. Um contrato que, em muitos níveis, podemos dizer que é um contrato connosco próprios. Um contrato em que nos disponibilizamos e nos propomos seguir uma linha de acção e de manifestação de experiências.

Os contratos não são maus. Eles servem a nossa evolução e ajudam-nos no momento em que os declaramos. São às vezes uma protecção, são também a declaração do que escolhemos vivenciar na nossa caminhada. Os contratos tornam-se "chatos" no momento em que nós damos um salto para um outro patamar da nossa evolução, tornando alguns dos contratos mais antigos obsoletos. Quer dizer, a gente gostava que eles se tornassem obsoletos automaticamente! Na verdade, mesmo que eles já não nos sirvam para nada, ainda assim eles continuam a vibrar e a actuar e a dirigir a nossa vida, até ao dia em que a gente os rescinde. Aí, somos nós que os declaramos obsoletos! *(risos)*

Durante as terapias multidimensionais, as equipas de cura proporcionam uma grande ajuda nesta matéria dos contratos. As equipas ajudam a encontrar contratos escondidos no inconsciente da pessoa/cliente e que estão na origem da situação que ela está a viver. O Terapeuta Multidimensional poderá ter consciência ou não do trabalho que está a fazer-se e dos contratos que estão a ser rescindidos. Todo o trabalho é realizado pelas equipas espirituais.

Alguns contratos mais profundos e escondidos exigem mesmo que haja pelo menos um ser humano que tenha consciência deles. Este ser humano poderá ser o terapeuta ou a pessoa/cliente. Alguns poderão exigir até ser rescindidos no próprio local em que foram realizados. Outros, para além do local podem exigir a presença das mesmas pessoas que os assinaram. Nestes casos, poderá não ser necessário captar todas as informações acerca do contrato e do evento em que ele foi assinado. Poderá ser necessário apenas captar palavras ou ideias chave que dão autorização às equipas espirituais para a rescisão do contrato.

Situações em que existem contratos podem ser, entre outros:

- quando na nossa vida existe alguém que com a qual não é fácil o convívio;
- as situações que parecem natureza cármica;
- o patrão menosprezar sempre um determinado funcionário;
- tendência a fazer sempre o mesmo erro;
- repetir sempre o mesmo padrão;
- tendência a estar sempre a mentir;
- tendência a usar sempre a sedução;
- a usar sempre a violência;
- o abuso de poder;
- a vitimização;
- a submissão;
- a possessividade;
- os ciúmes;
- a inveja;
- a crítica e o espírito crítico;
- a falta de abundância;
- o isolamento e a solidão;
- a manipulação;
- o mau uso das energias sexuais;
- prática de magias negativadas.

Aluno – Como é que eu posso rescindir os meus contratos?

João Carlos – Para rescindir contratos é apenas necessário exerceres a tua autoridade no aqui e agora, dizendo: "Eu rescindo aqui e agora este contrato". A tua escolha actual ficará gravada no Universo, substituindo todas as tuas escolhas anteriores relacionadas com esse assunto. E tu podes fazer isso em qualquer momento sem precisares da ajuda de ninguém.

Podemos também emitir uma intenção de cura no sentido de nos libertarmos de todos os contratos dizendo: "Eu rescindo todos os contratos" Com esta frase, não significa que todos os contratos vão ser rescindidos no mesmo instante. Significa que muitos já vão ser rescindidos só por dizer esssa frase. Outros contratos, aqueles que necessitam de algum entendimento ou de que cheguemos a uma data chave, irão ser rescindidos quando nós reunirmos todas as condições para isso. Mas o Universo não esquece a nossa intenção de libertação. E vai ajudar-nos em tudo o que nós necessitarmos para realizar a nossa intenção no tempo mais breve possível.

> Tu és o único criador da tua própria realidade.

E o que fazer quando aquela pessoa que nos chateia há tanto tempo e nós já tentámos de tudo, já pedimos ajuda a todos os terapeutas e nada mudou? Nós podemos dizer: "Eu rescindo todos os contratos com esta pessoa!" *(risos)*

Uma frase simples, rápida e muito eficaz que pode trazer-nos muita paz e harmonia nas nossas vidas e nos nossos relacionamentos, de qualquer tipo. É uma frase que traz também a liberdade àquela pessoa, que poderá utilizar a sua a fazer outra coisa diferente de nos chatear. *(risos)*

Existe uma outra forma de utilizar a consciência da existência dos contratos para nos ajudar a evoluir. Passa por desenvolvermos uma atitude atenta em relação ao nosso comportamento para connosco, para com os outros e para com a vida. Muitas vezes, nós apercebemo-nos que não estamos a ser tão correctos do ponto de vista ético e espiritual com alguém ou alguma coisa. Podemos não estar a ser tolerantes, não respeitar as escolhas do outro, podemos estar a ser possessivos, ciumentos ou invejosos; podemos estar a mentir ou a manipular, podemos estar a fazer-nos de vítimas entre outras atitudes menos positivas. Quando nos apercebemos disso, podemos, no próprio momento, quando sentimos a presença dessas energias que nós próprios estamos a emitir, declarar: "Eu rescindo aqui e agora todos os contratos com estas energias". Podem ser energias de sedução, violência, manipulação, submissão, vitimização entre outras. Todos nós temos sensibilidade para as sentir. É só termos a consciência que nem sempre os culpados são os outros. E que tudo o que nos acontece na nossa vida tem uma raíz interna e pode ter sido até programado por nós.

A chave da nossa cura e da nossa liberdade está sempre dentro de nós.

Aluno – Poderiam dar um exemplo da rescisão de contratos em terapia?

Hélène – Sim. Vamos imaginar que nesta vida existe um homem e uma mulher. Essas duas almas, numa vida passada, tiveram uma existência juntas e tiveram uma proximidade tão profunda que juraram amor... amor eterno... um ao outro. Naquele momento fizeram um voto, fizeram um contrato entre eles, mesmo que não o tenham feito conscientemente. Mas, nas dimensões superiores, foi assinado e manifestado um contrato. Até ser rescindido ou até as pessoas ou as almas terem mudado de ideias, esse contrato fica ainda activo. E nas vidas seguintes, as energias que estão associadas a esse contrato vão estar ainda activas e a ser emitidas pelo contrato, que foi assinado e foi criado pelas vontades conjuntas dessas duas almas. Então, podem ser criadas situações muito agradáveis. Mas também podem ser criadas situações não muito agradáveis. Vamos imaginar que cada uma dessas almas, numa determinada existência (até podemos falar desta vida presente), escolhe fazer trajectos divergentes uma da outra: uma morar aqui, outra morar acolá; uma fazer família com outra alma, etc. Podemos ver que as energias daquele contrato de amor eterno não se coadunam muito com as vontades actuais dessas duas almas. Essas energias vão ser obstáculos e vão ser energias perturbadoras das vontades actuais da pessoa. Então, para que essas duas almas fiquem livres uma da outra, no sentido de seguirem o seu caminho e de se sentirem independentes, é necessário fazer a rescisão ou a revogação desse contrato.

4.3.5.17 A PRIMEIRA E A SEGUNDA DIMENSÕES

João Carlos – Já falámos muito sobre a quarta dimensão. Agora vamos falar sobre a primeira e a segunda dimensões.

Existe a segunda dimensão da luz e a segunda dimensão negativa, tal como existem a primeira dimensão da luz e a primeira dimensão negativa.

A primeira dimensão da luz é formada pelos nossos amigos cristais, grandes Seres de Luz, com muita sabedoria e evolução espiritual.

A segunda dimensão da luz é formada por vários seres, de entre os quais existem algumas plantas, alguns animais, algumas fadas, gnomos, devas e seres espíritos da natureza. Outros seres desta dimensão incluem Orixás e Exus.

A segunda dimensão negativa é formada pelos seres que se deixaram levar pelas emoções desreguladas e exageradas. Grandes paixões, raivas, ódios e outras emoções levadas ao extremo. Aqui, o discernimento perdeu-se completamente e já não existe nem a razão nem o coração. É um mundo de caprichos, birras e vícios.

A primeira dimensão negativa é formada pelos seres que levaram ao extremo o materialismo, cristalizando completamente o seu coração. Tornaram-se frios, calculistas e egoístas, dominados pelo pensamento demasiado rígido e estruturado, sem as ondas, a poesia e o tempero quentinho que o coração dá à vida. Deixaram-se levar pela vida demasiado mental, demasiado quadradinha, engavetando tudo em caixinhas mentais, formatando e diminuindo a riqueza e a diversidade da vida.

Nesta dimensão, os seres ficam presos dentro de cristais, cristalizando completamente a sua liberdade espiritual.

A quarta dimensão negativada é um misto destas duas dimensões, a primeira e a segunda, em graus menos acentuados. À medida que os seres descem na escala negativa da quarta dimensão, eles aproximam-se das duas primeiras. Se eles descem pela pelo caminho das emoções desreguladas levadas eles entram na segunda dimensão negativa. Se eles descem pelo caminho do pensamento frio e sem coração, eles entram na primeira dimensão negativa.

Em sessões de Terapia Multidimensional, encontramos às vezes corpos que necessitam de ser resgatados da primeira ou da segunda dimensões. Corpos nossos que ficaram presos nos mundos da ignorância espiritual, muito afastados da consciência de que são luz e que são unos com Deus. A sua essência luminosa e a verdade da sua união com Deus é algo que permanece sempre, mesmo que se perca a consciência disso.

O serviço das equipas espirituais de cura é o de encontrar estes corpos perdidos de si próprios, resgatá-los destas dimensões, tratá-los, harmonizá-los e depois reintegrá-los no corpo físico actual da pessoa/cliente que está a receber a sessão de Terapia Multidimensional.

As equipas de luz que trabalham com o Terapeuta Multidimensional recebem nestes casos muita ajuda de muitos Seres de Luz que estão em missão nestas dimensões.

A própria vida proporciona oportunidades para que a pessoa possa fazer este tipo de resgates de partes suas.

Quando apresentamos na nossa vida uma das características é que temos um ou vários corpos nossos presos nestas dimensões. Birras, caprichos, raivas, inflexibilidade, ser muito mental, dificuldade em tolerar a diversidade e as diferenças, frieza, paixões, sedução, mentiras, vitimização são exemplos de atitudes que revelam partes nossas em sofrimento nestes mundos

O próprio crescimento da pessoa, a sua evolução, o seu movimento interior com o objectivo de superar as suas dificuldades e limitações pode permitir naturalmente resgatar estes corpos e assim reencontrar mais a sua liberdade e a sua autonomia. Estruturação e flexibilidade são exemplos de um par de energias que parecem opostas mas que são dois lados complementares que nos ajudam a nos mantermos no nosso caminho evolutivo através do amor.

Meditação de Harmonização e Rescisão de Contratos
Canalizações de Sananda e Adama
Por João Carlos Paliteiro
Entroncamento, Portugal
02 Julho 2005

Então vamos relaxar.

Vamos fechar os olhos, dar três grandes respirações e regressar à respiração normal.

No centro do nosso peito vamos imaginar uma bola de luz branca.

Debaixo dos nossos pés imaginamos uma luz branca, suave, bem doce.

Dos nossos pés saem raízes de luz branca que entram profundamente na Terra, mesclando completamente a nossa energia com a de Gaia.

Do nosso lado direito vamos sentir, imaginar a presença do nosso Anjo da Guarda. Vamos sentir o seu amor por nós e a segurança que esse amor nos traz. Vamos dar agora a nossa mão direita ao nosso Anjo da Guarda e, juntos, vamos entrar no nosso chakra do coração.

Mestre Adama quer-nos levar numa viagem à cidade de luz de Lys--Fátima e leva-nos para um templo grandioso, todo feito de cristal. Dentro desse templo passa um rio todo feito de luz. Esse templo é o templo da luz de Lys-Fátima. Muitos seres, Seres de Luz, estão presentes para nos assistirem na sessão de cura que vamos receber. Cada um de nós procura um sítio onde se sente confortável e aí se instala, meio sentado, meio deitado.

O nosso Anjo da Guarda continua ao nosso lado e muitos Seres de Luz acompanham e aproximam-se de cada um de nós com muito amor e reverência.

À medida que mais e mais luz e amor chegam aos nossos corpos, ao nosso coração, o nosso corpo vai relaxando e descontraindo, o nosso coração vai-se abrindo, pouco a pouco uma flor de luz linda que ele é. O nosso coração vai-se abrindo, aceitando receber cada vez mais todo o amor que os Seres de Luz presentes nos querem doar.

Mestre Adama dirige todas estas sessões de cura e ele tem uma surpresa especial para cada um de nós. Perto Dele estão muitos Seres de Luz que trazem com Eles muitos registos e na sua face revelam um belo sorriso. Durante os nossos tratamentos estes Anjos aproximam-se de cada um de nós e mostram-nos, um após outro, todos os contratos que alguma vez fizemos. Ao ver esses contratos, nossas almas e nossos corações sentem-se numa paz profunda. Por cada contrato menos luminoso que alguma vez fizemos existe um contrato de luz correspondente. Os contratos menos luminosos são contratos de missão.

As nossas almas, as nossas fontes, os nossos "Eu Superior", sabem muito bem qual é a missão, está tudo escrito nos contratos de luz, neles está escrito a nossa parte do plano divino.

As nossas sessões de cura continuam, o nosso Anjo da Guarda continua do nosso lado e os Anjos de cura continuam a transmitir-nos tanto amor, tanta luz, os nossos corpos estão cada vez mais descontraídos e os nossos corações cada vez mais abertos aceitam receber, mais e mais, o amor de Deus, o amor de Deus que está sempre a fluir para todos os seres dos Universos.

Do coração do Criador, da Fonte Suprema, do ponto mais alto do Universo, fluem permanentemente quantidades infinitas de luz e amor para todas as entidades vivas que existem em toda a parte.

A revelação dos registos acalmou profundamente o fundo do nosso coração. A memória de como as coisas funcionam, mesmo que fique guardada a um nível inconsciente de nós mesmos vai permitir que um patamar de paz muito estável e muito profunda se materialize dentro de nós.

Entendemos que todo e qualquer contrato que nós chamamos menos luminoso, mas que de menos luz ou menos luminoso não tem nada, será rescindido, um a um, quando chegar o momento certo.

E o nosso ser agora rejubila profundamente de alegria ao entender que foi sua a decisão de trilhar os caminhos que tem trilhado e trilha actualmente. O nosso ser sente-se como o missionário que sabia as dificuldades que ía passar, mas sabia ainda melhor todos os benefícios que o todo iria receber depois de tudo ter passado.

"Meus queridos, eu sou Sananda e Adama falando a uma só voz. Queremos que sintam o amor infinito

Os Contratos de Luz

que sentimos por vós. Meus amados filhos, só agora conseguem começar a imaginar a pureza e a perfeição dos planos divinos que vós mesmo escolhestes e traçastes para vós. O Universo inteiro deita-se a vossos pés pela tamanha reverência que sente por tudo o que estão a fazer. Viver e amar, aceitar tudo o que a vida tem para vos dar e confiar na beleza e na perfeição do plano divino.

Meus queridos, foram vocês próprios que um dia, em conjunto com as mais altas hierarquias, construíram e idealizaram tudo isto. Depois disto foram vocês próprios que disseram: "Eu quero ir." Quero ser eu a participar nesta perfeição que acabei de criar. E que perfeição é esta? Uma perfeição que a cada momento consegue criar mais luz, mais amor e mais paz para todos os Universos e todos os seres e todas as dimensões. Não se negligenciem meus queridos, não se retirem do amor nem um só bocadinho e entendam que tudo está certo como está, tudo tem um propósito.

A vossa declaração de intenção de rescindir os contratos de que temos falado, essa própria declaração de intenção faz parte do contrato de luz que vocês fizeram antes de tudo isto começar. Conseguem entender a perfeição de tudo isto? Idealizaram a maneira de chegar até aí. Idealizaram a maneira de regressar e podem ter a certeza que vão regressar, na data, na hora certa e perfeita escolhida por vós, por nós em conjunto, em sublime sincronicidade com o pulsar infinito do coração do criador. E nisto estamos todos juntos. Não pensem que nós, por estarmos deste lado do véu, somos mais ou melhores do que vocês. Sabem aquelas missões que uns ficam e outros vão, mas cada um tem a sua tarefa? Sei que conseguem compreender.

A hora já vai adiantada. É difícil deixar este espaço cheio do amor e da luz dos vossos corações tão lindos, mas vamos ter que nos retirar.

As vossas sessões de cura no templo de luz estão completas.

Vos amamos imenso e não vos deixamos nem por um segundo.

Um só coração em Deus. Bem hajam e até uma próxima comunicação.

Eu sou Adama-Sananda a uma só voz."

Sentimos de novo a presença do nosso Anjo da Guarda. Ele vai dar a mão a cada um de nós e vai-nos ajudar a regressar a esta sala.

Vamos mexer as mãos e os pés, respirar fundo, levarmos o tempo que necessitarmos até nos sentirmos confortáveis. E quando quisermos podemos abrir os olhos, estamos no aqui e agora cheios de força, de fé e paz.

Meditação em Luxor
Orientado por Héléne Abiassi

Eu convido a equipa espiritual dos Seres de Luz, a equipa do comandante Ashtar Sheran, Kryon e os irmãos da Fraternidade Branca para estarem presentes aqui connosco.

Convido os Seres de Luz que, noutras dimensões, querem juntar-se a nós, trabalhar, estudar e fazer uma dádiva de energia de coração à Terra.

Em várias dimensões, seres juntam-se a nós para participar na nossa reunião de hoje e vão oferecer energia de coração à Terra.

São igualmente convidados os Seres de Luz de outros reinos: os golfinhos, as baleias, os grandes animais e os mais pequenitos. Outros reinos que vibram noutras dimensões também são convidados. É uma grande onda de solidariedade.

Vocês vão agora focar a vossa atenção no chão, debaixo dos vossos pés e vão imaginar uma grande placa de luz branca debaixo dos pés. Esta placa de luz branca atravessa a sala toda. Isso é o nosso ponto de contacto com a Terra. Vamos imaginar uma bola de luz branca, no meio do peito, no nosso chakra do coração… uma bola de luz branca.

No nosso lado direito, perto da nossa mão direita, vamos sentir a presença do nosso Anjo da Guarda.

Vocês vão tentar imaginar-se no canto preferido da vosso casa, num cantinho muito íntimo e muito tranquilo, onde vocês podem sentir toda a protecção e toda a vossa energia. Vocês vão começar a sentir uma sensação de bem-estar e de tranquilidade e o vosso Anjo da Guarda vai--vos agarrar na mão direita e levar numa viagem até ao Egipto, ao Templo de Luxor. Vamos entrar numa grande sala, sempre acompanhados pelo nosso Anjo da Guarda. Dentro desta sala vocês vão ver várias piscinas com águas de várias cores.

As águas têm uma temperatura ideal para o corpo. Vocês podem despir-se ou ir vestidos… como vocês quiserem.

Vocês vão ver, ao experimentar, que podem respirar dentro destas águas.

Vamos entrar na primeira piscina. É uma água de cor azul. Podem provar a água. Tem um sabor muito bom. Enquanto vocês tomam o vosso banho, sentem tranquilidade. Esta água está a entrar dentro do vosso corpo e vai elevar o seu nível de vibrações de uma maneira harmoniosa.

Agora, vamos encontrar umas escaditas para sairmos da piscina. Vamos subir estas escadas, sair desta água linda e entrar numa outra piscina de água amarela.

E vamos andar ou nadar… passear… sentir a água à volta do corpo. E, se quiserem, podem também mergulhar a cabeça dentro de água. Encontramos uma escada e saímos desta piscina amarela.

Vários sacerdotes e sacerdotisas encontram-se perto de nós e levam--nos para um espaço onde nos podemos deitar. É um espaço de cura. Um Terapeuta Multidimensional vai tomar conta de cada um de vocês e vão poder relaxar totalmente e receber uma Terapia Multidimensional completamente personalizada. Digam ao terapeuta: "Eu quero ser curado". Ao exprimirem o vosso desejo, ele vai atender-vos, ajudar e contribuir para a vossa cura total, na energia do amor, da luz e do coração. Deixem fluir.

O Terapeuta Multidimensional que está a trabalhar convosco, tem o poder de vos retirar todos os velhos esquemas de comportamento que já não estão actualizados, que já não servem na vossa vida de hoje. O Terapeuta Multidimensional tem a capacidade de vos conectar com as novas energias, que vocês precisam na vossa vida actual.

Tudo é possível. Na nossa energia actual, tudo é possível.

Vamos então focar a nossa atenção, novamente, no nosso chakra do coração e sentir no meio do peito uma bola de luz branca.

À frente de nós vamos imaginar a Terra, nossa Mãe Gaia. Vamos formar uma roda de mãos dadas à volta da Terra e, a partir do nosso chakra do coração, vamos enviar um raio de luz branca para a nossa Mãe Terra.

À nossa frente, a nossa Mãe Terra, está a receber o nosso amor, através deste raio de luz branca que sai agora do nosso chakra do coração.

Estamos a sentir à nossa volta os Seres de Luz de outros reinos... as baleias, os golfinhos, os cavalos, também. Podemos sentir outros animais junto a nós a enviarem energia de amor pela Terra.

Eu sou luz.

Eu sou paz.

Eu sou amor.

Eu sou vida.

Vamos sentir, novamente, a nossa mão direita e sentir o nosso Anjo da Guarda. Ele vai levar-nos de regresso à sala e nós vamo-nos despedir dos irmãos sacerdotes do Templo de Luxor e agradecer este tratamento bonito.

Vamos abrir, novamente, o nosso chakra do coração e mandar energia e pacotes cor-de-rosa para os nossos amigos, os nossos vizinhos, os nossos pais, os nossos filhos. Vamos mandar muita energia de amor e dar pacotes cor-de-rosa a toda a gente.

Estamos de volta de uma grande viagem cheios de prendas. Riquíssimos. Ricos de amor, de energia, ricos de cores, que vamos oferecer a todos os seres mais chegados, a todos os seres que aparecem na nossa vida. Vamos mandar pacotes cor-de-rosa com lacinhos bem bonitos. Vamos imaginar também os nossos antepassados... os que não estão aqui presentes connosco, que já passaram para o outro lado do véu. Ainda temos muitos pacotes cor-de-rosa e vamos mandar pacotes cor--de-rosa para todos eles... os nossos amados antepassados vão receber muitas prendas, no outro lado do véu.

E vamos aproveitar, neste momento, para mandar um pacote cor-de-rosa muito especial… este pacote cor-de-rosa vai ser mandado a nós próprios. É uma prenda que vamos encontrar quando chegarmos a casa. Vamos tomar conta de nós, hoje. Dentro deste pacote vamos escrever uma carta linda, muito pequenita. Nesta carta vamos escrever: "Eu aceito-me como eu sou." Vamos escrever mais uma coisa nesta carta: "Eu perdoo-me a mim próprio." E vamos escrever mais uma coisinha muito importante: "Eu sou apaixonado por mim." Vamos introduzir a carta dentro do pacote e mandar este pacote para a nossa casa.

Vamos sentir por baixo dos nossos pés, novamente, o contacto com o chão. Mãe Gaia quer oferecer-nos também um pacote cor-de-rosa. Vamos sentir a partir dos pés uma energia de amor, uma luz cor-de-rosa a subir e a entrar dentro do nosso corpo.

Aceitem agora a prenda de Gaia.

Aceitem receber o amor da Terra.

Aceitem, dentro dos vossos corpos, o amor de Gaia.

Vamos ficar com este amor dentro do nosso coração. Agradecer ao nosso Anjo da Guarda e aos Seres de Luz que nos acompanharam durante esta maravilhosa viagem.

Vamos retomar o contacto com o aqui e agora. Sentir os nossos pés no chão, mexer um bocadinho os pés, as mãos, abrir os olhos.

Estamos no aqui e agora, cheios de força.

4.4 CIRURGIAS

João Carlos – Muitas vezes, na Terapia Multidimensional, as equipas espirituais fazem cirurgias. O terapeuta pode ou não ter consciência. Seja como for, mantém-se sentado, a aguardar. Ao nível espiritual, o seu duplo vai assistir e aprender gradualmente. Esta aprendizagem vai-lhe, depois, permitir começar a praticar cirurgias com a sua equipa.

Algumas partes do nosso cliente podem ter sido danificadas ao nível espiritual, em vidas passadas. Hoje, durante o atendimento, é possível, através da cirurgia espiritual, substituir estas zonas danificadas. Esta intervenção vai permitir uma melhoria da qualidade de vida, no quotidiano da pessoa.

Por exemplo, se uma pessoa era toxicodependente numa vida passada, através de uma cirurgia espiritual, o corpo caloso pode ser "reparado", permitindo uma melhor comunicação entre os dois hemisférios do cérebro, com nítidas alterações na vida da pessoa. Podem também ser retirados implantes ou removidas doenças espirituais.

O objectivo principal de uma cirurgia é refazer a estrutura original dos corpos de luz da pessoa. Uma vez refeita, o corpo físico vai tender a reorganizar-se seguindo a nova organização energética dos corpos de luz, e dessa forma muitos problemas físicos podem ser ajudados a autocurarem-se. E é claro que são as equipas espirituais que fazem o trabalho. Só elas têm o alcance para saberem qual a real causa do problema ou onde começou a doença e também elas têm técnicas e tecnologias incríveis. Muitas cirurgias podem ser efectuadas pelas equipas de cura, sem nós termos consciência de que elas estão a ocorrer.

4.5 SERVIÇO AO CORPO EMOCIONAL

Hélène – As equipas espirituais vão dar muita atenção ao nosso corpo emocional que muitas vezes se encontra debilitado ou danificado. Na nossa vida, vão surgindo emoções recalcadas que ao emergirem, permitem a sua cura.

Os Seres de Luz ajudam-nos a aceitá-las e a encontrar maneiras de as integrar, de forma a podermos transmutá-las e avançar.

João Carlos – Também com o processo de ascensão planetária, a crescente entrada na Terra de energias de luz e amor mais intensas provenientes da Fonte Universal às vezes desafia o nosso corpo emocional a fazer grandes mudanças internas. Também aqui os Seres de Luz ajudam-nos a adaptar o nosso corpo emocional e outros corpos à nossa nova realidade energética, permitindo-nos aceitar a presença de mais amor e luz dentro de nós aqui na Terra.

Hélène – Apesar de na altura do atendimento não termos pleno entendimento do processo, logo que é feito o tratamento sentimos os benefícios e a grande paz interior que isso nos proporciona.

4.5.1 CURA DA AUTO-ESTIMA E DA AUTO-CONFIANÇA

João Carlos – Existem umas frases que podem utilizadas para subir o nosso nível de auto-estima: "Eu amo-me. Eu perdoo-me. Eu respeito-me. Eu aceito-me tal como eu sou."
São as frases da auto-confiança!

Hélène – A principal dificuldade das pessoas que nos procuram nos atendimentos de Terapia Multidimensional é a baixa auto-estima. Baixa auto-estima parece algo inofensivo. Parece até boni-

> A falta de autoconfiança também é uma grande fuga de energia.

to, algo parecido com modéstia, humildade. Mas a falta de autoconfiança, de auto-estima, representa uma grande fuga de energia da qual ninguém se apercebe. Esta é uma grande, grande fuga de energia.

> Dica:
> Fazer o exercício prático 7.3.

As pessoas enfraquecem muito porque a protecção natural delas vai enfraquecendo, a energia foge por aqui e por ali e a pessoa fica fraca, muito fraca.

Ao dizer as frases da auto-confiança, a nossa auto-estima regressa e a grande velocidade. Ao elevar o nível de auto-confiança, a pessoa já é mais sólida, já não enfraquece tanto quando recebe negatividades.

Ao fabricarem energia positiva, de luz e amor, dentro de nós, estas frases permitem regenerar a nossa aura, fechando os buracos por onde fugia a energia.

João Carlos – Os Seres de Luz fazem sempre um trabalho de elevação do nível de auto-confiança, uma vez que esta é uma das principais dificuldades do ser humano.

A baixa auto-estima é fruto da desconexão e da sensação de separação de Deus que o ser humano vivencia desde há muitos milhões de anos. Cada um de nós tem gravado nos seus registos internos esta ferida da separação de Deus. Na realidade nunca nos separámos, mas vivemos essa ilusão como sendo a realidade. E sofremos muito com isso. O ser humano tem gravada a ideia de ser pecador. Para o ser humano nem sempre é fácil admitir para si próprio que é um Ser de Luz lindíssimo, mágico, um filho de Deus criado à imagem e semelhança de seu Pai Celeste. Cada um de nós é infinita e incondicionalmente amado por Deus. E é esta ferida de não acreditarmos nesta verdade de que somos Seres de Luz que está na origem da baixa auto-estima.

No processo de ascensão, estamos todos a curar, pouco a pouco esta ferida e a recuperar a nossa consciência de sermos seres maravilhosos, muito amados em todo o Universo.

Com a ajuda dos Seres da Luz, a Terapia Multidimensional dá um grande serviço a esta cura em cada sessão, independentemente do assunto que está a ser tratado.

4.5.1.1 O TRABALHO DE CASA DA AUTO-ESTIMA

Hélène – Para além do que é feito durante a terapia, por vezes temos a intuição de sugerir à pessoa/cliente um exercício como trabalho de casa para ajudar a manter e aumentar o que foi obtido durante a sessão.

Este exercício pode ser feito também durante a terapia, potenciando os seus efeitos.

O exercício é o seguinte:

Sempre que for necessário refazer as reservas de energia positiva e de auto-estima/auto-confiança, repetir em voz alta várias vezes ao dia por várias semanas ou meses, as frases da auto-confiança:

"Eu amo-me. Eu perdoo-me. Eu respeito-me. Eu aceito-me tal como eu sou."

Simples e eficaz.

João Carlos – Tivemos casos de pessoas que, apenas no mês de intervalo que separou a primeira da segunda sessões de Terapia Multidimensional, regressaram outras pessoas. Completamente transformadas. Mais alegres, confiantes, bonitas. Cuidavam-se mais, mais calmas e sorridentes. Como se a vida lhes tivesse passado um bálsamo de amor em cima. E na realidade foi isso mesmo que aconteceu. O bálsamo do amor-próprio!

Meditação: O Coração na Auto-confiança
Orientada por João Carlos Paliteiro

Vamos fechar os olhos e dar três grandes respirações.

Debaixo dos nossos pés vamos imaginar uma placa de luz branca e vamos estender essa placa por toda a sala. Vamos sentir o contacto dos pés com o chão e imaginar as nossas raízes de luz branca que saem dos nossos pés, entram profundamente na Terra e ancoram bem no centro da Terra, no grande sol de luz e amor que existe no centro da Terra. Do centro da Terra sentimos o amor, a protecção, o sustento de Mãe Gaia através das nossas raízes. Estas energias entram pelos nossos pés, preenchendo todo o nosso corpo. O nosso corpo fica preenchido com este amor e esta luz da Mãe Terra.

Do nosso lado direito vamos sentir, vamos imaginar a presença do nosso Anjo da Guarda. Vamos sentir o seu amor, o seu carinho, a sua protecção.

Vamos imaginar uma bola de luz branca. Eu vou chamar aqui a presença, para orientar e organizar tudo o que for necessário para o trabalho de hoje e amanhã, Mestre Adama, Saint Germain, Sananda e Mãe Maria e convido todos os Seres de Luz, todas as hierarquias de luz, de todas as dimensões, para que se manifestem e participem para ajudar e assistir com as suas energias de coração, com a sua luz e o seu amor.

Vamos agora dar a nossa mão direita à mão do nosso Anjo da Guarda, vamos sentir essa conexão e de mãos dadas vamos entrar dentro do nosso chakra do coração. Neste momento, a bola de luz branca no centro do nosso peito expande-se até envolver o nosso corpo e depois peencher toda esta sala. Do nosso coração, vamos imaginar que se projecta à nossa frente um ecrã de luz branca e este ecran muda agora a sua côr para amarelo. Com este amarelo neste ecrã, o nosso Anjo da Guarda vai preencher cada um dos nossos chakras com este amarelo. O Anjo da Guarda sabe onde estão os nossos chakras e vai pintar o chakra um que fica mesmo na base da nossa coluna. Uma bola de luz amarela, dourada gira com muita suavidade na base da nossa coluna. Vamos deixar brilhar esta bola de luz dourada, de luz amarela, queimando e transmutando os nossos medos, as nossas dúvidas. Pouco a pouco deixamos que a luz amarela brilhe, resplandeça, limpando e iluminando o nosso chakra. Desta forma as nossas raízes vão ficando mais fortes, da base da nossa coluna através das nossas pernas, dos nossos pés, a luz amarela-dourada circula até ao centro da Terra fortalecendo e estabilizando as nossas raízes, as nossas ligações com a Terra.

Com o seu raio dourado Mestre Kuthumi assiste a este trabalho orientando o fluxo desta energia amarelo-dourado. E o nosso primeiro chakra é agora um grande sol, confiante e seguro de si mesmo, transmitindo segurança e confiança a todas as células do nosso corpo e a todas as partes do nosso ser multidimencional.

Passamos agora para o nosso segundo chakra, ele fica um pouco abaixo do nosso umbigo e também aí vamos imaginar uma bola de luz amarelo-dourada. Da mesma forma, esta energia amarelo-dourada vai circular através das nossas pernas saindo pelos nossos pés e circulando até ao centro da Terra e de volta até ao segundo chakra, até à bola de luz amarela, limpando e dissolvendo todos os boqueios que impedem a livre circulação das energias. E o segundo chakra é agora um grande sol de luz dourada que briha e gira lentamente transmitindo paz, segurança e auto-confiança a todas as partes do nosso ser multidimencional.

E passamos agora para o terceiro chakra, ele fica no plexo solar, mesmo abaixo das costelas, no centro do peito. Então vamos imaginar uma bola de luz amarelo-dourada abaixo do nosso peito, entre o peito e o nosso umbigo, e vamos deixar que ela limpe e transmute todas as energias deste chakra. E, da mesma forma, esta energia amarelo-dourada vai fazer o percurso, através das nossas pernas até ao centro da Terra, limpando e abrindo os nossos canais de conecção com o nosso Planeta com a consciência de Mãe Gaia. E o nosso terceiro chakra é agora um grande sol amarelo-dourado.

No centro do nosso peito, no nosso chakra do coração, vamos imaginar uma bola de luz dourada, e esta luz dourada vai fazer todo o percurso descendo pela coluna de luz até chegar ao primeiro chakra descendo pelas pernas, saindo pelos pés, entrando na Terra, chegando ao centro da Terra onde existe um grande sol. E este sol é agora de luz dourada, uma luz brilhante de muita estabilidade, confiança e segurança, subindo de novo até ao nosso coração, e o nosso coração brilha como um grande sol amarelo-dourado. E vamos agora expandir esta bola de luz dourada, abrindo e expandindo o nosso chakra do coração.

O nossso Anjo da Guarda e os Seres de Luz assistem-nos, ajudando a abrir e a expandir o nosso chakra do coração em todas as dimensões, incluindo a dimensão do amor incondicional. E, a partir desta dimensão, recebemos energias de amor incondicional em profundos tons de rosa que preenchem o nosso coração envolvendo o nosso corpo, preenchendo-nos completamente de paz, ternura, amor e compaixão. Somos totalmente envolvidos, preenchidos pela energia da compaixão. E, através do nosso coração, agora aberto em todas as dimensões, incluindo a do amor incondicional, fluem e circulam através do nosso ser as energias das dimensões superiores, dos grandes Seres de Luz que irradiam dos seus corações paz, amor, harmonia, segurança, fé, confiança. E o nosso coração brilha irradiando todas estas energias para todas as células do nosso corpo e para todas as partes do nosso ser multidimensional.

E vamos sentir de novo a presença do nosso Anjo da Guarda no nosso lado direito, perto da nossa mão direita; lentamente ele vai-nos trazendo à consciência desta sala, voltamos a sentir o contacto com os pés no chão, sentir a cadeira, o contacto com o nosso corpo, mexer os pés e as mãos, sentir a respiração. Quando nos sentir-mos confortáveis, vamos abrir os olhos, estamos no aqui e agora, cheios de força e de vida.

4.5.2 A CURA DOS MEDOS

João Carlos – As equipas de Terapia Multidimensional trabalham dentro das nossas estruturas, os medos (principalmente os bem escondidinhos). Muitos destes medos estão ligados a implantes e contratos e representam partes da nossa evolução ligadas a memórias traumáticas de vidas passadas. Estas memórias são reactivadas quando a nossa auto-confiança vai baixando.

A Terapia Multidimensional é uma terapia de ascensão. Isto significa que a abertura do chakra do coração provoca a subida das vibrações da pessoa. Deste modo, a nossa atenção passa gradualmente das preocupações e medos para as coisas bonitas e novas possibilidades se abrem à nossa frente. A nossa energia de acção é desbloqueada e voltamos a ter prazer na descoberta e na participação da nossa cura e crescimento.

4.5.3 LIMPEZA DOS CRISTAIS DOS LÍQUIDOS DO CORPO

Hélène – O nosso corpo é formado, em parte, por cristais. Por exemplo, os dentes, os ossos são cristais que suportam memórias emocionais e mentais. Existem ainda microcristais em movimento nos líquidos do nosso corpo. Eles transportam informações que já não são necessárias nas nossas vidas. Os Seres de Luz, durante as sessões, fazem uma "cristalinização". Isto é, agrupam os cristais presentes nos líquidos do corpo, para os poderem extrair e, consequentemente, libertar-nos. As informações contidas nestes cristais são específicas, sendo limitadoras do nosso contacto com Deus. Ao serem retirados estes microcristais, o nosso físico volta a ter consciência da divindade que há em si.

4.6 TRABALHANDO O ADN

João Carlos – Faz parte do trabalho de Terapia Multidimensional, quando isso é possível, modificar dados do ADN da pessoa. Isso ocorre principalmente quando os programas de vida da pessoa já não são adaptados à sua evolução. As limitações, os medos, etc., já não são justificados em relação à consciência actual da pessoa. E o amor e a abertura do coração desta pessoa permite abrir novos horizontes, dar mais liberdade e fazer florescer novos projectos. Permite a expressão do ser em novos patamares, mais felizes. O objectivo é a felicidade na vida diária, com tudo o que a nossa vida tem (por exemplo, ir à escola, fazer as compras, trabalhar, almoçar com a família, etc.) e poder ser capaz de apreciar, de descobrir sensações de plenitude e de realização também nas pequenas coisas do dia-a-dia.

Mensagem de Saint Germain e de Deus
Canalizada por Hélène Abiassi
Porto, Portugal
Maio de 2006

"Na Criança Interior de cada um existem códigos que vos vêm da vossa primeira vida manifesta na matéria. Estes códigos são chaves de primeira importância. Elas são a chave da vossa felicidade. Quando vocês têm a presença da Criança Interior curada, estas chaves abrem todos os portais interdimensionais. Estas chaves têm a capacidade de atravessar o véu do esquecimento. O nosso objectivo durante este fim-de-semana – e aqui estou a falar em nome da equipa multidimensional de terapia que foi disponibilizada especificamente para este curso de ascensão – ao curar a vossa Criança Interior, é permitir que ganhem muito mais do que restabelecer a vossa psicologia. Vão ser restauradas as vossas capacidades de utilizar as chaves que foram trazidas por esta vossa Criança Interior.

Tudo é possível.

Ser feliz, viver na Terra... a ascensão para a quinta dimensão é possível.

Se vocês desejam, nós juntos podemos activar algumas destas chaves, porque vocês entendem que foram todos livres, disponibilizadas as chaves das vossas crianças; se vocês quiserem teremos, na nossa próxima meditação, uma oportunidade de uma visita na Nova Terra, em que serão activadas algumas chaves vossas.

(pausa)

Vocês têm esta Terra como jardim. Vocês têm como missão viver felizes, neste jardim. Neste jardim eu não vos abandonei, depositei cada um com muito cuidado. A cada um de vocês, neste jardim, depositei com todo o meu amor. Vocês não foram abandonados. O vosso papel é de criar mundos e a partir de uma vida feliz neste jardim, o vosso ser, nos níveis superiores, vai criando mundos de felicidade no Universo que eu criei para vocês poderem viver, brincar e serem felizes.

Queridos filhos, o vosso caminho para a frente, no presente, está cheio de luz. Fiquem sempre focados nas maravilhas, no que é mais luminoso, e fiquem sempre com os vossos pés bem assentes no chão. É uma das maravilhas que eu vos ofereci, a ascensão na matéria, com a vossa Terra, com os pés no chão. Ao fazer isso, ao viver isso, vocês estão a ancorar as vibrações do paraíso no vosso planeta e estão a transmitir a oportunidade aos vossos irmãos de poderem viver felicidade, liberdade, neste Planeta, nessa vossa Terra."

4.7 SERVIÇO E CURA AO ESPÍRITO E À ALMA, À CRIANÇA INTERIOR E À MÓNADA

4.7.1 SERVIÇO À ALMA

João Carlos – Em cada sessão é feito muito para ajudar o espírito e a alma da pessoa/cliente. Tal como já vimos atrás, a **alma** pode precisar de ser resgatada. Mas pode ser necessário outro tipo de ajuda:

• Pode ser necessário trabalho de paz e perdão ao nível das almas.

• Pode ser necessário fazer uma cura da alma que pode passar por limpeza de mágoas muito antigas que a alma guardou e que podem trazer grandes tristezas na vida da pessoa sem se saber a razão.

• Pode ser indispensável curar memórias da alma que são vivências suas noutros planos, noutros Universos e que só ficam guardadas na alma. Uma paz muito profunda resulta deste trabalho de cura da alma e muitas coisas são feitas sem que o terapeuta tenha consciência do que é feito ou do que existe noutras dimensões.

4.7.2 SERVIÇO AO ESPÍRITO

Hélène – O **espírito** também pode ser muito ajudado. Ele pode, por exemplo, receber actualização de códigos mais adequados ao estado actual da evolução da pessoa. Por vezes, sente-se que o espírito da pessoa é antiquado. Por exemplo, ela não quer saber de informática, tem dificuldade em aprender, rejeita novas ideias, agarra-se muito ao passado, ao antigo. Recebendo uma actualização, muitas mudanças positivas podem acontecer na vida da pessoa. Começam a surgir novos caminhos, novas capacidades, novas pessoas e energia mais fresca.

O espírito pode ser, igualmente, doutrinado ou ensinado. Ele recebe uma espécie de curso de boas maneiras. Por vezes, pode estar a portar--se mal, a fazer coisas pouco éticas ou prejudicar outras pessoas para alcançar um objectivo. Os Seres de Luz, com muito amor, vão conversar com o espírito da pessoa e vão mostrar-lhe que todos perdem com estas atitudes, incluindo ele próprio.

João Carlos – Uma das evoluções importantes que o espírito pode receber é em situações em que ele está a auto-boicotar-se, ou a boicotar a sua própria pessoa nos seus objectivos. Por vezes, quando vivenciamos dificuldades na vida, podemos pensar que os obsctáculos estão a ser originados fora de nós; mesmo que saibamos que é um espelho do nosso interior, ainda assim sabemos que vem de fora. Mas muitas vezes, vem mesmo de dentro. É o nosso espírito que, por vezes, nos boicota, nos cria dificuldades e nos impede de atingir alguns objectivos. E como ele está muito próximo de nós, este boicote é realmente muito eficaz.

Para dar um exemplo, numa vida passada, podemos ter tido vivências em que eramos curadores ou grandes líderes ao serviço do bem, da paz e da cura. Muitas vivências dessas correram bem, claro, mas outras nem por isso. Pode ser que, por exemplo, tenhamos tido muito poder e tenhamos abusado do nosso poder. E depois desses actos a nossa alma sofreu muito e criou situações de auto-punição para se redimir. E o nosso espírito não gostou nada da experiência. E ainda se lembra de tudo. E o que é que acontece? Actualmente podemos ter um gostinho por terapias ou espiritualidade. Talvez uma vontade grande de ajudar os outros, de trabalhar na cura ou de abrir um centro espiritual. Mas sempre que tentamos ir nessa direcção, tudo dá errado. Nenhuma porta abre, só se fecham portas. As pessoas afastam-se ou então temos sintomas físicos desagradáveis que não nos dão vontade de ir naquele caminho. Perguntamo-nos o que poderá ser. Talvez nos passe pela cabeça aquela frase conhecida: "Ah! Se calhar não é para ser." Pois. Mas esta frase não leva a lado nenhum. Se sentimos o chamamento de coração para algo é porque é para ser sim. Custe o que custar. Os obstáculos até são uma confirmação de que é para ser sim. O que pode estar a acontecer? O nosso espírito, ao ver aproximarem-se situações semelhantes àquelas em que ele sofreu muito, o que é que ele diz? "Nem penses!"... e boicota tudo o que puder, pois não deseja passar pelo mesmo sofrimento.

Podemos então dizer que sem o consentimento do nosso espírito não conseguimos realizar nada na vida. Por isso, é muito importante que possamos trazê-lo de volta para o nosso lado, a colaborar connosco em tudo. E, às vezes, precisamos da ajuda dos Seres de Luz nessa tarefa.

Uma grande evolução e mudança positiva podem ocorrer na vida das pessoas depois de acontecer um trabalho como este numa sessão de terapia. É claro que, normalmente, o terapeuta não tem consciência deste processo. Muitos outros serviços podem estar a ser prestado ao espírito.

4.7.3 SERVIÇO À CRIANÇA INTERIOR

Hélène – Também a **Criança Interior** recebe muita ajuda através da Terapia Multidimensional. Ela pode encontrar-se ferida por experiências passadas desta e de outras vidas. Pode ter sido rejeitada à nascença ou não ter sido desejada ainda no útero da mãe. Pode ter sido muito criticada e gozada na escola pelos colegas ou professores. Pode não ter sentido o amor, o respeito e a compreensão que necessitava sentir durante as várias fases do seu crescimento, mesmo que os pais, os irmãos ou os amigos a tivessem amado com todo o amor que conseguiam dar. A criança, às vezes, não consegue sentir-se satisfeita com o que recebe. É normal porque ela necessita do amor divino dentro dela e é esse amor que ela, por vezes, não consegue sentir.

Nas sessões de terapia, os Seres de Luz podem proporcionar muito carinho e apoio para ajudar a que a criança consiga perdoar e aceitar certos acontecimentos, passando a amar-se e a aceitar-se tal como ela é. Ela passa a não ter tantos medos, passa a ousar aventuras que antes nem sonhava serem possíveis. Esta criança que vive em nós, renasce saudável e feliz, readquirindo o gosto pela vida e voltando a acreditar no seu lado mágico, nos sonhos e na alegria.

4.7.4 SERVIÇO À MÓNADA

João Carlos – Surgem às vezes situações em que se sente que é a **mónada** da pessoa que está a ser trabalhada pelos Seres de Luz. São situações em que não se entende bem o que se passa. É um assunto um pouco misterioso, com poucas informações recebidas sobre isso. Por vezes, surgem pessoas com problemas absolutamente comuns e, quando fazemos o atendimento, recebemos a informação de que a mónada vai receber um tratamento. Como por exemplo, um senhor no Brasil explicou-nos que há dez anos que a sua vida estagnou, nada avançava, tudo ficava na mesma como se cada dia fosse a cópia exacta do dia anterior. Ele não se revoltava. Estava até muito em paz mas achava estranho isso e gostava de ter movimento e evolução no trabalho, nos relacionamentos. Ao fazermos a sessão descobrimos que a sua mónada tinha recebido cargas energéticas negativas e tinha ficado congelada no tempo, sem conseguir evoluir. Essa era a causa. Ao curarmos a mónada, sentimos que muitas outras pessoas estavam a ser beneficiadas; umas ligadas ao senhor e outras que ele nem conhecia. No entanto, todas pertenciam à sua mónada. Este é um assunto muito recente na evolução da Terapia Multidimensional e ainda não sabemos muito sobre ele. Estamos só a partilhar convosco as nossas vivências, pois pode ser que venham a ter experiências semelhantes e assim já têm algumas referências.

Canalização de Surya de Telos
Por Hélène Abiassi
Entroncamento, Portugal
2 de Maio de 2005

É sobre o curso de ascensão e do seu efeito em outras dimensões.
Não tem a ver com o passado, tem a ver com o futuro da Humanidade.
É algo muito importante, muito forte.
Ficou impresso, gravado na matriz da humanidade um novo programa do processo encarnacional.
Participa da reconexão da Árvore da Vida da raça humana.
Participa do poder criador dos filhos de Deus e de medidas que foram feitas pelos seres que estão encarregados de vigiar o nosso Planeta. Medidas que são referência da vontade dos seres humanos encarnados na Terra. Medidas que vão ser utilizadas como referência do livre-arbítrio, da livre escolha e que vão servir de referência para elevar o nível de vibração dos seres que encarnam na Terra, de todas as civilizações, de todos os povos. Não só em Portugal mas de todos os seres humanos que são o povo do Planeta.

Esse projecto vai ser um referencial ao qual vão ser obrigados a se submeter todos aqueles que querem ajudar os seres humanos e a evolução da Terra.

Isso significa que foram emitidos por mais de quarenta seres humanos em grupo, em família, exigências ao nível da qualidade enquanto estrutura e organização de sociedade e família que vão ser capazes de modificar as exigências actuais do sistema encarnacional.

Essa medida poderá retirar muito sofrimento à humanidade e estou a referir-me a um momento de trabalho específico com a natureza, perto da Igreja de Nossa Senhora da Conceição em Tomar.

Eu sou Surya de Telos

4.8 A TERCEIRA DIMENSÃO

João Carlos – A terceira dimensão é ainda um grande mistério para todos nós. Muitos desejam fugir desta dimensão, deste plano, deste Planeta, pois estão fartos e acreditam que a terceira dimensão é um lugar de castigo, de sofrimento e que só os seres menos espiritualizados e menos luminosos vêm para a Terra, para o plano material. Acreditam que a verdadeira evolução espiritual só se faz nos outros planos, nas outras dimensões e que tudo o que é material é para ser descartado. Na verdade, esta dimensão é muito preciosa. A matéria é uma dádiva divina do mais puro amor, que contém dentro de si o milagre de Deus. Na matéria tudo é possível. Todas as dimensões estão acessíveis através da matéria. Todas elas estão sobrepostas. Há muitos assuntos de natureza intergaláctica que só podem encontrar resolução pacífica na matéria. Muitos assuntos de ordem cármica e de várias dimensões apenas encontram uma solução na terceira dimensão. É por esta razão que são tantos os seres que desejam encarnar com um corpo físico na matéria para participar na vida deste maravilhoso planeta de evolução. É realmente um privilégio cada segundo vivido nesta dimensão.

Tudo está a mudar rapidamente. Todos estamos em rápida evolução, a par com o Planeta Terra. E também as dimensões evoluem. A terceira dimensão, com o passar das eras, foi perdendo o seu lugar amado junto dos seres, a sua grandeza. Ela foi deslocada do seu verdadeiro lugar na rede universal da vida. A terceira dimensão está prestes a ser resposto no seu lugar original, no Grande Plano de Deus.

Um dia vamos todos ter a nítida percepção da preciosidade da matéria e da terceira dimensão. E nesse dia vamos dar graças por termos aceite continuar o nosso caminho aqui, com os pés bem assentes no chão.

Canalizaçao de Ísis e Mãe Maria
por Hélène Abiassi
Workshop "Aprender a Materializar usando o Éter Primordial"
Porto, Portugal
19 de Outubro de 2006

A energia que estou a sentir que vai falar é uma energia dupla, é uma energia de Mãe Maria e de Ísis em conjunto e é, por isso, que estou a precisar de energias femininas materializadas perto de mim para podermos transmitir a mensagem que vem desta forma.

Devido ao grau de pureza de coração das pessoas presentes aqui, é possível receber níveis de energia muito altos.

O que está a acontecer neste curso é muito diferente do outro curso de materialização. A mais recente formatação de Hélène permite a expressão de níveis de energia diferentes dentro da matéria. O propósito desta expressão atingido na matéria é ancorar para todos os seres humanos vivos novas possibilidades para fabricar o novo mundo. O grupo que reúne hoje decidiu participar nesta experiência que aconteceu no planeta. A união dos corações das pessoas que estão a participar hoje, permite entrar em contacto com a frequência específica do coração de Mãe Terra, do coração de Gaia. A Deusa Ísis, através da presença de Maria na Terra, teve por missão um serviço directamente dentro do coração da mãe Terra. Níveis de frequências, desconhecidos na materialização até agora, vão ser activados pela Deusa Ísis, o que vai permitir, a ancoragem de matrizes do Paraíso, que neste momento vão ser aplicadas em regiões do Universo e torna capaz de receber estes tipos de frequências em Portugal.

Portugal recebe agora na matéria, na terceira dimensão, a implantação dos códigos do paraíso vindos do nascimento do projecto Adâmico. Estes códigos são activados pelas pessoas vivas, penetram na natureza, em todos os reinos e em todas dimensões. Foi reintegrado nos corpos de cada uma das pessoas presentes aqui na sala, o corpo adâmico de cada um. Este corpo adâmico é adaptado à vossa vibração actual e vai transmitir, de uma maneira permanente, novas frequências. Em cada um, estas frequências vão permitir tocar, integrar, exprimir, vivenciar, saúde e bonança vindo directamente da vossa própria fonte adâmica. Esta presença do corpo adâmico provoca a modificação de todas as cadeias de ADN e com calma e com o tempo, cada um ao seu ritmo, a possibilidade de criar, pelo rejuvenescimento real, as trinta e seis cadeias de ADN do ser original. A luz que vai ser, que já foi implantada e que vai brilhar a partir do vosso corpo, é visível de todo o Universo. A alimentação deste corpo será feita directamente por Deus, cada uma das pessoas presentes neste curso e que está a elaborar um projecto de manifestação, de materialização para a Nova Era, já está a manifestar mais, muito mais, porque o projecto já foi elaborado e já tinha sido elaborado no tempo do Antigo Egipto. O nosso encontro de hoje é um reencontro como muitos já terão sentido, este reencontro foi proporcionado pela força do amor de cada coração aqui presente. E desta vez, não houve nada que impedisse a concretização deste projecto.

Vocês são muito abençoados. Não nos é possível explicar-vos de uma maneira mais clara o que tem sido feito hoje, mas com o decorrer do tempo vocês vão conseguir entender o seu papel e cada um, com o seu ritmo e com a sincronização do Universo, vai peceber qual é o seu lugar e papel. O mais importante é este trabalho de semear e implantar dentro do coração de Gaia. Foi aceite e abençoado tudo o que é necessário para cada um dos vossos projectos avançar. Mãe Maria e o Planeta Gaia disponibilizaram o éter primordial necessário para a materialização do vosso projecto individual e foi disponibilizado mais do que isso em agradecimento ao nosso encontro de hoje. Mais éter primordial foi disponibilizado para os vossos seres amados, para que as vossas famílias pudessem realizar também projectos da Nova Era. Muitos carmas foram apagados hoje por minha vontade.

Recebam no mais profundo do vosso coração a lembrança do nosso encontro e do amor que sempre existiu entre nós desde o tempo do Antigo Egipto e no lugar onde tivemos este encontro e onde fizemos voto de um dia sermos capaz de materializar este projecto na Terra, na terceira dimensão. Recebam em cada coração todo o carinho que necessitam para continuar o caminho e a certeza da minha presença em cada segundo da vossa vida.

Eu sou Ísis.

Obrigada a todos.

4.9 HARMONIZAÇÕES

4.9.1 ALINHAMENTO DOS CHAKRAS E DOS CORPOS DE LUZ

João Carlos – Em todas as sessões de Terapia Multidimensional são feitos trabalhos de harmonização. São harmonizados a aura, os chakras, os corpos de luz. No fim de cada sessão, todos os chakras estão devidamente alinhados e regulados, de acordo com a evolução actual da pessoa. A abertura e activação de cada chakra é a adequada de modo a permitir que a quantidade certa de energias divinas, de cada característica, entre no sistema energético da pessoa. Energias em carência debilitam e causam deficiências na vida a vários níveis; mas energias em excesso sobrecarregam os sistemas e não ajudam a uma vida leve, harmoniosa e equilibrada. São as equipas espirituais que fazem todo o trabalho pois só elas podem avaliar as necessidades específicas em cada momento.

Também os corpos de luz são alinhados com o Eu superior, com a essência divina da pessoa. A aura é limpa, harmonizada e enriquecida com luz, paz, alegria, vitalidade e amor incondicional.

4.9.2 AS NOSSAS RAÍZES E O CHAKRA 0

João Carlos – Uma parte importante das harmonizações refere-se às raízes, às nossas ligações à Terra. É importante termos ligações saudáveis com a Terra, ligações de luz, paz e amor, pois é através destas raízes que o espírito da Terra nos alimenta com todas as energias que necessitamos para uma vida abundante e feliz na matéria.

Bloqueios no trabalho, nos relacionamentos, com o dinheiro, com a criatividade, com novos projectos, estão muitas vezes relacionados com raízes enfraquecidas. Também podem estar relacionados com bloqueios nos chakras 0 e 1 ou a existência de seres espirituais parasitas nestes chakras, que diminuem ou impedem a livre circulação das energias de nutrição da Terra dentro do nosso corpo. O chakra 0, sendo um chakra nosso que está dentro da Terra uns 20 centímetros, necessita estar limpo para permitir a livre circulação das energias da Terra. Quando isso não acontece, as equipas de Terapia Multidimensional fazem o trabalho de cura e limpeza dos chakras 0 e 1 e das raízes.

Hélène – Para além da cura e limpeza das nossas raízes, os Seres de Luz podem também reforçá-las pois, à medida que avançamos no processo de ascensão, necessitamos de raízes mais fortes para podermos receber o fluxo sempre crescente de amor incondicional, de forma equilibrada, saudável e harmoniosa.

A ascensão é passarmos a viver com mais quantidade da nossa divindade dentro do nosso corpo físico, vibrando em cada uma das nossas células. Para isso precisamos de raízes bem fortes por onde flui a energia incrivelmente intensa da nossa divindade.

Com os pés bem assentes na Terra, unimos assim o Céu à Terra, através do nosso corpo físico.

Sentimo-nos felizes, equilibrados e em paz.

4.9.3 EQUILÍBRIO MASCULINO-FEMININO

João Carlos – Em cada ser humano, seja homem ou mulher, existe um lado feminino e outro masculino. Estes dois lados têm que estar em equilíbrio.

Por exemplo, por vezes uma mulher pode ter o lado masculino muito desenvolvido, necessitando de actualizar as suas energias femininas. Este é um trabalho muito bonito que poderá ser efectuado pelos Seres de Luz durante a terapia.

Também pode acontecer, um homem ter o seu lado feminino muito desenvolvido (o que é bom pois ele pode ter uma intuição e sensibilidade muito desenvolvidas) mas, ao mesmo tempo, necessitar de equilibrar com o lado masculino que lhe permite pôr em prática, em acções, todo o amor e luz intuitiva que tem para dar ao mundo. Todos estes aspectos são regulados pelos Seres de Luz nas sessões de terapia.

Um outro tema importante, que também pode ser trabalhado, é o da autoridade. Quer no homem, quer na mulher, este é um assunto essencial que precisa estar equilibrado. Um correcto tempero de doçura e firmeza é fundamental para uma boa tomada de decisões e comunicação com os outros. E estas são peças chave para uma bem sucedida liderança das nossas vidas.

4.10 RECONEXÃO COM A ESSÊNCIA DIVINA / EU SUPERIOR

João Carlos – Uma parte muito importante na Terapia Multidimensional é o trabalho de reconexão da pessoa divina da pessoa/cliente. Esta é uma terapia de ascensão, o que significa que tudo o que pode ser feito nas sessões tem como objectivo ajudar a uma maior manifestação no aqui e agora da vida da pessoa, da sua matriz divina. Ajuda a conectar todas as partes perdidas por aqui e por ali ao seu corpo actual, e reunir aqui na Terra, dentro do corpo físico, vibrações de luz das dimensões mais elevadas de si mesmo, mais próximas da Fonte Suprema. Desta forma, a pessoa sente-se mais ela própria, mais inteira, mais centrada. Sente maior facilidade em receber intuições divinas no momento certo, orientações para a sua vida, para as decisões que tem de tomar todos os dias. Sente-se mais leve, mais acompanhada por Deus, pelos Seres de Luz e sente uma maior proximidade com a sua missão na Terra, a qual flui melhor. É mais fácil manter o seu coração aberto e aceitar receber o amor dos Seres de Luz, facilitando muito a vida do dia-a-dia.

Mensagem de Adama – A Unidade e a Manifestação
Canalizada por João Carlos Paliteiro
Entroncamento, Portugal
11 de Junho de 2006

Olá a todos, eu sou Adama.

É um prazer imenso estar aqui hoje convosco. Poder falar-vos assim directamente. Do meu coração directamente para o vosso. Poder passar para a vossa alma todo o amor que sinto por cada um de vós.

É um prazer estar de novo convosco, neste domingo tão especial, que já vem sendo habitual em Terras de Portugal.

É um prazer ver tantas almas conectadas desta forma tão pura, tão genuína, entregando o seu coração, o seu sorriso, o seu desconhecido.

É um grande prazer de facto, poder caminhar ao vosso lado, observar os vossos passos e orientar... servindo com amor a vossa evolução.

Cada um de vós pode sentir dentro do seu coração, neste exacto momento, a minha presença, pois é no vosso coração que eu me manifesto e que eu vos amo.

Agora mesmo, dêem atenção no centro do vosso peito e sintam aí a minha presença, o meu amor...

Eu sou uma parte de vós. Somos todos um só corpo único.

Sintam a unidade. A unidade que nos liga a todos... Sintam-na dentro... cá dentro... a percorrer-vos, a preencher-vos...

A Unidade.

A Unidade que vos liga a tudo. A Unidade inteligente que vos conhece e reconhece. Que sabe quem vocês são. Que sabe... que vocês são Luz.

Sintam dentro de vós a Unidade que sabe que vocês são amor. É esta Unidade que manifesta o amor de Deus na vossa vida.

Saibam que tudo é possível, através desta Unidade. Tudo está ao vosso alcance. A cura total do vosso corpo físico. A imortalidade. O conhecimento de todas as Leis do Universo. E a relembrança do ser infinitamente belo que cada um de vós é.

Tudo é possível: a abundância, a felicidade, a alegria, o riso, a festa, a magia. Tudo é possível na vossa vida.

Esta Unidade que sentem dentro de vós manifesta todos os vossos desejos. Manifesta todos os vossos sonhos... Podeis chamar-lhe sincronicidade. Podeis chamar co-criação. Mas é muito mais do que isso! É conectarem-se com o nível de vocês mesmos em que cada um dos vossos sonhos se manifesta espontaneamente e sem esforço. De forma natural. Aquele nível de vocês mesmos onde vocês são um ser colectivo, onde vocês estão ligados ao Todo e um desejo vosso é com grande prazer manifesto por todo o Universo. Uma simples respiração do vosso coração solta sementes de luz e lança estas sementes no útero criativo da Mãe Divina. E segue o seu caminho... vai crescendo... vai-se desenvolvendo... até que um dia a sementinha do vosso desejo brota à superfície da vossa vida e nasce, como uma plantinha, à luz do sol, à luz da vida.

E tudo o que vocês fizeram foi estar no vosso coração e emitir um desejo. E este desejo vai seguir o seu caminho. Este desejo tem um só objectivo – é ser manifesto. E ele alimenta-se da vossa gratidão. Ele alimenta-se da vossa fé. Ele alimenta-se da vossa alegria!

Então, vocês vêem que tudo o que necessitam é serem felizes.

Da felicidade, a gratidão é natural.

Da felicidade, a alegria é espontânea.

E na felicidade, a fé é uma constante na vida.

Sejam felizes a cada momento e cada um dos vossos desejos terá sempre o alimento, o carinho e o alento que necessita até à sua manifestação. Sejam felizes e a unidade que sentem dentro de vós, que vos liga a tudo o que vive, que vos liga ao Amor que Deus tem por cada um de nós, dar-vos-à tudo aquilo que desejam e muito mais.

Sejam felizes, meus queridos. Sejam alegres, divertidos, sorridentes, leves e espontâneos. Pois a única missão que Deus deu a cada um dos seus filhos foi...

... ser feliz!

... ser feliz!

Aqui, agora e sempre... Ser intensa e alegremente... feliz!

Bem-hajam, meus amores.

Eu acompanho-vos sempre... no movimento de coração... da vossa eterna felicidade.

Eu sou Adama, vosso irmão.

4.11 O MOMENTO DA ASCENSÃO

Hélène – Sempre me interessei muito por ascensão e nas terapias costumava medir o nível de vibração das pessoas, tentando sentir a evolução da terapia. Constatava que a maior parte das pessoas/clientes vinham com a alma adormecida e na terceira dimensão e o corpo na terceira dimensão. De vez em quando, apareciam pessoas com a alma acordada e vibrando na quarta ou na quinta dimensões, mas o corpo físico delas estava na terceira dimensão. E havia outras pessoas que tinham, para além da alma, também o corpo a vibrar na quarta ou na quinta dimensões. Costumava medir as minhas vibrações com regularidade e elas estavam sempre na terceira dimensão! E a minha alma estava sempre a dormir!

Encontrava à minha volta muitas pessoas que nasciam na quinta dimensão e com as dificuldades da vida baixavam as suas vibrações para a terceira dimensão. Já na época, o meu trabalho de Terapia Multidimensional levava-me a fazer limpezas, resgates, e isso sempre acompanhado pelos Seres de Luz. Depois, os Seres de Luz activavam a alma e o corpo físico dos meus clientes que passavam a vibrar na quarta e depois na quinta dimensão. Estas vibrações eram as vibrações naturais destes seres que nós chamamos "crianças e adultos da Nova Era", "crianças índigo, cristal", etc.

Os meus filhos também tinham estas características, de ter a alma acordada e vibrar na quinta dimensão. E ficava eu um pouco confusa porque eu era curadora e não tinha nada! Vibrava na terceira dimensão.

Quando estava a ser feita uma activação de ascensão, eu costumava sentir a presença de Jesus, Maria e Saint Germain e ficava muito feliz! Concentrava-me no meu coração e eles faziam a ascensão dos meus clientes.

Certa vez, depois de um belo dia de atendimentos, sinto uma informação em pensamento. Foi no dia 17 de Agosto. A informação dizia: "Hélène, estás na quarta dimensão". Eu fiquei muito comovida. Depois, comecei a duvidar, pois as minhas esperanças eram subir o meu nível de vibrações e fazia muitas limpezas interiores para isso poder acontecer. Depois lembrei-me que eu tinha encomendado uma canalização em francês a uma pessoa conhecida nas ilhas Maurícias para me ajudar a evoluir. E eu já tinha pago a canalização e estava à espera de a receber. Intuitivamente, a sensação que vinha e dava a informação da quarta dimensão ia ser confirmada dentro desta canalização.

A canalização chegou dia 18 de Agosto, que é o dia da festa de Santa Hélène, um dia muito importante em França. A canalização era de Sananda-Jesus. Ele pedia-me para voltar a ser como antigamente, mais atenta às comunicações com Ele e com os Seres de Luz. Era preciso que eu aceitasse abrir mais o meu coração. Vinham mais algumas outras informações pessoais e uma frase: "Hélène, tu já não estás na terceira dimensão! Ihihih!". Eu fiquei completamente apanhada. A informação que mais precisava receber era essa.

Voltei a dar mais atenção às comunicações dos Seres de Luz. A pedido de Kryon comecei a canalizar. Explicaram que a passagem pela quarta dimensão durava muito pouco tempo. Era uma passagem transitória. Efectivamente, em Dezembro, foi feita a minha ascensão na companhia de um grupo de cinco pessoas ao todo na Serra da Gardunha – Portugal. Fiquei muito feliz. Muito feliz mesmo.

Voltámos às sessões de terapia. Houve uma sessão em que eu senti novamente a presença de Maria, Jesus e Saint Germain. Senti-me muito contente, ía haver outro trabalho de ascensão! Então fiquei focada no coração escutando e ouvi um Ser de Luz a dizer: "Agora vais ser tu a fazer a ascensão." E eu respondi: "Sim, como de costume, vocês é que vão fazer!". Eles responderam: "Hoje, tu é que vais fazer." Eu respondi: "Então como é que eu faço?" E Eles responderam: "Faz." E eu perguntei: "Mas como?!" E Eles: "Faz." "Mas eu não sei fazer!" – disse eu. E Eles disseram: "Mas faz!" Então eu entreguei-me, concentrei-me no coração e as sensações começaram iguais àquelas que eu sentia quando Eles faziam a ascensão. Depois de um tempinho, Eles disseram: "Já está. Ele ascensionou. Está na quinta dimensão." Foi assim que se deu a minha formação para a ascensão.

Actualmente os Seres de Luz ensinam-nos que a ascensão não pode ser provocada. A ascensão é um processo natural que ocorre quando se retiram os obstáculos à sua ocorrência. Assim, agora sei que tudo o que os sere de luz me ensinaram naqueles momentos iniciais foi a intencionar ascender a pessoa. E essa intenção removeu a ultima pedra que impedia a pessoa de ascender. Foi um momento muito bonito e inocente, muito puro, que guardo bem profundo no meu coração.

João Carlos – E é esse o trabalho que realizamos nos *workshops* Terra Cristal de "Ascensão pelo Coração". Feita a ascensão, todo o corpo espiritual vibra na quinta dimensão e mais além. E, ao mesmo tempo, no plano físico o corpo vibra na terceira, na quarta e na quinta dimensões, simultaneamente. Isso permite que a pessoa seja alimentada por energias unificadas, neutras, que são as energias da Nova Terra, e gradualmente se desapegue da dualidade. Permite também que a pessoa se liberte definitivamente da roda das encarnações. Ela já não necessita de regressar ao plano físico para pagar carma. Só voltará se assim o desejar, para prestar serviço à Terra e aos seus habitantes.

Canalização de Melquizedeck
Workshop "Caminhar para a Ascensão"
Por João Carlos Paliteiro
Entroncamento, Portugal
2 de Abril de 2005

(Sugere-se que a leitura seja feita num estado meditativo e de total receptividade às energias do momento da canalização, pois assim o leitor estará a sintonizar-se com o Agora da canalização)

Paz!
Fraternidade para todos os Povos!
Somos **Uma** Família!
Somos **Um** Coração!
Somos **Um Só Ser!**
A Chama da Esperança Cósmica jaz dentro de cada célula, de cada átomo da existência.
Esperança! Paz! Luz! Amor! União.
Somos um povo.
A Chama da Esperança guia cada um de nós.
Nós que estamos deste lado não somos diferentes de vós que estais desse lado.
Nós deste lado somos **Unos** com vós desse lado.
Aquilo que nos une é a nossa filiação. Pois aquele que nos criou... vive eternamente em nosso coração.
A luz, meus queridos, é a vossa realidade. É a vossa essência! Não sois nada mais do que luz!

Procurais fora o que tendes dentro. Procurais fora aquilo que apenas… podereis encontrar dentro. A luz não é algo que se encontra. A luz não é algo… que se coma, que se beba.

A luz é algo que se **É**!

A luz… **É**!

E vós **sois** Luz! Vós sois a luz manifesta em miríades de formas… Em variadas, diversas, majestáticas, divinas manifestações do **sublime Supremo Ser Fonte**! Que respira em espirais ascendentes e descendentes de cor magnificente… Que procura apenas uma coisa… **Deleitar- -se! Maravilhar-se! Deliciar-se!**… consigo própria. Com a sua beleza, com a sua pureza, com a sua… **Majestade**. Sim, meus queridos Deuses, **vós sois Majestades**. Não sois menos do que isso. **Vós sois Reis e Rainhas**. Apenas… **lembrem-se disso**! Pois no mais profundo âmago de Vós próprios isso é uma realidade… que vós sentis e vós sabeis muito bem… que sois!

Nós do povo galáctico, junto com todos os Povos e Seres Cósmicos… que viajam de muito longe para estar convosco… Homenageamos e reverenciamos vossa luz! Pois vós sois **Magníficos**! E quando, um dia, vós conseguirdes aceitar olhar para vós da forma como nós olhamos para vós… vossos corações chorarão de alegria, comoção… Emaravilhamento… por, de novo, se aperceberem de **Quem Sois**! Vós não sois seres menores que procuram atrair as atenções do Pai, de quem vos criou… daqueles a quem chamam mestres, daqueles… a quem chamam Seres de Luz. **Vós sois Seres de Luz! Seres de Luz sois vós!** Todos os seres são Seres de Luz! Pois **Luz é Tudo o que existe!**

Luz! Luz! Luz!

Luz é Tudo o que existe!

Ela dança, neste preciso momento, em cada um dos vosso átomos!

Cada um dos vossos átomos é um ser Divino, Eterno, Infinito… Consciente… Em uníssono com o batimento cardíaco do Supremo!

Meus queridos Irmãos, apenas vos peço, em nome de todas as Hierarquias Cósmicas…

"Permitam-se! Permitam-se… aceitarem… a vossa **Magnificência**! Permitam-se reconhecerem-se… como Aquilo que São."

A Luz e a Paz... estejam convosco... no Amor e na União... do Espírito Santo Divino.

Nos encontraremos de novo e para sempre, na União e na Eternidade da Luz Cósmica. Esperamo-vos com infinita e **ansiosa** paciência!

Amo-vos imenso!

Vosso irmão, vosso servo na Luz, Melquizedeck, despeço-me.

Assim seja.

Canalização de Adama – Mudança dos referenciais internos na ascensão

Por João Carlos Paliteiro

Entroncamento, Portugal

8 de Outubro de 2006

Cada um de vós trilha um caminho de evolução, de crescimento. Cada um de vós sabe isso, hoje mais do que nunca. Cada um de vocês é infinitamente amado, abençoado, acarinhado, por todos quantos servem à luz.

Existe uma razão pela qual se têm sentido desorientados... às vezes sozinhos, sem rumo. Eu vou-vos dar uma imagem. A viagem que vocês estão a fazer é uma viagem de ascensão. Isso já não é novo. Durante esta viagem, o que vocês fazem é subir de patamar em patamar e isso faz com que a vossa realidade vá mudando. Os parâmetros, os valores, os pontos de vista. Tudo muda. Os referenciais mudam. E o que acontece é que as referências de ontem já não servem hoje. As referências de hoje já não servem amanhã. E é essa a razão porque de momentos em momentos vocês se sentem assim desorientados.

Não é que vocês sejam abandonados. Não se trata disso. Isso seria impossível. O que acontece é que vocês mudam para um patamar ainda novo para vocês. Tudo é novo, ainda não têm referências. Essas referências levam o seu tempo a serem percebidas. E é só isso.

O objectivo final da vossa ascensão é fazer com que o único referencial a partir do qual vocês dirigem as vossas vidas seja o vosso coração. A vossa ligação com a Fonte, com Deus. A vossa ligação com a vossa origem. Pois Deus é o que vocês são, na versão mais pura, mais genuína e mais completa de vocês mesmos. E este é o desafio. Vezes e vezes sem conta, este é o desafio.

Quantas vezes vocês achavam que tinham encontrado o caminho, tinham descoberto as razões, tinham encontrado as respostas e, depois, parece que tudo se desmorona à vossa volta. Pois o objectivo não é que vocês substituam um apego por outro e depois se agarrem às novas respostas, aos novos Mestres, ao novo conhecimento, só porque ele é novo, só porque ele é da luz, só porque ele vos faz sentir bem. Esse não é o propósito.

Meus queridos amigos, queridos irmãos, o propósito é ajudar-vos a sentirem quem vocês são. E vocês não têm limites.

Vocês são uma bola de luz em eterna expansão. Vocês são energia, vocês são amor, vocês são o que são. E a cada novo dia, vocês recriam-se de novo, vocês renascem de novo… sem referencial. Sem termo de comparação. Pois cada um de vós é único. Então vocês não necessitam de procurar ser igual a um outro. Nem todos têm de falar em público. Nem todos têm que ficar fechados num convento. Nem todos têm de ser mães nem pais. Nem todos têm de ser engenheiros ou médicos. Existe uma tarefa para cada um. E quando cada um descobre a sua tarefa, quando cada um descobre a dança e a canção do seu próprio coração, aí está a sua felicidade. E aí está o seu referencial.

4.12 CÓDIGOS LEMURIANOS E ATLANTES
DE CURA E ASCENSÃO

João Carlos – Nas sessões de terapia também são transmitidos códigos Lemurianos e Atlantes de cura e ascensão à pessoa. Códigos de luz de quinta dimensão que vão entrar no coração e no ADN e abrem novas portas, novas possibilidades de evolução na vida do dia-a-dia, ajudando no processo de ascensão individual e planetária.

Estes códigos também realizam a activação de algumas fitas de ADN espiritual, quando é o momento certo da evolução da pessoa.

Estes códigos foram transmitidos a mim e à Hélène durante uma viagem ao Monte Shasta, na Califórnia, EUA. Uma região sagrada onde muitos Seres de Luz têm residência e local de trabalho, nomeadamente Mestre Adama na cidade intraterrena de Telos e Saint Germain no seu Templo da Chama Violeta. Foi uma viagem inesquecível na companhia de 23 amigos queridos de Portugal, de Espanha e da América Latina. Nessa viagem houve a oportunidade de participar na Summer Light Conference de Lee Carrol, um dos principais canais mundiais de Kryon, e de conviver de perto com Aurélia Louise Jones, canal oficial mundial de Adama, durante uma semana iniciática em muitos locais sagrados Lemurianos na natureza do Monte Shasta.

Hélène – Estes códigos Lemurianos e Atlantes, que entretanto nos foram passados pelos Seres de Luz, ficaram disponíveis para serem transmitidos a todos quantos recebam sessões de Terapia Multidimensional e participem nos nossos *workshops* e meditações, bem como a todas as pessoas por nós formadas.

Canalização de Adama – A Imortalidade e os Nossos Antepassados (*in* Workshop de Ascensão II "O Coração de Luz")
Activação de Libertação dos Antepassados e Activação
dos Códigos Lemurianos de Imortalidade
Por João Carlos Paliteiro
Entroncamento, Portugal
30 de Abril de 2006

Eu sou Mestre Adama.

Existe uma profunda ligação entre o trabalho com os códigos da imortalidade e a libertação dos vossos antepassados.

Cada um de vós é uma espécie de porta-voz de um grande grupo de seres e muito do material genético que carregam nas vossas células é uma maravilhosa mistura divina de material genético de muitos seres que pertencem à vossa linhagem espiritual e que cada um de vós aceitou transportar vivenciando várias situações na vossa vida que correspondem a códigos do ADN que não são vossos.

Vocês estão a cumprir uma missão que aceitaram cumprir por amor, ajudando a resgatar muitos carmas de seres que vos são queridos, amigos muito chegados.

Ao fazer este trabalho de libertação, vocês estão a servir muitos irmãos ajudando-os no seu caminho, aproximando-os da luz e do seu objectivo evolutivo.

Mas também estão a contribuir significativamente para a limpeza do vosso ADN clarificando e seleccionando os códigos e as matrizes que vos são próprias. Ao fazer isto, cada um de vós tem a possibilidade de atingir códigos de vibração mais elevada, que não estava a ser possível atingir devido à presença de outros códigos que não vos pertenciam.

E, desta forma, podem ser reintegradas outras fitas do vosso ADN que vos pertencem, que são características da vossa estrutura humana, e que estavam à espera da data em que decidissem fazer um outro trajecto alternativo de evolução que não passasse por esta mescla de vários ADN's entre muitos seres que vos foram consanguíneos.

Esta forma de evolução tem sido muito usada aqui na Terra e noutros mundos, tem sido mesmo a forma normal de evoluir. A partir desta altura que nós estamos a viver, as coisas estão a mudar e outra forma de evoluir está a ser implantada para quem quiser optar por este tipo de evolução.

Com a vossa permissão dada internamente dentro do vosso coração, eu, Adama, irei agora proceder à libertação dos vossos antepassados, fazendo o trabalho energético e espiritual necessário e reprogramando o vosso ADN e o ADN de todos os seres vossos antepassados que assim o desejem.

Cada um dos vossos antepassados dá um abraço da paz à vossa alma em profunda gratidão.

A alma e o espírito de cada um dos vossos antepassados são resgatados e devolvidos ao seu verdadeiro lugar divino.

E cada um de vós agora permanece conectado através do vosso coração de luz com cada um dos vossos antepassados através dos seus corações de luz. E todos vocês estão agora preparados para receberem os códigos da imortalidade que nós oferecemos à Humanidade em profundo amor e reverência.

À vossa volta, à volta do vosso corpo, são construídas estruturas geométricas com os códigos da luz da imortalidade e de forma sincronizada, dentro do vosso coração a vossa chama trina é activada nas frequências da imortalidade, sendo colocadas estruturas geométricas também à volta da chama trina. Estas estruturas são estruturas de luz, vivas, que trabalham em parceria com muitos Seres de Luz que vos assistem e acompanham mantendo o vosso corpo físico, as vossas células, os vossos órgãos e também outros corpos de luz extra-físicos, de uma forma dinâmica e viva, estabelecendo trocas de luz e energia entre o vosso corpo físico e o corpo adâmico.

A matriz genética original concebida por Deus para cada ser humano.

Podem desde já sentir o fluxo das energias de amor e de luz que entra dentro do vosso corpo a partir da vossa matriz adâmica.

Em nome dos vossos irmãos Lemurianos, eu, Adama, vos agradeço, vos respeito e reverencio por terem chegado até aqui, por continuarem o vosso caminho, por aceitarem as vossas missões mesmo não sabendo ainda quais são. E do meu coração, a cada um de vós, eu envio o amor e a alegria de quantos deste lado vos conhecem e vos amam e são da vossa família. Sintam o amor, sintam a paz do reencontro, sintam a vida imortal que vos pertence. Sintam que têm amigos, filhos, que têm casas e cidades, moradas, lares, uma vida de família. Sintam a felicidade eterna que vos pertence. Ela está aqui, ela é agora, ela existe em cada momento das vossas vidas, pois o que vocês são é intocável, eterno, imortal.

Identifiquem-se com a vossa imortalidade, com a vossa glória divina. Identifiquem-se com ela, sintam que são ela. Saibam que são Deus.

Eu Sou Adama, ao vosso eterno serviço.

4.13 OS CRISTAIS E A TERAPIA MULTIDIMENSIONAL

Hélène – Ai tantas pedrinhas hoje! Eh lá, bem giras. Vamos ver se são melhores alunos do que os alunos. Isto é de rir! *(risos)*

João Carlos – Pode acontecer...

Hélène – Vocês têm cristais? Vocês podem trazer os cristais durante os cursos, porque eles gostam muito de ir à escola. Parece mentira, não é? Eles gostam muito de ir à escola, então, podem trazer os cristais. E eles também não fazem ruídos. Não *"fazem chichi"* no chão, o que é muito bom. *(risos)*

João Carlos – Não fazem birras e são muito sossegadinhos. Não andam de um lado para o outro...

Hélène – Não são distraídos, são muito concentrados. Então podem trazer todos os cristais que vocês quiserem. Os cristais também são estudantes.

João Carlos – Os cristais têm vidas independentes. O que eles querem aprender nós não temos nada com o assunto.

Hélène – Depois em casa vão ensinar-vos. Os cristais ajudam muito na cura, na protecção, na limpeza da casa e espaços de terapias, das auras das pessoas, etc. E são muito bons também para ancorar energias de luz e para amplificar a recepção de mensagens dos Guias e dos Seres de Luz.

João Carlos – Os cristais gostam muito de trabalhar na Terapia Multidimensional. Existe uma dimensão que os cristais não têm que é a dimensão do coração e por isso eles gostam e beneficiam muito de poder trabalhar com os seres humanos.
Os cristais viveram na Terra há muitos milhares de anos como seres semelhantes a nós e, com a evolução dos reinos da Terra, actualmente

encontram-se isolados de um contacto mais profundo e próximo dos seres humanos. Eles guardam grandes conhecimentos de luz e cura que podem disponibilizar a quem contacte com eles, pelo simples facto de estarem presentes. Eles podem ajudar muito a aliviar o sofrimento, trazendo a alegria, a leveza e a beleza das outras dimensões da luz. E eles evoluem muito ao estarem em contacto com um coração humano aberto e ao serviço.

Hélène – Cada cristal pode ter um papel muito importante. Os cristais são seres inteligentes e como nós, têm espírito. Os cristais transmitem códigos de evolução e de ascensão. Eles têm reservas de energias com qualidades específicas e podem ajudar-nos muito. Às vezes, eles funcionam como uma escala de medida, permitindo regular e estabilizar as energias emitidas pelo terapeuta. Durante uma sessão de Terapia Multidimensional permitem estabilizar na sala, pontos de ancoramento das estruturas extrafísicas envolvidas na terapia, dando uma base física ao trabalho multidimensional.

4.13.1 ESCOLHENDO O SEU CRISTAL

João Carlos – A escolha dos cristais é feita por afinidade entre o cristal e o terapeuta. Este pode sempre sentir com o seu coração se é para introduzir um cristal na terapia e, se sim, qual o cristal. Também pode proceder da mesma forma intuitiva para comprar o cristal, sentindo na loja ou na feirinha de onde vem o chamamento, o "amor à primeira vista"!

4.13.2 LIMPEZA DOS CRISTAIS DO CORPO

Hélène – Os cristais relacionam-se com a Terapia Multidimensional também a um outro nível. O Terapeuta Multidimensional, através das técnicas espirituais da equipa de cura, poderá sentir que está a ocorrer uma limpeza dos cristais do corpo, micro-cristais e nano-cristais. Esta limpeza é sempre feita por grandes especialistas em cristais, nomeadamente os Atlantes, que existem em cada equipa espiritual de Terapia Multidimensional. É uma técnica de cura muito eficaz que permite uma drenagem profunda de muitas emoções antigas guardadas e gravadas nos cristais do corpo e uma reprogramação de crenças e padrões de comportamento que já não servem a evolução da pessoa.

4.13.3 COMO USAR OS CRISTAIS NA TERAPIA MULTIDIMENSIONAL?

João Carlos – Para usar os cristais é só preciso usar a sua imaginação, a sua intuição. Sinta o cristal. Imagine onde é que ele quer estar e o que quer fazer. Volte a ser uma criança e deixe-se conduzir pelo cristal. Para os grandes cristais na sala poderá sentir onde colocar cada um. Pode ser que haja algum cristal que o chame e lhe peça para ser colocado junto da pessoa, ao lado das pernas, por exemplo, ou no chão por trás da cadeira de terapia onde a pessoa está sentada. Então estes cristais irão ancorar grandes energias de cura na sala, para ajudar no tratamento. Eles estabilizam a energia e facilitam o trabalho de cura realizado pelos Seres de Luz.

Os cristais mais pequenos podem chamar o Terapeuta Multidimensional para fazerem um trabalho mais específico. Por exemplo, podem querer ficar na sua mão e conduzir o seu braço em movimentos suaves por cima da pessoa ou junto de alguma lesão. Por exemplo, se a pessoa tem dores de garganta, podemos ser guiados a ficar alguns minutos com o cristal perto da garganta a alguns centímetros de distância. Ou numa dor de costas, podemos deitar a pessoa numa marquesa de massagem e pedir-lhe para se deitar de costas para cima. Então o cristal pode guiar a nossa mão a ficar alguns minutos com o cristal perto das costas.

Não há regras. O lema é seguir a sua intuição e deixar-se guiar pelos cristais. Eles sabem muito sobre cura.

- CAPÍTULO 5 -

PERGUNTAS FREQUENTES

5.1 O INÍCIO DA PRÁTICA

Pergunta: o que se sente no início da prática da Terapia Multidimensional?

Hélène – Na prática da Terapia Multidimensional há muitas pessoas que não têm dom de visão ou de percepções extra-sensoriais. Há outras pessoas que vêem e, tudo bem, são muito abençoadas. *(risos)*

João Carlos – O facto da nossa atenção ficar focado no chakra do coração, o facto de ficarmos a ouvir, de sermos receptivos e de darmos atenção, para muitas pessoas vai proporcionar uma sensação de não sentir nada de não ter nada palpável, realmente nada, não é verdade?

Hélène – No início da prática da Terapia Multidimensional acontece que não sentimos nada, estamos à frente da pessoa e não sentimos rigorosamente nada. Com algumas sessões feitas, pouco a pouco, vamos começar a sentir uma sensação de "já começou" porque o nosso estado começa a ser diferente e, ao praticarmos, vamos sentir uma diferença de estado de espírito ao nível das sensações físicas, e, no final, vamos sentir quando acabou.

Passamos por várias sensações.

No início não as reconhecemos, o que é normal, por falta de prática, mas há algo que diz que já está, que já acabou. Muitas vezes, o que acontece é que pensamos que já acabou, tentamo-nos levantar e ... não acabou nada, nós não conseguimos nem mexer um dedo. Pensamos que nos podemos levantar, mas isto é apenas um pensamento porque, fisicamente, não nos conseguimos levantar. Somos como uma pedra. E se nos conseguirmos levantar com muito esforço, ficamos cheios de tonturas e temos que nos voltar a sentar novamente.

João Carlos – Isto acontece porque é um estado que é realmente diferente, mas como nós não temos nada para o medir não dá para dizer quando acabámos. Se houvesse um oscilador ou uma coisa parecida podíamos saber exactamente quando estamos neste estado ou quando já não estamos. Assim, é preciso uma sensibilidade que só aparece quando trabalhamos, com a prática é que a vamos adquirir. Essa prática aparece naturalmente, não há nada de complicado.

O principal é focar a nossa intenção, a nossa atenção no chakra do coração. Depois lembrarmo-nos da nossa intenção de cura e focar aí a nossa atenção sem sair de lá.

Hélène – A nossa atenção vai viajando conforme as dificuldades e, quando é difícil, a nossa atenção começa com as dúvidas: "Será que eu vou conseguir?" "Será que ela vai ser receptiva?" "Será que eu não vou fazer nenhuma asneira?" Então, quando isto acontece, já não estamos centrados na nossa intenção de cura, já é uma outra intenção. Quando é laranja, é laranja, quando é camião, é camião, quando é intenção de cura, é intenção de cura. Quando é dúvida de falhar é dúvida de falhar e dúvida de falhar nunca curou ninguém mas a intenção de cura, cura mesmo.

O nosso espírito vagueia muito, passa rapidamente duma ideia para outras ideias, por isso é muito fácil deixarmos de estar focados na nossa intenção de cura, basta apenas um décimo de segundo de distracção. Quando isso acontece, aceitamos isso como normal, mas voltamos imediatamente para a nossa intenção de cura, voltamos a focar a nossa atenção no nosso coração. Não se trata de rejeitar qualquer coisa, não é esse o propósito, é só lembramo-nos do que temos que fazer. Se eu estou a medir uma árvore e estou pendurado lá no cimo, eu não posso pensar que vou cair ou qual é a cor do carro que vai a passar. Eu tenho que ficar totalmente concentrado no que estou a fazer. Assim tem que ser numa sessão de cura. O meu objectivo é a minha intenção de cura. Então o que é que visualizo, o que é que eu imagino? Eu imagino a pessoa curada, livre, sem entraves, a brilhar, cheia de saúde, a fazer aquilo de que ela gosta. Embora saibamos que na situação actual ela não está assim, ao imaginá-la desta maneira, e ao darmos esta imagem à nossa intenção de cura, estamos a abrir o caminho para a sua cura, estamos a dar alimento para a sua cura. E é só isso.

Pergunta: E se alguma coisa nos mandar sair ou nos fizer levantar?

Hélène – Nós podemo-nos levantar, porque, na Terapia Multidimensional, podemos sentir necessidade de nos levantarmos. Seguimos o que sentimos.

Na Terapia Multidimensional quando sentimos que temos que nos levantar, levantamo-nos, se temos que pôr as mãos, pomos as mãos... não há problema. Pode acontecer. A mim também me acontece.

A cura com a Terapia Multidimensional acontece nas outras dimensões antes de se manifestar no plano físico. Então o normal é que fiquemos sempre sentados sem nenhum movimento.

João Carlos – Às vezes também acontece um imprevisto, alguém que toca na porta e que não podemos deixar para depois como um telefone que toca e deixa o número do chamador. Pode até ser que o nosso próximo cliente já chegou. É um dia abençoado, cheio de sessões! *(risos)* Nesse caso, podemos levantar-nos e atender a porta. Podemos pedir mais uma meia hora por exemplo e voltamos a sentar-nos, continuando a sessão da mesma forma. Espiritualmente, nada disso afecta o trabalho de cura.

Pergunta: É necessário, antes de iniciar uma sessão de Terapia Multidimensional, fazer alinhamento ou ancoramento das equipas da luz?

Hélène – Não há alinhamento. O nosso alinhamento é a nossa intenção de cura a partir do centro do nosso coração.

Porque é que não precisamos de alinhamento, de protecção nem disto ou daquilo?

> A nossa protecção é o facto de nos posicionarmos no centro do nosso coração

Porque quando nós estamos no meio do nosso coração, estamos no meio do coração de Deus e nada de mal nos acontece.

A nossa protecção é o facto de nos posicionarmos no centro do nosso coração.

João Carlos – O chakra do coração não tem limite, consegue comunicar com todos os reinos, consegue comunicar com todos os seres. Há menos risco de sermos poluídos e atacados quando funcionamos ao nível do chakra do coração, porque a entrada da luz é mais directa, é mais eficiente.

A palavra DEUS

Hélène – Escrevam a palavra Deus na folha. E procurem a palavra eu. Eu sou o coração de Deus. Quando vocês estão no meio do coração, vocês estão no meio do coração de Deus. Depois, durante a sessão, vamos dar atenção aos pensamentos e às ideias que vêm. Vamos dar valor a tudo o que vem, vamos apanhar tudo o que vem porque tem a ver com a situação, tem a ver com a pessoa, não devemos imaginar que é fruto da nossa imaginação. São estas ideias que nos vão dar pistas para direccionarmos a nossa atenção para uma coisa específica. Quanto mais atenção lhe dermos, mais ideias vamos receber.

A dica dos pontinhos de luz

Hélène – Às vezes, quando estamos dentro da sessão de Terapia Multidimensional, sentimos energia muito pesada, ficamos com a sensação que tudo se torna mais escuro, mais negro porque entramos na energia da pessoa. Quando isso acontece, nós focamos sempre a atenção nos pontinhos de luz. Mesmo nas situações mais escuras que possamos encontrar, e há situações muito, muito escuras, devemos sempre ficar com a atenção centrada nos pontinhos de luz que, por muito pequeninos que sejam, existem sempre. Isso ajuda a passar a Luz e a dar sempre, alimentação e luz aos Seres de Luz que vão às camadas mais profundas. Mesmo nas situações de maior escuridão em que sentimos todas aquelas dificuldades, há sempre pontinhos de Luz e é neles que devemos ficar focados. Se procedermos assim, a Luz começa a iluminar a escuridão e, normalmente, esta desaparece muito rapidamente.

Pergunta: podemos fazer Terapia Multidimensional em animais?

> Situações em que se pode aplicar a Terapia Multidimensional.

João Carlos – Podemos fazer terapia com qualquer ser, um animal, uma planta, um espaço, uma situação, um acontecimento que nos está a criar muita ansiedade, como por exemplo um exame ou uma aula. Alguns dias antes da aula ou do exame ou até mesmo na véspera sentamo-nos e começamos a prática e enviamos a intenção de cura para aquela aula ou para aquele exame e ficamos a enviar a intenção de cura, a receber as informações e imaginar que vai correr tudo bem ou que nos vamos sentir bem. No fundo, é uma cura para nós próprios. É imaginarmo-nos naquela situação super bem, tranquilos e em paz. Portanto podemos praticar em qualquer situação. Uma outra pergunta que às vezes surge é se podemos praticar a Terapia Multidimensional à distância. A pergunta é muito interessante porque a resposta é que só se pode praticar a Terapia Multidimensional à distância, sejam dois quilómetros ou dois metros, nós praticamos sempre a Terapia Multidimensional à distância.

Pergunta: a Terapia Multidimensional pode ser praticada em conjunto com outras técnicas?

João Carlos – A Terapia Multidimensional é complementar. Então quando estamos a praticar outra formas de terapia ao mesmo tempo podemos ficar focados no coração e ter a intenção de cura. Ao fazermos isso, a nossa equipa de Terapia Multidimensional e o nosso duplo vão fazer uma sessão de Terapia Multidimensional. Há médicos, psicólogos, acupunturistas, naturopatas, massagistas, reikianos , curadores quânticos, curadores na linha dos orixás, etc, que praticam a Terapia Multidimensional ao mesmo tempo, com excelentes resultados. Eles fazem tudo o que for específico da outra técnica terapêutica e, ao mesmo tempo, a Terapia Multidimensional está a ser praticada.

Hélène – Ao sentarmo-nos e ao concentramo-nos no nosso chakra do coração, proporcionamos as condições para o nosso duplo sair e ir trabalhar. Ele sai e vai trabalhar, por isso, o cliente pode dizer que nos levantámos porque ele sentiu alguma coisa neste ou naquele local, mexer no cabelo por exemplo, só que nós continuámos sentados e quem se deslocou foi o nosso duplo. A nossa consciência ainda não tem a capacidade de passar deste corpo para outro que será uma capacidade que vamos ter, com certeza, no futuro. À passagem da consciência de um corpo para o outro, chama-se desdobramento. Por agora aceitamos que não temos essa capacidade. Temos a fé e esta fé, que é o motor da nossa evolução, vai-nos permitir abrir novas portas, novas possibilidades. Desde que o ser humano descubra estas novas possibilidades e um grupo pratique muitos seres humanos vão receber e vão evoluir naturalmente, nascendo com essas novas capacidades, sem ter feito esforço nenhum. É assim mesmo que os seres humanos funcionam.

5.2 SOBRE O LIVRE-ARBÍTRIO

Aluno – E em relação ao livre-arbítrio? Quando estamos a praticar a Terapia Multidimensional será que temos autorização espiritual antes de começarmos a sessão? Se não o fizermos será que estamos a interferir com o livre-arbítrio da pessoa?

João Carlos – Na Terapia Multidimensional o praticante emite a sua intenção de cura. O trabalho não vai ser feito por ele. As equipas espirituais e o duplo do terapeuta fazem o trabalho. Vão encontrar--se com o Anjo da Guarda da pessoa/cliente ou da pessoa escolhida. Cabe a Eles decidirem o que será feito. Se a sessão não deve acontecer o Terapeuta Multidimensional sente logo: a energia não passa. Vocês vão logo sentir se a pessoa recusa ou se a pessoa aceita o tratamento porque, no mundo espiritual, estamos todos ligados uns aos outros. Se a pessoa recusa vocês vão sentir logo e vão escrever no vosso caderno dos relatórios "a sessão foi recusada". Depois levantam-se e vão fazer outra coisa. *(risos)*

Nós não obrigamos ninguém; é uma proposta que estamos a fazer: quem quer aceita, quem não quer … não é ofensa nenhuma fazer uma proposta a alguém.

Hélène – É muito importante esta pergunta sobre o livre-arbítrio.

Na verdade cada um de nós está sempre a enviar energia aos outros. Sempre que pensamos em alguém enviamos-lhe energia, porque o pensamento é energia. E é muito poderoso.

Por exemplo, quando as pessoas emitem energias negativas para nós... quer dizer, basta uma pessoa pensar negativamente em nós para nós recebermos energia negativa dela... ela não nos pede autorização para enviar ou pensar mal de nós. Pensa e pronto.

Quando pensamos bem de alguém, quando lhe queremos bem ou pensamos nela estando bem, em paz com tudo a correr bem na vida dela, o que estamos a fazer é a enviar-lhe luz e energia. E não precisamos pedir-lhe autorização. A vida está feita assim.

Então nós podemos emitir uma intenção de cura e amor às pessoas, sem precisarmos pedir autorização, depois elas aceitam espiritualmente ou não. Tal como eu posso aceitar ou não a energia negativa que foi enviada por alguém, é do meu livre-arbítrio, aceitar ou rejeitar.

João Carlos – Um exemplo de enviar luz e amor sem que nós nos preocupemos em pedir autorização é quando rezamos por alguém.

Quando rezamos à noite antes de dormir e pedimos pelos nossos familiares, amigos e pelo mundo, estamos a emitir uma intenção de cura. É a mesma coisa.

Hélène – Os Seres de Luz fazem muito isto connosco. Os nossos Guias, os nossos antepassados e muitos outros estão a ajudar-nos e a abençoar-nos sem nós termos pedido. O que é muito importante porque nós, às vezes, precisamos muito de ser ajudados.

5.3 O DUPLO

Pergunta – Se nós não praticamos a terapia o nosso duplo continua a trabalhar?

Hélène – Pode continuar sim.

Pergunta – E a equipa mantêm-se a mesma?

Hélène – Com certeza. A equipa vai ficar sempre, só se tu desistires por opção mesmo. Se continuas com afinidade, ainda que tu não tenhas oportunidade de praticar ao nível espiritual, vai continuar; se tu desistires por opção porque tu não queres mais saber disto, por qualquer razão, aí a equipa vai-se retirar porque a escolha é tua, senão ela fica.

Pergunta – Como é que eu, por exemplo, posso praticar diariamente com as pessoas com quem eu me relaciono se não consigo visualizar coisas tão básicas como imaginar uma luz branca ou os meus pés a contactar, nesta posição, o solo, ou a esfera de luz branca ou raízes de luz branca?

Hélène – Não é necessário que tu te esforces para visualizar, basta pensares. Há uma diferença entre a imagem que nós estamos a utilizar e a realidade; nós estamos a utilizar a força do pensamento. Eu explico sempre o exemplo da laranja: nós vamos ver uma laranja e podemos tê-la na mão ou não, é uma laranja e ninguém nega. Nós vamos visualizar porque temos capacidade de visualização, vamos visualizar uma laranja e vamos pensar numa laranja; podemos só pensar numa laranja, sem a visualizar, mas uma laranja nunca será um camião... não é possível... nunca será um balde de água, é uma laranja.

Se utilizarmos apenas o pensamento é um grau de materialização diferente. O facto de a laranja estar presente fisicamente é uma materialização, é um grau de materialização. Se ela é apenas visualizada, temos também um grau de materialização diferente. Se ela é só pensada, é outro grau de materialização! Quando tu estás a pensar numa laranja não pensas num camião, não há confusão na tua cabeça, o que é uma grande diferença.

Então, basta tu pensares que tens os pés na Terra e eles estão na Terra, e a energia passa de uma forma positiva. Se estás a procurar visualização e sensações; não procures, utiliza só o que tens.

5.4 FICAR FOCADO NO CORAÇÃO

Pergunta – O que é ficar focado no coração?

Hélène – Esta zona (aponta para a zona do chakra do coração).

João Carlos – Dar atenção ao coração. Dar atenção aqui (aponta para o chakra do coração)

Hélène – Dar atenção a sensações nesta zona (chakra do coração).

João Carlos – E até podes não ter sensação nenhuma. É só dar atenção, eu posso estar com atenção no tecto ou posso estar com atenção na minha cabeça ou posso estar com a atenção no cristal e posso estar com a atenção no coração.

Pergunta – Coração como músculo?

João Carlos – Não, como região, como zona.

Hélène – Como região física, que é o centro, não a parte do músculo.

João Carlos – Eu posso nem nunca ter ouvido falar em músculos, nem como é que o corpo é feito. Mas ainda assim eu posso dar atenção a esta zona aqui. E é só isso.

Hélène – Mentalmente escolho focar a atenção aqui (zona do chakra cardíaco). O nosso mental é que vai fazer este esforço para permitir a recepção de informações nesta zona. Ninguém pode dizer: "Ah eu vou deixar o mental, eu vou para o coração"; não, porque quem te vai levar ao coração é o teu mental.

João Carlos – É quem te orienta.

Hélène – Não podes abandonar o teu mental, nós não estamos a rivalizar de forma nenhuma. O mental leva-nos a uma região.

Pergunta – Portanto, ao estarmos a pensar nesta região vou tendo outros pensamentos?

João Carlos – É, vão tendo outros pensamentos...

Hélène – Outro ritmo.

João Carlos – Um exemplo é aquilo a que damos a nossa atenção, aquilo em que nós pensamos e que vai orientar-nos para aquilo em que nós estamos. Por exemplo, se eu penso num bebé, um bebé assim contente, alegre, feliz, automaticamente nós ficamos com um sorriso e sentimo-nos bem...
Porquê?

Porque nós, efectivamente, estamos com o bebé… estamos a pensar nele. Não estamos com, sei lá, um camião ou com a Solange ou com a vizinha, ou com a colega, estamos com o bebé e, então, sentimo-nos como quando estamos com o bebé. Por isso, aquilo que nós pensamos nós estamos com isso.

Quando alguém muito querido vai fazer uma viagem, nas despedidas, essa pessoa pode dizer: "Pensa em mim, está bem?"

Porque é que ela diz isso?

Porque, intuitivamente, ela sabe que quando nós pensamos em alguém nós estamos com essa pessoa. Então… ao pensar nós estamos com essa energia, com essa realidade. Assim, basta nós pensarmos no coração, basta pensarmos no Anjo da Guarda e estamos com o Anjo da Guarda… basta pensarmos no contacto com a Terra e nós já estamos em contacto com a Terra. E não é preciso ter sensações nenhumas basta orientarmos o nosso pensamento para essas realidades, para aquilo que nós queremos e já estamos com isso.

A partir daí tudo o que vai acontecer connosco, enquanto nós estamos a pensar nisto, vai ser orientado por essa realidade com que nós estamos. Nós estamos a pensar num bebé, então vamos sentir paz, vamos sentir alegria, vamos sentir tudo isso precisamente porque estamos a pensar no bebé. Se nós estamos a pensar numa preocupação da nossa vida vamos começar a sentir-nos angustiados, irritados, bloqueados, porque estamos a pensar na preocupação.

Então, aquilo em que nós estamos a pensar vai estar a orientar tudo o que nós sentimos, o que nós pensamos, o que acontece à nossa volta naquele momento, nos momentos em que estamos a pensar nisso.

5.5 DIFICULDADES NA PRÁTICA DE TERAPIA MULTIDIMENSIONAL

Pergunta – Uma coisa que me costuma acontecer é quando estou ligada aos Anjos ou a Deus dá-me preguiça, moleza, mas ao mesmo tempo sinto que isso me vai fazer bem, como, por exemplo, hoje senti-

-me muito bem. Por outro lado, também me costuma acontecer que, quando quero fazer uma sessão de Terapia Multidimensional a uma pessoa, sinto preguiça para o fazer e arranjo mil pretextos para adiar e deixar para último. Se quiser fazer o tratamento a uma pessoa e surgir essa falta de vontade devo respeitá-la ou não?

Hélène – Não. Se tu decides fazer uma coisa e a tua acção está bloqueada, tens que fazer um esforço para a colocar em movimento. Mas tu podes utilizar o teu caderno e calendarizar as tarefas que tens que fazer com regularidade. Se durante uma sessão te disseram que deves fazer uma nova sessão à mesma pessoa no prazo de dez dias, agendas isso imediatamente após teres terminado esta sessão. Todos os dias vais verificar a tua agenda e executas as tarefas que lá estão planeadas. Assim é mais fácil combater a tal falta de vontade de que falaste. Mas esse esforço tem que ser teu. Tu é que tens que vencer este desafio à capacidade de decisão, só a tua força de vontade é que te pode ajudar.

5.6 DURAÇÃO DA PRÁTICA

Pergunta – Vocês disseram que sentíamos, de uma forma ou de outra, qual seria o tempo exacto em que deveríamos acabar a sessão. Mas se isso não acontecer, passado quanto tempo é que devemos acabar?

Hélène – Se isso acontecer, podem acabar ao fim de quarenta e cinco minutos a uma hora.

Pergunta – Se durante a sessão for preciso fazer uma desobsessão, temos que fazer alguma coisa ou é a equipa que faz?

João Carlos – É sempre a equipa que faz. A equipa e o nosso duplo. A nossa única tarefa consciente é estar focados no coração e emitir a intenção de cura a partir do coração.

Pergunta – Se não tivermos consciência nenhuma de que está a ser feito alguma coisa pelas equipas, se não sentirmos nada durante a terapia, será que a cura está a ser feita na mesma?

João Carlos – Desde que estejamos focados no coração e a emitir a intenção de cura a partir do coração, tudo o que acontece durante a terapia está certo.

Podemos ter consciência de pouco, podemos ter consciência de muito, podemos receber poucas ou muitas informações ou podemos não ter consciência de nada. No meio destas possibilidades todas, o que permanece é o facto de ficarmos sempre focados no coração.

Pergunta – Então não é preciso eu decorar todas as informações que estão neste livro e lembrar-me delas em todas as terapias?

João Carlos – Emitir a intenção de cura a partir do nosso coração é tudo o que precisamos fazer. Esta é a nossa prática, o nosso papel.

A nossa prática não é estar a escolher qual a técnica para esta ou aquela pessoa, não é intuirmos quais são os problemas que ela tem espiritualmente ou o que é preciso fazer para a ajudar, porque a maior parte das vezes não temos consciência disso.

O nosso único papel é, mais uma vez, ficar focados no nosso coração, do princípio ao fim.

Depois disso, tudo o que acontece é para ser aceite.

Pergunta – E se ao fim de uma hora eu começo a ficar impaciente e me apetecer terminar pois não sinto nada e acho que não estou ali a fazer nada?

João Carlos – Se nós estamos a ficar irritados ao fim de uma hora e os Seres de Luz acham que a sessão é para durar duas horas, pois vamos ter de ficar duas horas focados no coração, mesmo que tenhamos de fazer um grande esforço interior para não terminar. E mesmo que não sintamos nada durante duas horas.

Se não temos informação nenhuma e isso nos irrita porque queremos saber o que é que os Seres de Luz estão a fazer, acreditem que não há maneira de o sabermos porque a nossa prioridade é ficar focados no coração. E se vamos mudar a nossa intenção de ficar focados no coração para ir tentar obter informações do plano espiritual, até pode acontecer que as obtenhamos, mas o preço que pagámos por isso foi deixar de ficar focados no coração, foi deixar de cumprir a nossa função.

Desde que nós não deixemos de ficar focados no coração, tudo vai fluir e podem vir ou não as tais informações que queremos, se for importante ou necessário para a cura.

Procurar informações é uma necessidade do ego, não é uma necessidade de um coração que deseja curar o outro. Tudo o que o coração deseja é aliviar o sofrimento de um irmão, de uma irmã, dar o seu contributo de amor e compaixão para que o outro se cure. Mesmo que não entenda nada, não importa. O coração não se importa de ser ignorante. Ele só quer ser feliz e ver os outros felizes.

E o Terapeuta Multidimensional é um trabalhador do amor, do coração.

5.7 OS CONTRATOS

Aluna – Então basta que uma pessoa queira rescindir para o contrato ser rescindido?

João Carlos – Sim. A partir do momento em que a pessoa tome conhecimento de que ele existe, pode simplesmente fazer o pedido de que ele seja rescindido e o seu livre-arbítrio é inteiramente respeitado. Da mesma maneira que o seu livre-arbítrio foi respeitado na altura de assinar o contrato, ele também vai ser respeitado no momento da mudança de ideias. Todo e qualquer ser tem direito a mudar de ideias, em qualquer altura. A grande questão é que, na maior parte da vezes, a pessoa não tem conhecimento de que esse contrato existe. Então nem sequer se lembra de fazer o pedido.

Aluna – Mas se a outra parte não quiser rescindir, não é possível a rescisão, certo?

João Carlos – O contrato só é válido quando as duas partes estão de acordo, não é? Então, basta uma das partes mudar de ideias e já não ter, digamos assim, interesse no contrato, ela rescinde naquele momento o contrato. Quer dizer, um contrato não é possível estar activo quando apenas uma das partes está, digamos assim, a investir nele. Basta uma das partes rescindir o contrato e ele cai logo.

Aluna – Mas devemos ter feito milhares de contratos! Como nos vamos lembrar de tudo? Com certeza já foi esquecido...

Hélène – Tudo está escrito. Tudo está escrito. Tudo, tudo, tudo o que foi feito está escrito.

Aluna – Pode explicar um pouco melhor?

Hélène – Sim. Eu vou-te dar um exemplo falando do casamento... só do casamento. É um exemplo fácil... Estamos casados. O nosso casamento chegou ao fim... Só que, na realidade, isso não é o fim do nosso casamento porque não houve fim deste casamento numa vida passada. Estamos a falar de uma vida passada. A mulher quer ir-se embora... Imaginamos que ela se quer ir embora mas não é nem tempo, nem sociedade, nem nada e ela não consegue sair de casa porque a sociedade não tolera, porque... ela pode apaixonar-se por uma outra pessoa mas não conseguir acabar com o casamento e entrar numa outra vida durante a vida dela. Bom. Isso acontece! Muitas vezes, não é? Então, as pessoas vão morrer, é normal. E o que é que nós vamos pensar? Na próxima vida já está resolvido, eu vou já viver com quem eu gosto! *(risos)* Não é? O que é normal porque já morri e agora estou tranquila. Só que não é assim. Porque o contrato foi assinado, não é? Então o que é que vai acontecer? Vai acontecer que os dois vão reencontrar-se novamente, vão apaixonar-se novamente, não se lembrando já que se queriam separar. Vão casar-se novamente, não é? Desta vez vai ser um bocadinho mais difícil do que da primeira vez, mas pronto. Entretanto, a sociedade mudou, as coisas mudaram. Digamos que chegámos à nossa época. E vai haver um momento em que a tensão em casa vai ser insuportável e que vai ter que se tomar a decisão que não foi tomada na vida passada. Só agora é que essa decisão vai poder ser tomada. Quando morremos, não é remédio santo! Não é a morrer que nos curamos de tudo! *(risos)* Estão a gostar disto? *(risos)* Gostavam de morrer e serem curados de tudo! Não vale a pena porque isso não serve de nada!

João Carlos – Não é uma panaceia, não.

Hélène – Não. Não serve. Tem que se resolver as coisas enquanto estamos aqui. Quem não resolveu...

Aluna – Mas então, o que não se resolveu antes, resolve-se depois não é?

Hélène – Não, não, não. O que tu não resolveste aqui, tu vais ter que resolver! Ou a bem ou a mal! Não é? Então... arranja uma maneira de resolver as coisas aqui e agora!

João Carlos – É bom que se resolva quanto antes.

Hélène – Porque quando eu descobri isso em terapia eu achei estranho mas... ao ver uma, duas, três pessoas a viver a mesma situação, eu percebi que era uma Lei. Pronto, fazia parte. Então... Eu achava normal... Separamos-nos, vamos morrer... Já está resolvido! Estamos separados, não é? A próxima vez eu volto e não há esta história. Eu vou passar para uma outra. Só que... parece que não. Tu não comeste a sopinha... vais servir-te da mesma sopinha da próxima vez.

Palestra Canalizada de Kryon sobre o AMOR
in "Domingos do Entroncamento"
por João Carlos Paliteiro
Entroncamento, Portugal
3 de Setembro de 2006

João Carlos – Os Seres de Luz pediram-me para eu falar um bocadinho destas palestras antes de começarmos. Vocês sabem que nós estamos à beira de uma Nova Era. Nós estamos já na Nova Era a dar os primeiros passos. Esta Nova Era não é mais do que aprender a viver no nosso coração. É só isto. A Nova Era é só isto. É viver a partir do coração. E nós há tanto tempo que deixámos isso que já não nos lembramos bem como é. Mas, essa vida, ela é a nossa essência e não é que nós tenhamos que estar a aprender algo que nunca soubemos, que está no nosso exterior e que é preciso tirar cursos para aprender. É mais um assunto de relembrar. É mais um assunto de entrar profundamente dentro de nós. É mais um assunto de nos reconectarmos, de vivermos mais uns com os outros e, dessa forma, essa essência que ficou esquecida vai-se manifestando cada vez mais. Isso é a Nova Era. E neste processo, os Seres de Luz estão sempre presentes, perto de nós. Sempre presentes. Desde que nascemos até ao dia em que nós decidimos partir, não há um único momento em que nós estejamos sozinhos.

Hélène – Nem depois de partir.

João Carlos – Evidentemente, nem depois de partir *(risos)*. Mas é engraçado porque nós duvidamos, quando estamos aqui encarnados, que estejamos acompanhados mais vezes do que quando estamos no outro lado. Nós acreditamos mais facilmente que do outro lado somos mais acompanhados do que quando estamos aqui. E isto é algo que é compreensível. Há momentos em que é mesmo difícil.
Aquilo que os Seres de Luz gostariam que eu vos passasse é que só o simples contacto das energias dos Seres de Luz, o contacto com o Amor, com o Coração grandioso de cada um dos Seres de Luz... só o

contacto, só o pensarmos neles, só o conectarmo-nos de coração com eles é curativo, é transformador, é libertador. Então, de cada vez que nós temos a oportunidade de passar uns momentos conectados com Eles, a ouvi-Los falar, só a sentir a presença Deles… esses poucos segundos, esses poucos minutos estão a fazer algo dentro de nós, nas nossas outras dimensões, no nosso passado, no nosso futuro e, seguramente, no nosso presente que, mesmo que nós não tenhamos consciência disso, está a semear um novo rumo de luz na nossa vida. E seja daí a uma semana, seja daí a um mês ou um ano, vão acontecer situações, vão-se aproximar pessoas, vai-se fazer um *clic*… um entendimento dentro de nós que nós não sabemos de onde é que veio, mas de certeza absoluta aquele contacto que vocês tiveram (nem que tenha sido por trinta segundos) com a energia amorosa dos Seres de Luz teve um grande contributo. Então, estes momentos em que nós temos o privilégio de estar em contacto com os Mestres, seja nas Meditações pela Terra, seja nos momentos de Entrega da Eveline, seja nas práticas de Terapia aqui ou lá em casa, seja nas palestras… nesses momentos nós aceitamos abrir o nosso coração e receber efectivamente o amor que os Seres de Luz nos enviam e esses momentos são abençoados. A partir daí tudo pode acontecer na direcção do divino.

Vamos então saber quem vem falar hoje e o que tem para nos dizer.

(pausa)

Queridos Mestres da Luz, amados, abençoados. Eu sou Kryon, vosso eterno irmão. É um grande prazer poder dirigir-me a vós, tocar o vosso coração. Em cada momento das vossas vidas, eu estou presente, perto de vós. E eu conheço profundamente cada um de vós, cada ser que está actualmente no Planeta Terra. Perto de cada um de vós, neste momento, nesta sala, estão muitos Seres de Luz amigos, companheiros, irmãos que vos conhecem, que caminharam aos vosso lado tantas e tantas vezes.

Estamos todos perto de vós tocando o vosso coração, abençoando-vos… lavando as vossas feridas. Fazemos chegar até vós, até ao vosso coração, o profundo amor que nos une. Este amor cura as vossas almas, aproxima-vos da vossa essência, expande os vossos corações, dá mais um passo na vossa caminhada de recordarem quem são. Sintam o nosso amor e saibam que este amor está sempre presente na vossa vida.

(pausa)

Directamente da vossa essência, cada um de vós sabe que o amor é tudo o que existe.

A ascensão é recordar este amor que vocês são. É sentir este amor que vocês são… permitirem-se fluir todo o amor que vocês são de dentro do vosso coração para cada parte de vós mesmos, para cada assunto da vossa vida… deixarem fluir este amor puro.

Vocês não têm que criar o amor. Vocês não têm que forçar nada. Basta permitirem, relaxarem, baixarem os braços, respirarem fundo e deixarem o amor fluir.

O amor cura-vos. O amor ensina-vos. O amor ensina-nos, a todos nós, que a única coisa que é necessária na vida é aceitar o fluir do Amor Divino dentro de nós.

(pausa)

Sempre que tiverem alguma dificuldade saibam que tudo o que esta dificuldade vos está a transmitir é apenas que necessitam amar esta parte de vós mesmos, deixando fluir o amor para esta parte da vossa vida, seja uma pessoa, seja um projecto, seja uma dificuldade a nível físico… tudo o que é necessário é vocês abrirem mais o vosso coração em direcção a esta parte de vós mesmos. Não importa o que venha a acontecer depois disso. Poderão ter que ir a um médico, poderão necessitar de visitar um terapeuta, poderão precisar de fazer grandes transformações na vossa vida, poderão, simplesmente, sentir que tudo o que é necessário é chegar perto daquela determinada pessoa e dar-lhe um grande abraço. Em todos estes cenários saibam e sintam que tudo o que fez a diferença foi a abertura do vosso coração em relação a esta situação e o permitir, da vossa parte, de fluir mais amor, mais luz, mais aceitação, perdão e bênçãos para essa tal situação.

O amor é a causa primeira de toda a cura, de toda a libertação, de toda a transformação positiva e eu agradeço-vos profundamente a oportunidade que cada um de vós me deu hoje para chegar suavemente perto do vosso coração, tocá-lo, nutri-lo, abençoá-lo e dizer-vos o quanto vos amo.

Eu, Kryon, estou sempre perto de vós, especificamente perto de cada um dos que estão presentes nesta sala, acompanhando cada um dos vossos passos, das vossas vidas, dos vossos projectos, da vossa evolução, das vossas conquistas e vitórias, das vossas dificuldades e agradeço-vos profundamente terem escolhido, aceite e atraído esta mensagem hoje, tocando-vos, harmonizando-vos.

(pausa)

E agradeço-vos todo o trabalho que fazem diariamente convosco próprios, para avançar e evoluir no vosso amor. Todo o trabalho que fazem para se amarem cada vez mais, a coragem, a entrega, o desapego, o "deixar ir" que muitas vezes praticam para se amarem cada vez mais. Pois é amando-se a vocês mesmos cada vez mais que, um dia a seguir ao outro, a felicidade, a alegria, a abundância a que cada um tem direito por ser filho de Deus se manifesta cada vez mais nas vossas vidas.

Muito obrigado, meus irmãos, pois o que estão a realizar actualmente na Terra é magnífico. A Nova Terra... somos cada um de nós. A Nova Terra... é a união dos nossos corações todos abertos, unidos e radiantes. Vivamos então esta Nova Terra a cada momento, espalhando o amor que nós somos em cada recanto das nossas vidas. Obrigado. Bem hajam e recebam as infinitas bênçãos que eu derramo neste momento sobre cada um de vós a partir do meu coração *(ouvem-se os sinos tibetanos tocar)*. Recebam o amor que eu derramo sobre cada um de vós neste momento. Saibam e sintam a gratidão imensa que eu sinto por poder chegar até vós desta forma tão próxima, tão bonita, tão vivida, tão real, tão física.

Saibam que as saudades que vocês sentem (no fundo dos vossos corações) dos vossos Seres de Luz, deste lado, nós sentimos as mesmas saudades de vos abraçar, de vos sorrir. E saibam que esses abraços e esses sorrisos chegam até vós todos os dias. Todos os dias nós vos tocamos, vos abençoamos, amparamos, guiamos. Todos os dias nós estamos ao vosso lado. Todos os dias, meus queridos mestres e irmãos. Nunca nos separamos. Saibam que isso é uma ilusão. Saibam que não é por não nos verem que nós não estamos cá. Nós estamos aqui e podíamos tocar-vos a todos os instantes. Só não o fazemos porque assim combinámos e está certo assim.

Obrigado, meus amores, meus irmãos. Bem-hajam.

Eu sou Kryon, do vosso lado, no vosso coração. Vos amo.

Até sempre… aqui e agora na Nova Terra.

5.8 ACERCA DA ENTREGA NA TERAPIA MULTIDIMENSIONAL

Pergunta – De tudo o que aprendi de co-criação, e tendo em conta o que referiram sobre entrega na terapia, será que não há uma contradição entre ambas?

Hélène – Não há contradição. A nossa prática de co-criação é com a entrega. Nós damos um *workshop* sobre Materialização em que ensinamos a prática da co-criação através da entrega. Nossas práticas de co-criação são com a entrega, trabalhamos sempre com os Seres de Luz, sempre, sempre, sempre. Até na cura, nós fazemos uma parte e a outra entregamos.

João Carlos – Vocês reparem que a co-criação pressupõe sempre a entrega, elas não estão separadas. Por isso é que existe a palavrinha "co" antes de criação, se não seria só criação, seríamos só nós a criarmos. Então, se pomos "co" o que nós estamos a dizer é que nós estamos a colaborar com os Seres de Luz e Eles connosco. E é muito interessante, porque o que vai acontecer é que nós estamos, conscientemente, a fazer parte de uma equipa multidimensional que é multidisciplinar, com seres de várias áreas, uns são gestores, outros são curadores, outros tratam do Marketing (se for um projecto que vai para essas áreas), outros podem ser de uma área criativa...

O que vai acontecer é que nós estamos a criar porque estamos a emitir desejos de coração de materializar coisas que nós gostamos, mas nós não o fazemos sozinhos, nós sabemos que estamos numa rede de coração multidimensional, de luz, a trabalhar com muitos Seres de Luz que também estão interessados nestes projectos e que se vão aliar a nós muitos seres que têm os mesmos interesses que nós.

Nós trabalhamos sempre com a intenção, inclusivamente na Terapia Multidimensional. O que nós fazemos é ficar focados no coração e emitirmos a tal intenção de curar a pessoa, a intenção de cura. E nós estamos na intenção e estamos na entrega, na intenção e na entrega, constantemente. Elas são complementares, elas trabalham ao mesmo tempo. Por isso é que saem depois coisas tão bonitas; uma cura é uma coisa lindíssima.

A manifestação de um centro de cura ou um projecto de trabalho com crianças é uma coisa lindíssima e é feito com entrega e com intenção na mesma. Quando nós trabalhamos com a entrega, os Seres de Luz gostam e precisam da nossa intenção que é para dirigir a acção aqui na matéria, nós aqui não somos fantoches que andam aqui para dizer que andam e os Seres de Luz fazem tudo. Por isso é que é mesmo uma equipa real, multidimensional. Nós aqui precisamos Deles lá e Eles precisam de nós aqui. Cada um tem o seu papel. E o nosso papel é estarmos aqui com os pés na Terra, focados no coração e a fazer a nossa parte que é utilizar o nosso poder, de uma forma diferente, mas é na mesma poder: dar a intenção é usar o nosso poder criador, o nosso poder divino. Esse é o nosso poder, é ficar aqui e dar a nossa intenção. Depois disso, os Seres de Luz fazem o resto. Se nós não tivermos esta intenção, Eles não têm autorização para intervir, por causa do livre-arbítrio.

Pergunta – Será que ao co-criar, não estamos a controlar o Universo?

Hélène – Dá-me vontade de contar aquele exemplo ocorrido no Convento de Cristo de Tomar, no ano de 2004. Eu recebi umas comunicações dos Seres de Luz a dizer: "Estamos a tratar do teu carro".

Comecei a ir a todos os *stands*... ver os carros em segunda mão; quais eram os preços, qualidade, etc., como se faz quando se começa a pensar num carro. Mas nada batia certo.

Um dia, a minha actividade profissional já tinha um certo movimento e eu decidi declarar esta actividade como a minha actividade principal. Fui às Finanças, fiz a minha abertura de princípio de actividade. Depois fui ao Banco, apresentei a folha, expliquei que tinha mudado de actividade e o que queria.

Então, a senhora disse-me que se precisasse de alguma coisa para o início desta nova actividade que era só dizer. Em jeito de brincadeira eu disse que precisava dum carro. Resposta: "Então pode ir ver e escolher o carro, que nós financiamos". Fiquei espantada!

Então assim fiz. Escolhi o carro que quis, regressei, entreguei a factura pró-forma e eles trataram de tudo.

Eu sabia que tudo estava a correr bem, mas o carro nunca mais aparecia. Passaram-se mais de quatro meses e nada de carro.

Até que um dia fui dar um passeio ao Convento de Cristo porque, quando é assim, nós sentimos que há alguma coisa, mas não sabemos exactamente o que se passa, porque se os Seres de Luz tinham desbloqueado tudo, não havia razão para que o carro não aparecesse.

Vou ao Convento de Cristo e na Charola, que é aquela sala redonda, concentro-me junto ao altar e ouço os Seres de Luz dizerem-me: "Agora vais entregar, vais entregar tudo o que tu tens na tua vida". Não é só do próprio projecto; eles não me falaram do carro.

Então comecei a entregar.

"Não tenho assim grande coisa!", disse eu.

"Começa a entregar, vais ver que tens mais do que tu pensas! Tens problemas, entrega; tens filhos, entrega; tens mãe, entrega; tens pai, entrega; tens primos, entrega; tens sogra, entrega; tens alegria, entrega; tens isto, aquilo, entrega: a casa, o apartamento, etc. Entrega", disseram Eles.

"Pronto já está!", exclamei eu.

"Não, não está nada! Entrega mais, tu tens muito mais coisas!", retorquiram.

Comecei a procurar.

"Tens um idioma, entrega; tens um outro idioma, entrega; tens um certo património cultural, entrega; tens uma certa imaginação, entrega.", continuavam.

Iam buscar coisas, as mais disparatadas possíveis, que nem me passava pela cabeça que eram nossas.

Estão a ver? Não era só aquela coisa que eu queria. E na altura, nem me passava pela cabeça aquela coisa do carro. Continuei a entregar tudo do bom e do mau, das qualidades e das fraquezas, das riquezas e das pobrezas. Entreguei tudo, tudo o que me passava pela cabeça. E fiz isso durante mais de três quartos de hora, imaginem! Até que esgotei a imaginação.

E Eles: "Não chega, continua, continua."

E eu continuei.

Até que a uma certa altura, Eles disseram-me: "Pronto, já está. Agora podes ir buscar o teu carro."

E eu: "O que é que é isto? Podes ir buscar o teu carro?!"

Vou até ao *stand*, chego à porta e vejo o carro a descer do camião.

E o senhor a dizer-me: "Veja senhora, não sabíamos do seu carro, mas ele está a chegar agora mesmo!"

O que é que era isso?

Era para me obrigar a marcar na minha memória, com um evento muito forte, muito nítido, que uma pessoa não se pode esquecer destas coisas, para poder ensinar depois. Mas também porque é assim que as coisas são ligadas entre elas. Não é directamente: eu quero e eu desisto. Não! É muito mais do que isso. Nós somos maiores do que isso.

E quando nós temos os armários cheios, a casa cheia, as camas cheias e queremos visitas, é muito provável que não vá entrar alguém porque não há espaço na tua casa, está tudo cheio.

"O que é que tu queres que te dê? Tu já tens tudo. Então, esvazia, retira alguma coisa do que tu tens." É isso que é a entrega. Trata-se de esvaziar os armários, de retirar tudo aquilo que nós vamos acumulando sem nos apercebermos tanto a nível emocional, como a nível espiritual, como a nível das posses materiais. Não é por isso que vamos ter menos, vamos até ter mais.

Porquê? Porque vamos fabricar espaço para Deus poder dar, porque há espaço para receber, há coisas para receber.

É mais isso, a entrega é mais isso. Vocês vão vê-la mais neste sentido que é ainda mais puro.

Pergunta – E quantas vezes precisamos de fazer a entrega? Antes ou depois da terapia?

Hélène – Antes e depois … sempre. Nós não nos apercebemos mas voltamos a acumular. É por isso que nós, uma vez por mês, fazemos um momento de entrega, porque não nos apercebemos que voltamos a acumular, porque o nosso espírito é assim, isso é meu, isso é meu!

João Carlos – A entrega é uma arte e, como uma arte, é bom ser praticada diariamente e com a prática, vamos percebendo níveis de entrega, cada dia mais profundos, e vamo-nos apercebendo de que formas mais elaboradas é que nós somos capazes de acumular. Antigamente nós acumulávamos coisas nas gavetas, depois passamos a acumular conhecimentos, depois começamos a acumular níveis de espiritualidade; eu tenho esta e aquela iniciação, este e aquele outro curso, eu tenho a casa cheia de diplomas e tenho isto e aquilo e sei o nome dos Mestres e dos Anjos…

E isso também é preciso ser entregue.

Na Terapia Multidimensional, vocês vão ver que a entrega está sempre presente. Durante as sessões nós entregamos, porque não somos nós que curamos, quem cura é Deus. E, portanto, nós entregamos o poder, nós estamos ali para prestar serviço, mas quem cura é Deus. E nós entregamos também o conhecimento, a experiência que nós vamos acumulando, porque sem nos apercebermos, nós começamos a dizer que já sabemos fazer isto e fazer aquele resgate e curar aquela doença, e pensamos:

"Ah! Este tipo de dificuldade já é canja, porque eu já fiz isto mil vezes!..."

E quando começamos a entrar neste padrão, os Seres de Luz trazem--nos aquele caso bem difícil em que nós ficamos assim... Sabem aquele caso daquele cãozinho com o rabinho entre as pernas? E começa a ganir ... Caim! ... Caim!. Caim! Estão a ver?!

Então nós dizemos assim: Eu entrego completamente, eu não sei nada, não vejo nada, não entendo nada, eu só dou serviço.

Isto é uma entrega muito poderosa, que é a **humildade.**

Pergunta – Entrega significa abdicar de tudo aquilo que temos e ficar sem nada?

Hélène – Nós somos Deus. E quando nós temos posse já somos seres humanos, já não somos Deus. E quando nós entregamos tudo voltamos a ser Deus, porque Deus tem tudo. Não precisa de nada, porque tem tudo. Também nós vamos ter a nossa cama, vamos ter tudo.

Então, é um estado de espírito: ser Deus e ser humano. Quando temos, queremos tudo, então somos ser humano. Eu acumulei saber, poder, isto, aquilo... Ok!... Eu sou ser humano.

Quando quero ser Deus, basta entregar-me... Já não sou nada... Então sou Deus, porque Deus é tudo e não é nada.

João Carlos – Entregar não é ficar sem nada. Entregar é um estado de espírito, um posicionamento interno. Depois de entregarmos até pode ser que a vida não mude nada, que continuemos a ter ou a fazer exactamente o mesmo que antes. Só que com outra leveza, outra paz, outra disponibilidade. É termos a consciência de que somos administradores do que nos passa pelas mãos, para bom uso a benefício do todo. E ao entregarmos temos a benção de que, como devolvemos a Deus o que é de Deus, Ele pode voltar a tomar conta do que é seu. Melhor que nós. E através de nós e das nossas vidas, Deus começa a gerir melhor tudo o que temos, todos os relacionamentos e todas as situações; tudo o que faz parte das nossas vidas. E a verdade é que a nossa pode dar voltas muito positivas e muitos milagres já aconteceram na vida de muitas pessoas depois de fazerem a entrega.

5.9 ACERCA DA DÚVIDA

Pergunta – Quando estavam a ensinar ainda duvidavam?

Hélène – Sim duvidamos até mesmo de nós, em primeiro lugar, e isso é normal. Duvidamos da nossa capacidade e questionamos: "Porquê eu? Que é que eu tenho mais do que os outros? Porquê? Eu não tenho nada de especial, não faz sentido, eu não mereço."

Duvidar faz parte da nossa maneira de ser e, às vezes, não há resultados que se vejam e então ainda duvidamos mais. Há pessoas que ralham comigo e gritam e isso ainda me faz duvidar mais. Tudo isto faz parte do crescimento. Eu acho que não pode haver crescimento sem dúvidas. Quando duvidamos, ficamos em balanço entre o sim e o não e há momentos em que temos a certeza que é assim e não de outra maneira e aqui a dúvida não existe mais. A dúvida é um dos nossos melhores amigos; quando nós encontramos uma pessoa, depois de dar uma formação, com quem partilhamos a nossa temos que lhe explicar para ele não a ter. A partir desse momento eu deixei de ter essa dúvida porque já a dei a ti e vocês. Para deixarem de a ter, têm que a dar a outra pessoa...

João Carlos – Vocês conhecem aquele filme, chama-se "Dúvidas em Cadeia"? *(risos)*

Hélène – Mas não pensem que não vamos duvidar só por falarmos certinho e não manifestarmos dúvidas. Não. É só é uma aparência, não é nada disso.

Quando nós estamos a fazer um trabalho diferente, voltamos a duvidar. Quando iniciámos o trabalho com o ADN, com as fitas do ADN, tanto eu como o João Carlos passámos a noite a duvidar, a duvidar... e quando duas pessoas duvidam em conjunto, então a dúvida torna-se muito maior. Nenhum de nós acreditava nisso e dizíamos que aquilo não podia ser. Então, os Seres de Luz com muita paciência iam-nos revelando cada vez mais e nós sentíamos que no dia seguinte devíamos falar disso aos alunos do curso, mas as nossas dúvidas eram cada vez maiores.

No dia seguinte, depois de termos falado sobre isso aos alunos, durante o intervalo, as nossas dúvidas ainda eram muito maiores, ao ponto de dizermos: "Não. Isto não pode ser!"

Apesar destas dúvidas todas, decidimos continuar a avançar. Foi uma escolha nossa. E ao responder às perguntas das pessoas que estavam a fazer o curso, fomo-nos apercebendo que o que estávamos a ensinar estava muito bem estruturado e fazia sentido, mas só no dia a seguir é que tivemos essa percepção.

No momento em que o estávamos a partilhar, estávamos cheios de calor, a transpirar, a duvidar e a pensar, mas o que é que nós estamos a dizer, porque é que é isto... e a dramatizar muito mais do aquilo que vos estamos a transmitir agora.

No dia seguinte, muito estranhamente, desaparece tudo mas mesmo tudo.

João Carlos – Estamos a dizer aquilo como se já o disséssemos há anos... E as pessoas a perguntarem, a colocarem dúvidas e nós... não é assim, estás a ver, faz sentido... um a seguir ao outro... e as pessoas: "Pois têm razão, faz todo o sentido..."

Hélène – Na primeira vez em que falámos, nós já não duvidámos um segundo da palavra e só depois de o termos dito é que voltaram as nossas dúvidas: "Meu Deus, mas o que é que nós estivemos a dizer?!" Isto aconteceu porque enquanto estávamos a falar nós estávamos intuídos, é como se fosse um estado de canalização, mas não é uma canalização porque estamos muito conscientes e sabemos responder exactamente, mas ao mesmo tempo que vem a resposta com uma certeza incrível, vem a dúvida: "Mas o que é que estás a dizer, quem é que te autoriza a dizer isso?"

E a única maneira de perder a dúvida é passar aquilo de que duvidamos a outro. Só assim é que perdemos a nossa dúvida. Só a partir do momento em que temos que cuidar de alguém é que nós perdemos a nossa dúvida. A partir do momento em que decidas ajudar outra pessoa a avançar nem que seja só um pequeno passo, já começas a perder a dúvida.

João Carlos – E porquê? Porque estamos a ver a outra pessoa a fazer os passos que nós já fizemos e vemos que já lá não estamos. Estamos a olhar para aquela pessoa e vemos que ela pode continuar a andar e que, por aquele caminho vai lá chegar porque nós já fizemos isso mas, sem ter aquela pessoa, não temos o contraste para dizer que estamos a avançar e por isso, para nós, estamos completamente perdidos, não temos contraste.

Hélène – E para nós foi muito bom sabermos isso porque, afinal, o que nós estamos a fazer é materializar. Ao ajudar os outros estamos e ajudar-nos a nós próprios ainda mais do que àqueles que estamos a ajudar na realidade, porque nós perdemos uma dúvida que pensávamos nunca vir a perder.

Pergunta – E como é que nós sabemos que podemos ensinar ou ajudar uma pessoa?

Hélène – Uma pessoa que quer receber um ensinamento é uma pessoa que vem ter contigo e que pede que lhe expliques isto ou que lhe digas aquilo. Se uma pessoa não te diz nada, faz tudo errado, faz tudo torto, deixa-a em paz se fazes favor. Não lhe vais ensinar nada porque ela precisa de fazer errado, precisa de viver a vida dela; ela não te perguntou nada, portanto tu não vais fazer absolutamente nada porque ela não está receptiva a isso. Tu podes ter a melhor água do mundo, se a pessoa não tem sede tu podes oferecer-lhe a tua água mas ela vai recusar porque não tem sede.

João Carlos – E tem direito a não ter sede...

Hélène – Tem mais do que direito. Agora a quem vem pedir que lhe digas alguma coisa acerca de um assunto qualquer, tu dizes. Quando ninguém te vai pedir, cala-te, poupa-te e poupa os outros. E aí não há paradigma nenhum.

João Carlos – Se tens vontade de ajudar, faz isso espiritualmente mas deixa aquela pessoa em paz porque "melgas" há muitas. O entendimento é: "Deus deu-nos olhos para ver mas não para condenar". Lá por termos olhos e discernimento não ganhamos o direito de criticar ou de condenar os outros. Se eles querem isto, porque não? Aquilo que está errado aos nossos olhos para eles está certo. Porque é que eu os vou julgar e criticar, isso não é dado por Deus. Deus só te deu os olhos para ver e não para julgar.

- CAPÍTULO 6 -

INICIAÇÕES

6.1 INTRODUÇÃO

João Carlos – Agora vamos receber várias iniciações. Cada iniciação é um momento único de contacto com os Seres da Luz e com a nossa essência divina. Uma oportunidade maravilhosa para dar um salto na sua evolução, para receber códigos de luz da quinta dimensão e mais além, o que permite uma reprogramação de todo o sistema multidimensional do ser. O ADN é actualizado com a nova realidade energética e espiritual do leitor, a sua alma e o seu espírito recebem uma evolução acelerada na luz.

Cada transcrição das iniciações contém toda a energia do momento em que foram feitas.

O nosso convite é...

"Sente-se confortavelmente, faça três respirações profundas e feche os seus olhos..."

6.2 INICIAÇÃO DE ABERTURA DO CHAKRA DO CORAÇÃO

João Carlos – Esta iniciação vai permitir abrir o chakra do coração em todas as dimensões. E uma das dimensões em que ele vai ser aberto é a dimensão do amor neutro. É uma dimensão muito importante porque é uma dimensão que nos permite conectar directamente com os Seres de Luz.

É uma dimensão que permite que as nossas acções, os nossos pensamentos, as nossas intenções sejam o mais puro possível. E sempre que falamos em cura, a pureza e a transparência são factores essenciais.

A cura é dada por Deus. Suas energias vêm de dimensões superiores, e para agirem na sua essência mais pura necessitam de canais puros e transparentes, canais cuja intenção é a de se entregarem como um veículo puro para a passagem desta energia. Então esta dimensão do amor neutro permite, de uma forma mais eficaz, manifestar essa pureza e transparência, de modo a que a essência original da energia e da cura divina se possa manifestar duma forma mais clara, rápida e eficaz.

A partir do momento em que recebemos a iniciação de abertura do chakra do coração na dimensão do amor neutro, ficamos com maior capacidade de Deus agir através de nós.

Hélène – O trabalho com o chakra do coração é o mais importante. Porque é que estamos sempre a repetir o mesmo?

Há muitas razões.

Sem coração não há ascensão, não há saúde, não há nada. É a base da harmonização com o Universo. A informação que vem deste chakra não vem distorcida, fica mais leve, mais pura. E para a nossa evolução é o que nós podemos desejar... ficar mais puros.

O Terapeuta Multidimensional pode juntar esta terapia a outros tipos de terapia. Temos, por exemplo, psicólogos que fazem sessões normais de psicologia e ao mesmo tempo conectam-se com o coração e sentem a presença da equipa espiritual de Terapia Multidimensional que vem ajudar o cliente. Temos também pessoas que são médicas, que fazem atendimentos clássicos e ao mesmo tempo conectam-se com a equipa espiritual e vêm que um trabalho de elevado nível espiritual está a ser feito. Massagistas, reikianos , enfermeiros, auxiliares de lares de idosos, professores, educadores de infância e muitos outros utilizam a Terapia Multidimensional no seu dia-a-dia. Não tem que ser separada das vossas vidas. Em cada profissão isso é possível. Conforme a vossa actividade e profissão, podem adaptar as duas actividades. No caso de quererem trabalhar só com a Terapia Multidimensional, podem torná-la a vossa profissão.

Iniciação de Abertura do Chakra do Coração
in "Workshop de Terapia Multidimensional"
por João Carlos Paliteiro
Fátima, Portugal
21 e 22 de Janeiro de 2006

Vamos fechar os olhos e dar três grandes respirações. Debaixo dos nossos pés, vamos imaginar uma placa de luz branca e vamos estender esta placa de luz branca por toda a sala.

A casa do meu Pai tem muitas moradas.

Vamos dar agora atenção ao contacto dos pés com o chão e vamos sentir as nossas raízes de luz branca que saem dos nossos pés e entram profundamente na Terra, até atingirem o sol interior da Terra. Do nosso lado direito, em contacto com a nossa mão direita, vamos sentir agora a presença do nosso Anjo da Guarda. Através da nossa mão direita, podemos sentir a energia de protecção e carinho do nosso Anjo da Guarda.

Vamos dar agora atenção no centro do nosso peito e imaginar, aqui no nosso chakra do coração, uma bola de luz branca.

Eu chamo aqui e agora a presença de Mestre Adama, Mestre Sananda, Mestre Kuthumi, Mãe Maria e de todos os Seres de Luz que quiserem estar presentes para coordenar, orientar e acompanhar o nosso trabalho ao longo destes dois dias.

De mão dada com o nosso Anjo da Guarda vamos agora entrar dentro da bola de luz branca, no centro do nosso chakra do coração.

(pausa)

Com muito amor, Mestre Adama e Mestre Sananda vão agora proceder à abertura do chakra do coração em todas as dimensões, incluindo a dimensão do amor neutro.

(pausa)

A bola de luz branca no centro do nosso peito está a aumentar o seu diâmetro até encher todo o nosso corpo. A bola de luz branca aumenta um pouco mais até envolver toda a Terra… até envolver todo o Universo… e mais além.

Adama e Sananda colocam agora uma rosa branca no centro do nosso coração como um sinal, um símbolo da abertura do nosso chakra do coração.

(pausa)

A iniciação de abertura do chakra do coração está completa. Vamos dar atenção no centro do nosso peito e sentir, de novo, a presença do nosso Anjo da Guarda. Lentamente, podemos começar a mexer um pouco as mãos e os pés... sentir o contacto dos pés com o chão. Mover um pouco a cabeça e abrir os olhos.

Estamos no aqui e agora, cheios de força, cheios de vida... cheios de coração.

6.3 INICIAÇÃO À CHAMA VIOLETA

Hélène – Quem é que ainda não conhece a chama Violeta de Saint Germain?

A próxima iniciação é a Iniciação à Chama Violeta. Também é de coração. A Chama Violeta de Saint Germain é mais uma ferramenta na nossa vida e trabalho. É uma chama que permite transmutar as energias. Ela toma as energias negativas e transforma-as em energias neutras. Este violeta faz a transmutação de qualquer energia mais pesada. O violeta pode ser utilizado de todas as formas que pudermos imaginar. Tem acção tanto ao nível do pensamento como ao nível das energias. Foi posto à disposição pelo Mestre Saint Germain.

Como é que se utiliza esta Chama Violeta?

Pode ser usada de diversas maneiras. Vou dar-vos alguns exemplos práticos.

Podemos visualizar, imaginar uma chama sem a ver, só pensar nela. Ela, actualmente, está a arder dentro de nós. Então basta imaginarmo-nos a envolver uma pessoa com esta Chama Violeta e ela fica protegida, fica ajudada. Também para nós podemos imaginar da mesma forma... tudo é possível na imaginação, podemos inventar.

Por exemplo, amanhã vamos para um trabalho mais difícil, então vestimos um fato de Chama Violeta, com capuz, óculos e tudo *(risos)*...

Imaginem, inventem, brinquem com a chama Violeta, porque ela é muito brincalhona também. E ela serve para muitas coisas. Estamos perante uma situação que é conflituosa... qualquer coisa, não é preciso metermo-nos, basta emitir, do fundo do coração estas chamas e elas ajudam a transmutar as energias. É muito simples de utilizar e podem inventar tudo e mais alguma coisa.

E, agora, depois das iniciações da Chama Violeta, vocês são todos sacerdotes e sacerdotisas da Chama Violeta.

João Carlos – Significa que vocês vão estar todos a fazer serviço de Luz ao lado de Saint Germain, nos Templos da Cura e ascensão planetários.

Mestre Saint Germain... o espiritualista charmoso. É um "galant". Já não temos a imagem dele?

(risos na sala)

João Carlos – Santa paciência! Vou organizar um *time sharing*. Vão a casa dela (aponta para a Hélène) e ela fica a olhar para o relógio a controlar o tempo. O querido Saint Germain da Hélène...

Hélène – Não é assim que se diz!

João Carlos – Bom... já disse asneira...

Hélène – Não disseste!

João Carlos – A Chama Violeta foi uma bênção que Saint Germain disponibilizou à Humanidade. O violeta não é uma das cores fundamentais. Não foi criada originalmente. É a fusão de duas cores: o rosa e o azul. O azul tem muitos atributos; o central é o poder, o poder divino da acção de concretizar. O rosa é o amor de Deus, o amor puro, o amor original, o amor neutro. Saint Germain teve a ideia de juntar as duas através do seu poder alquímico. Desta forma consegue ter uma acção, através do poder do azul, de transmutação alquímica pelo amor. Ao usarmos esta chama, ela transmuta qualquer energia em amor e luz. Uma das suas características é a misericórdia, a compaixão, a liberdade de Deus. Pode ser usada em qualquer momento... em todas as circunstâncias.

Vão agora receber a iniciação da cor violeta. Vai ser colocada uma chama violeta no vosso coração. Vocês vão ser chamas violetas ambulantes!

(risos)

Vão passar a estar preparados para fazer esta acção de transmutação na luz de uma forma mais natural, mais fluída... tal como a respiração é natural. Outra coisa que também vai acontecer, o vosso coração passar a ser uma central de transmutação espontânea. Os Seres de Luz podem usar o vosso coração e corpo para transmutar muitas energias que precisam de ser transmutadas no dia-a-dia. É uma oportunidade e uma bênção para trabalharem para a luz.

A Chama Violeta está directamente ligada à misericórdia divina. A Chama Violeta é uma autêntica bênção de Deus para nos ajudar a cortar os laços que nos prendem.

A Terapia Multidimensional trabalha muito com a energia da paz e do perdão. Verdadeiramente, a cura não é possível se não houver perdão. Podemos dizer que a paz é a verdadeira condutora dos raios de energia de cura. Tudo o que bloqueia a paz é como janelas e portas fechadas; impedem que os raios curativos entrem dentro de nós e façam todo o alinhamento e cura.

Este assunto do perdão é extremamente importante. Na Terapia Multidimensional estamos constantemente a trabalhar a paz e o perdão... a paz e o perdão. Quando, na terapia, encontramos situações traumáticas, utilizamos o perdão. Esses nódulos que ficaram rígidos ao longo do tempo, pouco a pouco, vão-se desfazendo e a paz vai, gradualmente, fazendo o seu trabalho. E a Chama Violeta é uma ferramenta maravilhosa.

Iniciação à Chama Violeta
in "Workshop de Terapia Multidimensional"
por João Carlos Paliteiro
Fátima, Portugal
21 e 22 de Janeiro de 2006

Então, vamos ficar confortáveis, relaxados, de costas soltas. Vamos fechar os olhos e dar três grandes respirações.

Eu sou Saint Germain.

Estou aqui hoje para vos iniciar à Chama Violeta. No centro do vosso peito têm tudo o que necessitam para a vossa ascensão, têm tudo o que necessitam para se curarem a vocês mesmos, têm tudo o que necessitam para ajudarem quem querem ajudar.

A ascensão é Amor. A ascensão é Vida. E o Amor e a Vida existem e nascem no coração. O coração é a grande fonte de toda a Vida. É a grande fonte da abundância da Luz divina.

Entrem agora no vosso coração.

O vosso Anjo da Guarda está convosco. Ele está sempre convosco. Os vossos pés estão em contacto com a nossa querida Terra. As vossas raízes recebem o amor de Gaia, como uma planta recebe a água. E as vossas raízes canalizam este Amor para dentro do vosso corpo, nutrindo-vos com tudo o que necessitam para a vossa vida e estadia no Planeta.

No centro do vosso peito vão imaginar agora uma bola de luz branca. Dentro desta bola vão sentir agora a doçura, a ternura, a suavidade da chama rosa do Amor divino que arde suavemente, preenchendo o vosso coração das vibrações do vosso Ser original e todas as células do vosso corpo estão a ser alimentadas e curadas por esta resplandecente luz rosa. Todo o vosso corpo é agora rosa. Todo o vosso corpo é agora puro Amor.

Aceitação e entrega.

Aceitação e entrega... são características desta energia de Amor divino.

Lentamente, dentro da bola de luz branca, no vosso chakra do coração, na doce chama rosa, vamos começar a sentir um azul muito suave a juntar-se ao rosa. O azul da vontade de Deus funde-se com o Amor de Deus. Pouco a pouco, começamos a ter a nossa Chama Violeta. Suave. Doce. Firme. Curadora.

Dentro do nosso coração temos agora a Chama Violeta.

Chama Violeta... símbolo da liberdade de Deus. Somos livres em Deus.

Somos livres em Deus.

Cada um de vós é agora sacerdote e sacerdotisa da chama violeta.

Eu sou Saint Germain. Fiquem na Paz da Luz de Cristo.

E assim é.

A Iniciação da Chama Violeta está agora completa. Vamos dar de novo atenção no centro do peito. Vamos sentir o contacto dos pés com o chão, mover um pouco os pés, as mãos, a cabeça e abrir os olhos.

Estamos no aqui e agora cheios de Vida.

6.4 INICIAÇÃO DAS MAÇÃS

(Antes desta iniciação cada um dos participantes e dos facilitadores comem uma maçã com a casca)

Hélène – Nós comemos uma maçã porque vamos receber agora uma iniciação muito especial, uma iniciação feita por Mestre Adama. É uma iniciação que vai trabalhar profundamente dentro do nosso ADN. Ela vai trabalhar os nossos padrões profundos relacionados com o pecado original. Entre Adão e Eva.

Então vão haver muitos códigos que vão ser limpos e transmutados. E vão ser substituidos por novos códigos. Vamos retirar códigos de dualidade e vamos introduzir códigos de unidade.

João Carlos – Vamos utilizar a parábola da árvore do bem e do mal e da árvore da vida. Ninguém sabe se esta história é verdade mas seja verdadeira ou não ou quer se acredite nela ou não, ela faz parte da matriz energética da Humanidade e está bem ancorada em muitas culturas e civilizações. Faz parte dos nossos padrões inconscientes a existência de um pecado original que é a causa de muitos padrões de culpabilidade. E são estes padrões e muitos outros que vão ser limpos e curados.

Hélène – Nós comemos a maçã de maneira a que os códigos vibracionais da maçã possam entrar dentro de nós, possibilitando aos Seres de Luz trabalharem e curarem estes padrões de energia.

INICIAÇÃO

João Carlos – Vamos então ficar confortáveis, fechar os olhos e dar três grandes respirações.

Debaixo dos nossos pés vamos sentir, imaginar a presença de uma placa de luz branca, que se estende a toda a sala.

Do nosso lado direito, em contacto com a nossa mão direita, podemos já sentir a presença do nosso Anjo da Guarda. Podemos sentir o seu amor, a sua protecção.

A partir dos nossos pés saem agora raízes de luz branca que entram na Terra de uma maneira muito profunda. E as nossas raízes chegam agora até ao centro da Terra onde existe um grande sol de amor. O coração da Terra.

No centro do nosso peito, ao nível do chakra do coração vamos agora sentir a presença de uma bola de luz branca.

Vamos entrar dentro desta bola de luz branca com o nosso Anjo da Guarda.

O nosso Anjo da Guarda leva-nos até um belo jardim dentro do nosso coração.

Neste jardim chegamos até uma bela colina, e nesta colina existe uma grande e bela árvora, cheia de luz.

Esta é a árvore do bem e do mal e nós sentimos-nos bem perto dela.

Nesta árvore está presente uma serpente arco-íris, um ser de muita luz.

Nós necessitamos de fazer um trabalho de perdão com esta serpente. Então vamos, a partir do nosso coração, deixar sair energia de perdão em direcção para a serpente arco-íris.

Com esta energia de perdão, a serpente arco-íris transforma-se num ser muito luminoso de forma humana que está agora à nossa frente.

A serpente é uma parte de nós mesmos e entre nós e ela flui agora muito amor. Podemos sentir o reconhecimento desta parte de nós.

E vamos agora abraçar esta parte de nós mesmos, este ser luminoso à nossa frente, como nós abraçamos o nosso melhor amigo.

E através deste abraço, nós tornamo-nos unidos com este ser. Fundimo-nos com ele.

Agora somos unos com ele.

Através desta fusão, desta transformação a árvore do bem e do mal à nossa frente transforma-se também. Agora no seu lugar está uma outra árvore ainda mais luminosa... a árvore da vida, a árvore da unidade.

Ao lado da árvore da vida, está presente o Mestre Adama que sorri para nós. Com amor, Adama aponta para uma maçã que está na árvore da vida. Esta é a maçã da Unidade e Adama convida-nos a apanhá-la e a comê-la.

Então cada um de nós apanha esta maçã da Unidade e começa a comê-la. E à medida que a maçã entra no nosso corpo, sentimos o nosso corpo cheio da energia da Unidade.

E a energia da Unidade cura o nosso ADN, removendo o padrão do pecado original.

E nós podemos sentir-nos mais leves, mais luminosos e com mais paz. E um grande sorriso vem do nosso coração.

À nossa frente podemos agora reconhecer Mestre Adama, que nos está a dar um grande sorriso. E Mestre Adama está a dar-nos agora um grande abraço.

Através deste abraço, Mestre Adama transmite os códigos do novo Paraíso na Terra.

Para cada um de nós é o início de um novo ciclo de vida.

Vamos sentir novamente o contacto com o nosso Anjo da Guarda.

Vamos sentir que regressamos na sala onde se encontra o nosso corpo físico.

E podemos sentir o contacto dos nossos pés com o chão, as nossas raízes. Vamos mexer um pouco o corpo, as mãos, os pés, a cabeça e quando quisermos podemos abrir os nossos olhos.

6.5 INICIAÇÃO À LUZ AZUL DE SIRIUS

João Carlos – Vamos agora entrar numa outra energia que é a **Energia Azul de Sirius.** O que vem a ser a energia azul de Sirius? É uma energia mesmo azul eléctrico e vibra na sétima dimensão. O nosso corpo físico vibra na terceira dimensão e precisamos de receber iniciações para podermos captar e transmitir esta energia. A energia não pode ser recebida para ficarmos com ela; só quando ela se aplica é que ela passa através de nós e é transmitida à pessoa. Ela não vem para ficar. Vem só para passar. Se a aplicarem no processo de auto-cura, ela passa de vocês para vocês.

É uma energia de natureza feminina. Apesar de ser azul, representa o lado feminino da criação – a Deusa Mãe. Até deve ser por isso que damos azul aos bebés rapazes, para dar energia feminina, equilibrando-os. (*risos*)

É uma energia que está vocacionada essencialmente para a cura, e ela vem do sistema estelar de Sirius, que é uma estrela tríplice, são três estrelas que giram em torno umas das outras e está vocacionada para a cura e muito direccionada para a cura física, para a cura do corpo físico. Ela cura todos os corpos multidimensionais mas também cura o corpo físico de uma forma bastante real, bastante forte e intensa.

Sendo uma energia que vibra na sétima dimensão, tem a capacidade de trabalhar a sétima dimensão e todas as dimensões que estão abaixo dela.

Os seres que normalmente trabalham com esta energia são os Seres Azuis de Sirius que são seres muito alegres, muito, muito, muito alegres. Aliás, é uma das formas de reconhecer a sua presença quando nós estamos a sentir uma alegria muito intensa, muito leve e repentina e aparentemente sem razão, então nós começamos a desconfiar que eles já estão presentes. São seres, para quem os vê, que não é o meu caso, muito pequeninos, muito rabinos, muito divertidos, são mesmo muito pequeninos e trabalham muito, muito depressa e estão sempre prontos e dispostos a ajudar, a assistir e a servir; basta chamá-los e eles já estão presentes para trabalhar.

Hélène – A energia azul de Sirius é uma energia que tem um grau de amor muito alto. A Terra já tinha muitas energias vindas de Sirius que nos ajudavam. A energia azul de Sirius é dispensada em dimensões superiores. A Terra recebe autorizações cada vez maiores para permitir que a ajuda de Deus seja mais profunda, mais eficaz. Então porque que é que nós precisamos duma iniciação para poder trabalhar com estas energias?

É porque a energia azul de Sirius vem da sétima dimensão... é muito alta! Nós vamos poder utilizá-la na nossa dimensão, na dimensão em que vivemos. A iniciação vai permitir a recepção desta energia dentro do nosso corpo físico para a poder transmitir na quinta dimensão (uma dimensão que já e possível utilizar na Terra). Para podermos dar estas iniciações vamos trabalhar através do vosso chakra do coração. Como vocês sabem, aqui, nós demos sempre, e vamos sempre dar, prioridade no nosso ensinamento ao trabalho do coração.

João Carlos – Esta iniciação, vai instalar nos vossos corpos, estruturas, canais que permitam o fluxo da energia azul de Sirius. São os seres azuis que vão proceder a essa instalação e, a partir do momento em que for feita a iniciação, estão instalados os circuitos de energia azul de Sirius, e ela vai fluir naturalmente por si só sempre que houver necessidade disso. É uma energia inteligente com consciência e ela sabe sempre onde é que há necessidade de sua assistência e o que é necessário ser feito. Mesmo que nós, muitas vezes, não tenhamos consciência de que há necessidade de fluir, de emitir essa energia para um local ou para uma pessoa ou uma situação, ela vai fluir sozinha e muitas vezes sem nos apercebermos disso.

Hélène – Há uma outra característica desta energia azul de Sirius: é que ela nunca se vai acumular dentro do vosso corpo porque só passa quando é chamada para sair para vos curar a vós próprios ou para curar uma outra pessoa, não há, assim, qualquer possibilidade dela ficar dentro do vosso corpo; passa por ele porque pretende sair.

E o tempo da iniciação vai ser só o tempo necessário para fazer primeiro a abertura completa do chakra do coração às pessoas que ainda não têm essa abertura completa em todas as dimensões e, principalmente, na dimensão do Amor Neutro.

Iniciação à Luz Azul de Sirius
por Hélène e João Carlos

João Carlos – Vamos ficar confortáveis, fechar os olhos e fazer três grandes respirações.

Debaixo dos nossos pés vamos imaginar uma placa de luz branca e vamos estender essa placa por toda a sala.

Vamos agora dar atenção ao contacto dos pés com o chão e vamos sentir as nossas raízes de luz branca que saem dos nossos pés e entram profundamente na Terra até ancorarem no sol interior da Terra.

Do nosso lado direito em contacto com a nossa mão direita, vamos agora sentir a presença do nosso Anjo da Guarda.

No centro do vosso peito ao nível da chakra do coração, vocês vão agora imaginar uma bola de luz branca.

Eu peço, aqui e agora, a presença do Mestre Adama e da sua equipa extra física de cura e das equipas dos seres azuis de Sirius e peço para organizarem e prepararem todo o trabalho de hoje.

De mão dada com o nosso Anjo da Guarda, vocês vão agora entrar dentro da bola de luz branca dentro do vosso peito, dentro do vosso chakra do coração.

(pausa)

Mestre Adama vai agora proceder à abertura da chakra do coração das pessoas presentes em todas as dimensões, incluindo a dimensão do amor incondicional.

(pausa)

Cada um de vos, neste momento, tem o coração aberto em todas as dimensões, incluindo a dimensão do Amor Neutro; os seres azuis de Sirius, acompanhados por Mestre Adama e pelo vosso Anjo da Guarda, vão agora proceder à instalação dos circuitos necessários aos vossos corpos físicos e extra físicos para a passagem da energia azul de Sirius.

(pausa)

A iniciação ao azul de Sirius está completa.

De novo, vão dar agora atenção ao nível do chakra do coração e sentir a presença do vosso Anjo da Guarda em contacto com a mão direita.

Gradualmente vão regressar em consciência a esta sala, mexer um pouco as mãos, os pés, dar atenção aos contacto dos pés com o chão, sentir a respiração, mover um pouco a cabeça e, quando se sentirem confortáveis, podem abrir os olhos, estamos no aqui e agora cheios de força.

6.6 INICIAÇÃO À LUZ ROSA DE ÓRION

A Energia Rosa de Órion

Hélène – Ela vibra na nona dimensão. Esta energia, por sua vez, representa o lado masculino da criação. Os cavalos são os seres que ancoram esta energia na Terra. O propósito principal desta energia é ajudar-nos a lidar com a autoridade – a energia da representação do Pai.

O ser humano tem a tendência para representar Deus Pai como castigador e severo. Esta energia vem para reabilitar, em todos os seres humanos, a percepção de Deus e a autoridade divina. O Pai representa tudo o que é autoridade.

Não precisamos de saber quando é que ela vai ser aplicada, pois ela vai trabalhar sozinha.

João Carlos – A Terapia Multidimensional é uma terapia de entrega e total confiança. Esta energia rosa de Órion é muito importante, uma vez que Órion é o ponto cósmico para nós mais próximo do Pai. Assim esta energia ajuda em tudo o que seja a cura da nossa fé, da nossa ligação com o divino. Também ajuda em todos os assuntos relacionados com a autoridade, com o pai, professores, chefes de Estado. E também, muito importante, a nossa autoridade interna, a forma como lidamos com o nosso próprio poder. Esta energia ajuda-nos a reencontrar o nosso equilíbrio entre o respeito por nós próprios e pelos outros. Tal como os cavalos nos ensinam, mesmo quando são "domados", como é bom sentirmos o nosso espaço, respeitá-lo e fazermos por sermos respeitados. A cabeça sempre levantada e a nossa dignidade intacta.

Este é o maravilhoso contributo desta maravilhosa energia.

E mais uma vez, como esta energia é masculina e rosa, deve ser por essa razão que se dá só roupinhas rosa às bebés meninas... para as equilibrar! *(risos)*

6.7 INICIAÇÃO ÀS PÉTALAS DA ROSA

Hélène – Nas vossas sessões, de uma maneira natural, vão aparecer chuvas de pétalas de rosa. Elas vão derreter muitos tipos de negatividade. Em Portugal, há a tradição das rosas, por isso vocês entendem do que se trata. É difícil de explicar mas é fácil de sentir. Esta energia quando for necessária irá cair e fazer o trabalho da luz.

6.8 INICIAÇÃO À PAZ CÓSMICA DO ARCANJO MIGUEL

João Carlos – O Arcanjo Miguel é um Ser de Luz fantástico. Todos nós temos, de uma maneira ou outra, contacto e conhecimento

Dele. Em planos e dimensões muito elevadas, o Arcanjo Miguel tem a gestão de uma energia: uma paz cósmica, de paz primordial. É por isso que ele lida tanto com as energias da protecção e da justiça – a simbologia da espada. No entanto, a espada de Miguel, por vezes, é mal interpretada. Parece que vem cortar as cabeças! *(risos)* Aquela espada é um símbolo de equilíbrio, de neutralidade entre os opostos. Não há bem, nem mal; tudo faz parte da criação. São dois lados de uma energia que é una.

A energia de Miguel traz uma paz de uma dimensão tão elevada, tão pura, tão primordial na criação, que ela é paz pura. Não é aquele tipo de paz que vem resolver conflitos, compensando uns e outros através de negociações. Esta é sempre uma paz temporária. Miguel vem trazer a própria energia da paz, de uma dimensão primordial em que não havia dualidade, não havia sequer lugar a conflito. Tudo era harmonia e unidade. A própria matéria nesta dimensão é feita de pura paz!

Com esta iniciação, recebida directamente do Arcanjo Miguel, vocês reconectam-se com a vossa paz interna, do vosso ser essencial, que existe também nas dimensões de unidade do Arcanjo Miguel. Através desta paz, cada um terá mais facilidade em manifestar o seu propósito divino, em avançar nos seus objectivos com determinação, coragem e clareza. Torna-se-á mais natural ultrapassar limites e ousar ir além de nós próprios, além da nossa zona de conforto, rumo a novos horizontes na vida. Pois interiormente, no nosso coração, sabemos que tudo está bem e tudo ficará bem.

Assim, cada um de vocês torna-se um canal desta vibração, desta matéria primordial – A paz unificada!

Hélène – São muitas coisas!

João Carlos – É daqueles pacotes promocionais: pague um, leve cinco! *(risos)*
E ainda...
Vamos ter a oportunidade de receber uma equipa espiritual de cura. Cada um vai encontrar os Seres de Luz que compõem a sua equipa

de Terapia Multidimensional. E vamos ficar uns momentos a sentir e a guardar no nosso coração as sensações deste encontro lindo, de coração!

INICIAÇÕES

João Carlos – Vamos agora fazer uma meditação onde vamos receber todas estas iniciações em sequência. O que vos estivemos a transmitir é para terem alguma consciência do que vai ser feito. É provável que alguns de vocês percam a consciência (apaguem) e depois não saibam nada do que tinha acontecido… Assim, ao menos, já sabem, já ficam tranquilos e podem ir à vontade! (*risos*)

Hélène – Então, vamos tomar três grandes respirações… e voltar à respiração normal.

Do nosso lado direito, em contacto com a nossa mão direita, vamos sentir a presença e o amor do nosso Anjo da Guarda.

Vamos sentir debaixo dos nossos pés, as nossas raízes e deixá-las entrar na Terra. Vamos sentir que elas vão atingir o sol interior da Terra. Sentir a nossa energia circular e entrar na Terra, através das nossas raízes.

Vamos agora focar a nossa atenção no centro do peito. Imaginar uma bola de luz branca no centro do nosso peito.

Perto de nós, sentimos a presença de Mestre Adama com as suas equipas espirituais e os Seres Azuis de Sirius. Eles vão proporcionar a nossa iniciação à Luz Azul de Sirius.

As vibrações do nosso coração adaptam-se a esta Luz Azul de Sirius e o nosso coração já sabe transmitir esta energia, através da cura.

A iniciação à Luz Azul de Sirius está completa.

Agora, vamos sentir a bem amada presença de Mestre Lys e a presença da Rainha Santa Isabel.

Tanto em dimensões superiores, como na nossa dimensão física, estamos a receber a iniciação às Pétalas de Rosa.

Por cima de nós, cai uma chuva de pétalas de rosa.

A iniciação às Pétalas de Rosa está completa.

Vamos sentir a iniciação à Luz Rosa de Órion, na nona dimensão. O nosso coração está a ser preparado para receber e emitir esta energia Rosa de Órion.

Cada um de nós, já tem capacidade para receber e transmitir esta energia Rosa de Órion.

João Carlos – Podemos agora sentir a presença do bem-amado Arcanjo Miguel, que vai agora fazer a iniciação à sua energia da paz.

E a iniciação à paz de Miguel está agora completa.

Podemos agradecer todas as iniciações que recebemos.

E agora segue-se um momento muito especial em que cada um de nós está a receber a atribuição da sua **Equipa Espiritual de Cura**, a sua Equipa de Terapia Multidimensional, que está já perto de cada um a transmitir amor, companheirismo e muita harmonia.

(pausa)

Vamos agora, cada um de nós, guardar no nosso coração as sensações deste primeiro contacto com a nossa equipa de coração. A partir deste momento, vamos encontrar-nos com esta equipa muitas vezes, vamos trabalhar muito em conjunto.

Com muita alegria e gratidão, vamos começar a regressar à nossa consciência ao aqui e agora. Podemos mexer um pouco os nossos pés, as nossas mãos, a nossa cabeça e quando quisermos podemos abrir os nossos olhos.

Coração de Luz
in "Workshop de Ascensão II «O Coração de Luz»"
por João Carlos Paliteiro
Leça da Palmeira, Porto, Portugal
24 de Setembro de 2005

Então vamos fazer três grandes respirações. Debaixo dos nossos pés, vamos imaginar uma placa de luz branca e vamos estender essa placa a toda a sala. Vamos sentir o contacto dos pés com o chão e imaginar as nossas raízes de luz branca que saem dos nossos pés e entram profundamente na Terra, até ancorarem no grande Sol que existe no centro da Terra.

Do nosso lado direito, vamos sentir a presença do nosso Anjo da Guarda e vamos dar-lhe a nossa mão direita e sentir o seu apoio, a sua protecção. O nosso Anjo da Guarda está bem perto de nós e sentimos uma ligação muito forte entre o nosso coração e o do nosso Anjo da Guarda. Vamos focar, agora, a nossa atenção no centro do nosso peito e vamos imaginar uma bola de luz branca no nosso chakra do coração.

De mão dada com o nosso Anjo da Guarda entramos agora dentro desta bola de luz branca, dentro do nosso coração. Estamos, agora, dentro de uma grande sala cor-de-rosa. À nossa volta envolve-nos uma atmosfera de muito amor. Esta é a sala dos registos da nossa alma e acompanham--nos muitos Seres de Luz e também Mestre Adama, Mestre Kuthumi, Saint Germain e Mãe Maria. Estão também presentes Sananda e Micah.

Na companhia destes irmãos de grande luz, o nosso Anjo da Guarda mostra à nossa alma muitas memórias, passagens do nosso percurso. E estas memórias são mostradas envolvidas em muito amor. A nossa alma sente o profundo amor de Deus ao longo do fio que liga todas estas memórias. E mesmo que nós, a nível consciente, não consigamos entender totalmente, a nossa alma e o nosso coração entendem todo o propósito e sentem todo o amor e a ligação profunda que sempre tivemos com o Pai e com a Mãe cósmicos, ao longo de todos os episódios e vivências. E ao receber todo este entendimento no mais profundo da nossa alma ficamos em paz, na certeza de sermos amados, sem condições e sem limites, por quem nos criou.

Dentro de nós... dentro da nossa alma move-se agora uma grande respiração de vida e o nosso coração brilha com muita intensidade. No centro do nosso peito, o nosso coração de Luz é um grande Sol de vida, que bate em uníssono com o coração da Terra e o coração da Fonte Suprema... o coração do nosso Deus Pai-Mãe, do nosso criador. Somos um Sol de Luz e Amor. O nosso coração de luz irradia vibrações crísticas para todo o Universo.

Sananda, Micah, em gratidão pelo nosso gesto de perdão, colocam uma coroa de cristal no topo do nosso coração e com esta coroa... uma coroa que sempre nos pertenceu... o nosso coração brilha ainda mais. Aceitando receber energias e códigos de Luz directamente da Fonte, aceitando alimentar-se da Luz, do Amor e da Paz de Deus e dessa forma retomar a nossa essência cósmica, divina, de um Ser de Luz, de um Ser de Paz, de um Ser de Amor, que é isso que nós somos.

Vamos agora agradecer, com todo o nosso coração, a todos os Seres de Luz que nos acompanharam e assistiram.

Vamos agora dar atenção ao centro do nosso peito, imaginar de novo uma bola de luz branca e sentir a presença do nosso Anjo da Guarda, que nos vai trazer à consciência desta sala. Com muita suavidade e ao nosso ritmo retomamos o contacto dos pés com o chão. Mexemos um pouco as mãos e os pés. Sentimos a respiração. Mexemos um pouco a cabeça. Quando nos sentirmos confortáveis, podemos abrir os olhos. Estamos no aqui e agora cheios de VIDA.

Libertação dos Antepassados
in "Workshop de Ascensão II «O Coração de Luz»"
por Hélène Abiassi
Leça da Palmeira, Porto, Portugal
24 de Setembro de 2005

Vamos fechar os olhos, tomar três grandes respirações e voltar à respiração normal. Vamos, novamente, sentir o contacto dos pés com a Terra e sentir, imaginar uma placa de luz branca debaixo dos pés. Sentir raízes de luz branca que entram de uma maneira muito profunda dentro da Terra. Do nosso lado direito, perto da nossa mão direita, vamos sentir a presença do nosso Anjo da Guarda... do nosso lado direito, o nosso Anjo da Guarda. À nossa volta vamos sentir as equipas espirituais de cura dirigidas pelo Mestre Adama. Vamos agora focar a nossa atenção ao nível do nosso chakra do coração. O nosso Anjo da Guarda leva-nos para dentro do nosso chakra do coração.

Vamos sentar-nos confortavelmente dentro desta sala, dentro do nosso chakra do coração. Vamos agora dar autorização para tratar a nossa família espiritual. Eu refiro-me aqui aos nossos antepassados. Eles vão ser libertos e vão ser transmutadas todas as ligações para serem transformadas em luz. Todas as ligações que nós temos vão ser transformadas em luz. Muitos seres vão poder ser resgatados através da nossa ligação familiar e as hierarquias espirituais portuguesas vão entrar directamente em contacto com todos os seres ligados a nós que precisam de ajuda espiritual.

A casa do meu Pai tem muitas moradas.

Vamos agora agradecer às equipas espirituais. Elas vão continuar a trabalhar durante vários dias no resgate de todos os nossos familiares e antepassados que ainda necessitam de ajuda espiritual. Agradecer a Mestre Adama que facilitou todo este trabalho. Agradecer, também, a cada um de nós por ter dado autorização às Equipas Espirituais para poderem trabalhar.

De mão dada com o nosso Anjo da Guarda vamos, suavemente, regressar a esta sala. Sentir novamente o contacto dos pés com o chão, mexer as mãos, abrir os olhos.

Estamos no aqui e agora cheios de força, cheios de vida.

Passagem dos Códigos Lemurianos da Imortalidade
in "Workshop de Ascensão II «O Coração de Luz»"
Orientada por João Carlos Paliteiro
Leça da Palmeira, Porto, Portugal
25 de Setembro de 2005

Vamos ficar confortáveis e dar três grandes respirações e vamos imaginar, debaixo dos nossos pés, uma placa de Luz branca e estendê-la por toda a sala. Vamos sentir o contacto dos pés com o chão e vamos imaginar as nossas raízes de luz branca que entram na Terra e ancoram no grande sol que existe no centro, no coração da Mãe Terra.

Do nosso lado direito, vamos sentir a presença do nosso Anjo da Guarda.

A casa do meu Pai tem muitas moradas.

No centro do nosso peito, ao nível do chakra do coração vamos imaginar uma bola de luz branca.

A casa do meu Pai tem muitas moradas.

Vamos sentir o contacto da nossa mão direita com a mão do nosso Anjo da Guarda. Na sua companhia vamos entrar dentro da bola branca, no centro do nosso peito. Vamos entrar dentro do nosso chakra do coração.

Chamo aqui a presença, para este trabalho, de Mestre Adama e as suas equipas de Seres de Luz Lemurianos.

À nossa volta, os Seres de Luz Lemurianos constroem estruturas energéticas de geometria sagrada.

A nossa alma recebe agora, também, uma nova formatação feita por Adama e as Suas equipas, em sintonia com as estruturas sagradas de imortalidade.

No centro do nosso peito vamos imaginar, agora, a nossa chama trina composta por uma chama dourada ao centro, do lado direito uma chama azul e do lado esquerdo uma chama rosa. A nossa chama trina é támbéma activada na dimensão da imortalidade. A chama trina expande-se até envolver todo o corpo e, à volta do corpo, um tubo de luz branca, desce desde a Fonte Suprema até ancorar no sol interior da Terra. Este tubo de luz torna-se agora dourado e à sua volta são criadas espirais de luz azul, rosa e dourado, que giram suavemente em torno do nosso corpo. Todo o nosso ser multidimensional é alinhado com o grande Cristo Cósmico.

A activação da nossa imortalidade está agora concluida.

Vamos dar de novo atenção ao nosso chakra do coração e sentir a presença do nosso Anjo da Guarda. Ele vai assistir-nos a trazer a nossa consciência de novo a esta sala. Com suavidade, podemos começar a mexer os pés e as mãos. Sentir a respiração. Mover um pouco a cabeça. Sentir o contacto dos pés com o chão. Quando se sentirem confortáveis, podem abrir os olhos.

Estamos no aqui e agora, cheios de força.

6.9 INICIAÇÕES DE AUTORIZAÇÕES PARA FAZER RESGATES E LIMPEZAS ESPIRITUAIS

Hélène – Estas iniciações vão dar as estruturas espirituais e energéticas no nosso corpo físico que os Seres de Luz da nossa equipa de cura necessitam para fazer os encaminhamentos através da nossa energia de Terapeuta Multidimensional e também vão dar autorizações ao nosso duplo e às nossas equipas espirituais para que estes trabalhos sejam feitos. O plano espiritual é mais burocrático do que aqui o nosso plano da Terra. Para tudo é preciso autorizações.

João Carlos – Então vão ser feitas 3 iniciações.

A primeira é uma iniciação que vai dar as preparações energéticas necessárias e as autorizações para o nosso duplo e as nossas equipas possam circular nos mundos onde normalmente são feitos os resgates, como por exemplo o plano astral. Estas autorizações vão dar também contactos de muitos Seres de Luz que vivem nestas regiões por compaixão. Eles sacrificaram-se, eles escolheram viver aqui para dar serviço, para ajudar a resgatar e a encontrar as almas que estão perdidas. Com esta iniciação a nossa equipa fica com estes contactos e assim os resgates acontecem mais facilmente porque estes Seres de Luz conhecem melhor estes mundos.

Hélène – A segunda iniciação vai dar outras autorizações e outros contactos de Seres de Luz e vai também fazer a preparação energética de cada um para que passe a poder fazer trabalho de limpezas de magias negativas nas sessões de Terapia Multidimensional.

São iniciações que nos preparam para sermos canais de cura com estas espicificidades de limpeza e resgates. Também as nossas equipas são preparadas com essa especificidade e depois na prática é Deus, através da nossa equipa, que vai fazer a cura e as limpezas.

João Carlos – A terceira iniciação é uma activação. Ela vai activar alguns dos nossos chakras para serem portais interdimensionais de evacuação. Evacuação de energias, de seres. Novamente vamos continuar a ser canais de cura e agora estamos a ser mais capacitados para ajudar, neste caso no propósito especifico das libertações e limpezas.

Os chakras que vão ser activados vão ser 9. Onde se incluem os 7 chakras principais, desde o chakra da raíz até ao chakra da coroa, mais 2 outros chakras que são muito utilizados pelo Terapeuta Multidimensional e são muito harmonizados e curados no cliente pelas equipas de Terapia Multidimensional. É o chakra 0 e o chakra 8. Nós costumamos dar números aos chakras. O chakra 0 é muitas vezes chamado de Estrela da Vida e é um chakra que existe alguns centímetros abaixo dos nossos pés, dentro da Terra. Ele faz uma ligação muito forte com a Terra e com o centro da Terra. E é o chakra 8, que está alguns centímetros acima da nossa cabeça e que é muitas vezes chamado de Estrela da Alma. Este chakra gere as nossas ligações intergalácticas, com as nossas partes galácticas.

Hélène – Estes 9 chakras, do 0 até ao 8, vão ser activados numa frequência que todos os nossos chakras têm em potencial de serem portais interdimensionais. E vão ser activados apenas como portais de evacuação. Através deles não vai entrar nada por estas frequências. Estes chakras, em determinadas situações, vão ser utilizados como portais interdimensionais apenas de evacuação, pelas equipas de cura. Estas vão utiliza-los para evacuar seres, energias para os seus Universos de origem. Seres que são encontrados nos chakras ou na aura da pessoa/cliente e que aí se encontravam a pedido do cliente numa qualquer altura da sua jornada cósmica de evolução. No momento actual em que é feito o tratamento, alguns seres ou energias já não são úteis à evolução da pessoa/cliente. Então as equipas de cura removem estes seres/energias.

Na Terapia Multidimensional todos os seres vão ser beneficiados, tanto o cliente como todos os seres que possam ser removidos da sua aura ou chakras. Então os Seres de Luz dão serviço também a esses seres, fazendo o que for mais adequado a cada um. Alguns destes seres que são encontrados têm uma natureza biológica/energética muito diferente da nossa, humana. O que faz com que, se forem apenas retirados da aura/chakras da pessoa/cliente e forem deixados nas realidades espirituais e físicas humanas, eles não conseguem sobreviver. E nós respeitamos o mandamento "Não matarás". Então o que as equipas de cura fazem é encaminhar estes seres para os seus mundos de origem. E para isso por vezes são necessários túneis de evacução interdimensionais ligados a uma pessoa na matéria, neste caso, o Terapeuta Multidimensional.

João Carlos – E também nem todos os seres são encaminhados para a luz. Há muitos seres que desejam outro tipo de experiências e o livre-arbítrio é sempre respeitado na Terapia Multidimensional. Não existe julgamento nem a crença de haver seres melhores e outros piores. Todos somos divinos e iguais aos olhos de Deus. Apenas cada um passa por diferentes experiências por algum propósito mais elevado. O que se faz na Terapia Multidimensional não é repor a justiça, pois tudo é justo sempre no Universo. O que se faz é respeitar a alteração das escolhas da alma e da essência mais elevada da pessoa, que actualmente deseja experienciar diferentes situações de vida, mais agradáveis e felizes.

INICIAÇÕES
in "Atelier de Terapia Multidimensional - Nível I"
por João Carlos Paliteiro
Lisboa, Portugal
28 de Setembro de 2005

João Carlos – Vamos respirar profundamente três vezes e depois regressar à respiração natural.

Vamos sentir o contacto dos nossos pés com o chão...

Debaixo dos pés, ao nível do chão vamos agora sentir, imaginar a presença de uma placa de luz branca que se estende por toda a sala...

Vamos dar agora atenção às nossas raízes. Raízes de luz branca que saem dos nossos pés e entram na Terra de maneira muito profunda...

As nossas raízes chegam agora ao coração da Terra, o grande sol de amor que existe no centro da Terra...

Através das nossas raízes de luz branca, a Terra transmite-nos uma energia de muito amor e tranquilidade, de muita paz. Esta energia entra pelos nossos pés e preenche todo o nosso corpo... e sentimo-nos mais calmos, centrados e unidos com a Terra.

Do nosso lado direito, em contacto com a nossa mão direita, podemos já sentir a presença do nosso Anjo da Guarda. Podemos sentir o amor, o carinho, a protecção do nosso Anjo da Guarda...

No centro do nosso peito, ao nível do chakra do coração, vamos agora imaginar uma bola de luz branca. Uma bola de luz branca no centro do nosso peito.

E ficamos alguns instantes com a nossa atenção focada no centro do nosso peito, no nosso chakra do coração...

Perto de nós, no centro da sala, podemos já sentir a presença de Mestre Sananda/Jesus...

A energia doce de Mestre Sananda preenche o nosso coração com muita paz e amor.

Sananda vai agora começar as iniciações.

Em primeiro, Mestre Sananda vai agora passar a iniciação de autorização para circulação no mundo astral para efeitos de resgates, limpezas e rescisão de contratos, em Terapia Multidimensional.

Sananda está agora também a estabelecer o contacto entre cada um de nós e muitos Seres de Luz que vivem nos mundos astrais e que vão ajudar o nosso duplo e a equipa de cura.

Durante esta primeira iniciação, Sananda junto com as suas falanges de Seres de Luz, está a resgatar muitos corpos de cada um de nós e a rescindir todos os contractos que já não nos servem e que já podem ser rescindidos actualmente.

A primeira iniciação está agora completa e nós podemos agradecer.

Mestre Sananda vai agora começar a iniciação de autorização para efectuar limpezas de magias negativas e estabelecer o contacto com muitos Seres de Luz especializados neste tipo de trabalho espiritual.

Durante esta iniciação, Mestre Sananda está a realizar uma grande limpeza de muitas magias negativas que cada um ainda tem a vibrar nos seus corpos espirituais por as ter recebido no passado, nesta ou em outras vidas.

A segunda iniciação está agora completa e nós podemos agradecer.

Mestre Sananda vai agora começar a iniciação de activação dos nossos chakras. Sananda vai activar o chakra 0, 1, 2, 3, 4, 5, 6, 7 e 8. Durante esta activação, Sananda e suas falanges vão encaminhar muitos seres e energias que estão alojados nos nossos chakras e que já terminaram o seu serviço à nossa evolução. Nós vamos aproveitar para agradecer a estes seres e energias o serviço que nos deram e vamos entregá-los a Deus com muito amor e paz.

(pausa)

A activação está agora completa e nós podemos agradecer.

Mais leves, limpos e alinhados com a nossa essência divina, nossos corpos físicos e multidimensionais emitem agora mais luz.

Vamos retomar a consciência do aqui e agora, sentir o contacto do nosso corpo com o chão, mexer um pouco o corpo, os pés, as mãos e quando quisermos podemos abrir os olhos.

- CAPÍTULO 7 -

EXERCÍCIOS PRÁTICOS

7.1 ABRAÇO DA PAZ

João Carlos – Este exercício do abraço da paz pode ser feito com duas pessoas, em pé. Pode ser feito com um grupo de pessoas e, assim, todas as pessoas podem abraçar cada uma das outras, uma de cada vez, aos pares.

> Ver ponto 2.4.1.1
> "O Abraço da Paz"

Hélène – Através do outro, nós estamos a abraçar também os seres com quem nós estamos em conflito sem saber, desde outros tempos. E o outro não é apenas o outro que nós vamos ter fisicamente à frente, são outros que fazem parte do nosso mundo, da nossa vida. Ao fazer isso vamos ganhar e interiorizar muito mais energia de paz. Durante este exercício do abraço da paz, nós abraçamos o outro e dizemos, em voz alta: "Eu amo-te, perdoo-te, eu respeito-te, eu aceito-te tal como és" (a ordem pode ser alterada).

Em casa, sozinho, também é possível resolver alguns assuntos utilizando o abraço da paz.

(A utilizar sempre que existe uma tensão entre duas pessoas ou numa situação conflituosa)

O abraço da paz pode ser utilizado em pensamento. É possível abraçar uma pessoa utilizando só o pensamento, a imaginação. O meu cliente explica-me a sua situação de vida. Então, focada no coração, vou imaginar um abraço com a pessoa com quem ele tem dificuldades. Se for difícil imaginar este abraço, posso imaginar que que são duas crianças a brincar e a rebolar. Mantenho o meu pensamento firme na paz até sentir o contacto carinhoso entre as duas pessoas.

Meditação do Abraço da Paz
in "Workshop de Ascensão I «Caminhar para a Ascensão»"
por João Carlos Paliteiro
Évora, Portugal
9 de Julho de 2005

Este trabalho chama-se a Cerimónia dos Abraços e é um trabalho em que temos a oportunidade de, num gesto de abraçar o outro, sentirmos e entendermos que o outro é uma parte de nós e nesse gesto a nossa intenção é precisamente de nos estarmos a abraçar a nós mesmos, e nesse abraço abraçarmos o mundo e todos quantos estão à nossa volta.

Nesse trabalho vamos honrar o outro, a divindade que mora no outro, vamos permitir que a divindade que mora em nós se manifeste. Sintam a divindade do outro, como sendo una com a nossa divindade.

Para começar o trabalho, vamos fazer um pequeno exercício de meditação, em que declaramos a intenção de encontrar e de abraçar esse ser divino que existe dentro de nós, de o amar, de o perdoar e de o aceitar tal e qual como ele é. E vamos fazer isso antes de fazermos o abraço ao outro. Está bem, aceitam a proposta?

Então vamos pedir que se ponham confortáveis, relaxados, fechem os olhos.

Vamos começar por dar três grandes respirações e regressar à respiração normal. Debaixo dos nossos pés vamos imaginar, ou sentir, uma placa de luz branca que se estende por toda a sala, Debaixo dos nossos pés saem raízes de luz branca que entram profundamente no interior da Terra. Do nosso lado direito vamos imaginar ou sentir a presença do nosso Anjo da Guarda, e vamos dar a nossa mão direita ao nosso Anjo da Guarda, sentir o seu amor, o seu afecto e o seu amparo.

No centro do nosso peito, ao nível do chakra do coração, vamos imaginar uma bola de luz branca, e junto com o nosso Anjo da Guarda vamos entrar agora dentro do nosso coração, e vamos encontrar-nos com a nossa divindade, com o nosso EU SOU, com a chama eterna divina que mora dentro de nós, essa chama divina que EU SOU.

Estamos no altar do coração, no altar do nosso coração, e neste momento sentimos as nossas raízes a ficarem mais fortes e mais luminosas, e as nossas raízes descem ainda mais no interior da Terra até chegarem ao seu centro. Estamos profundamente enraizados e ancorados no coração da Mãe Terra, recebendo as suas bênçãos e dádivas de amor, de alimento em todos os níves do nosso ser, de paz, de conforto, de harmonia e de abundância.

Estamos no altar do coração, reencontrados com a nossa divindade, gratos pela oportunidade de nos lembrarmos mais uma vez da nossa natureza e essência como filhos da luz, do amor e da paz.

É uma grande honra para nós podermos sentir e ter a consciência da divindade que somos. E é essa honra que queremos manifestar quando agora nos viramos para a totalidade do nosso ser, e exprimimos três simples frases: "eu aceito-te, eu perdoo-te, eu amo-te tal como tu és".

E de uma forma ainda mais significativa dizemos em silêncio a nós próprios e ao nosso coração: "eu aceito-me, eu aceito-me, eu perdoo-me, eu amo-me tal e qual como eu sou."

Nesta consciência de sermos unos com Deus, com a fonte, de sermos unos com tudo o que é, ao sentir a reconciliação profunda que acontece ao reintegrar todas as energias que nos compõem, toda a infinitude divina que somos na realidade, compreendemos que somos todos um. E ao olharmos ao nosso redor para os seres que nos rodeiam, de todos os reinos e de todos os mundos, sabemos porque sentimos no nosso coração que fazemos todos parte do mesmo corpo, do mesmo pulsar de vida, do mesmo coração que bate em harmonia com a sua luz e o seu infinito amor.

Ao abraçarmos o nosso irmão vamos honrá-lo com as mesmas palavras com que honrámos a nossa própria divindade. E vamos honrá-lo na sua autonomia, na sua liberdade, no seu espaço e na sua capacidade de escolher o seu caminho, de decidir por si mesmo, no seu direito divino de ser livre no seu espaço e na sua forma específica de ser único.

E é por isso mesmo que lhe vamos dizer, com respeito e igualdade: "eu te aceito, eu te perdoo, e eu te amo tal e qual como tu és."

Vamos agora sentir de novo a presença do nosso Anjo da Guarda (que nos vai ajudar a regressar à consciência desta sala) e lentamente vamos começar a mexer um pouco os pés, as mãos, respirar profundamente. Quando nos sentirmos confortáveis podemos abrir os olhos, estamos no aqui e agora, cheios de força e prontos para abraçar o nosso irmão no mesmo abraço que demos a nós mesmos, com respeito e consciência da unidade, mas também da diversidade e da autonomia que cada um tem por direito de nascimento a partir do coração do criador, e assim é.

7.2 EXERCÍCIO DA ROLHA

Hélène – Os Seres de Luz deram-me um exercício que é o exercício da rolha.

Vocês já conhecem o exercício da rolha?

Então, vamos lá. Imaginemos que dentro de nós temos um jacto de energia, que é como se fosse um jacto de água.

Nós estamos mais habituados a trabalhar a parte do centro da testa. Por isso ela é muito desenvolvida, pois de vida em vida nós fomos muito estimulados a trabalhar esta parte do nosso ser, tanto no lado espiritual como no lado material.

Se nós observarmos bem, quando o jacto de água, ou de energia – digamos que é de água – está no centro da nossa testa o que é que acontece?

Milhares de ideias, milhares de pensamentos. É um ambiente onde é difícil encontrar o silêncio. Mas nós na Terapia Multidimensional não nos importamos com o silêncio, nem com os ruídos; ficamos sempre focados na nossa intenção de cura. Pode haver milhares de ruídos, nós ficamos focados na nossa intenção e fica assim.

Então como fazer?

Vamos então à rolhinha. Nós imaginamos que uma rolha está a dançar em cima do jacto e vamos imaginar que a gente desce essa rolha até ao nível do coração e que é aqui que a água está a sair, aqui é que a energia está a sair, aqui é que há a musiquinha e que a nossa rolha está a dançar. Ficamos aqui... e vai o dia, e vão as coisas... e onde é que está a minha rolhinha?... Ela está sempre aqui, no centro da testa. No início pode custar um bocadinho fazer este exercício porque são vidas e vidas e vidas de treino a estimular a parte da cabeça. Então esta parte (o nosso pensamento) vai trabalhar, nós não vamos impedir que ela trabalhe, mas vai trabalhar em comunhão com o coração. O chefe da orquestra é o chakra do coração, ele é que vai chamar esta ou aquela parte para trabalhar, ele é que vai distribuir as tarefas.

Claro que o centro da testa continua a ser utilizado mas será sempre dirigido pelo coração. Para muitas pessoas, são circuitos novos que vão ser instalados pelos Seres de Luz a partir deste trabalho.

Porquê?

Porque a verdadeira visão do coração é diferente. As pessoas que tinham o costume de ver muito, durante um tempo vão sentir que vêem menos e vão até sentir-se enervadas e dizer: "Eu antes via tantas coisas e agora já não vejo nada!" Só que a visão real vai voltar e vão ver pelo coração. Vão ver outras coisas, vão ver até mais, mas vão ver de uma forma diferente. A evolução pelo coração pode ser mais lenta mas chega sempre a Deus.

Voltemos à nossa rolha. Nós imaginamos sempre, sempre a rolha e empurramo-la para ela ficar no centro do nosso coração. E quando vocês estão a ter milhares de ideias, pensam: "Então onde é que estou, onde é que está a minha rolhinha?" Logo vão ter a sensação de onde ela está e é provável que a encontrem na cabeça ou noutro lugar que não o coração. Será sempre num lugar antigo, não é no lugar actual que vocês desejam. Este exercício ajuda imenso a todos nós porque tivemos uma formação assim, mais mental. A nossa escola foi essa e aceitamo-la como ela foi, porque tudo tem um propósito.

7.3 EXERCÍCIO DA PALPAÇÃO DAS AURAS PARA AUMENTAR AS PERCEPÇÕES

Para fazer este exercício vamos ficar de pé, aos pares, um de frente para o outro e vamos tentar sentir a aura da pessoa que está à nossa frente; um de cada vez. A aura tem várias camadas que correspondem a diferentes sensações, o frio, o calor, o movimento. Nós não vamos curar nada, é só um exercício para afinar os nossos sentidos. Durante este exercício, os Seres de Luz vão afinar-nos ao nível da nossa capacidade de percepção e de sensações. Podem aparecer ideias, coisas, não interessa. O objectivo não é curar nem julgar, é mesmo só para sentir, para experimentar. Quando o nosso parceiro acabar de apalpar a nossa aura, apalpamos nós a dele e vice-versa, podemos até trocar de par.

Vamos então pôr a música.

Os alunos, aos pares, fizeram o exercício de palpação das auras.

Eis alguns relatos:

Aluna 1 – Eu senti piquinhos quase o tempo inteiro. Era uma sensação muito, muito forte, tão forte que não me consegui abstrair dessa sensação, o que impediu que tivesse qualquer outra sensação. Houve uma altura em que eu estava com a … e tentamos fazer a apalpação mão a mão e, aí sim, senti nitidamente uma diferença de pressão com uma intensidade muito grande.

Aluna 2 – Com a primeira pessoa não senti nada, não sei se ela sentiu alguma coisa comigo; aproximei-me mesmo muito dela mas não senti nada. Depois comecei a sentir que estava a ser programada para ir ter com outra pessoa e comecei a sentir um formigueiro nas mãos, e quando passei para aquela rapariga (indica o seu par), então senti realmente o formigueiro, a pressão, a qual foi muito maior no chakra cardíaco. É curioso que tanto em mim como nela, quando fizemos o perfil, na zona do chakra cardíaco este abriu muito mais, era como se eu a estivesse a curar a ela e ela a curar-me a mim.

Aluna 3 – Tentei aproximar mais as mãos e, quando chegava a certa distância do corpo, sentia uma certa pressão que me impedia de as aproximar mais. Essa pressão era muito maior na zona dos chakras. Nessas zonas sentia uma espécie de descargas eléctricas que me faziam afastar as mãos

7.4 EXERCÍCIO DE LEVANTAMENTO DE VIRTUDES E DEFEITOS – AJUDA A ALTERAR OS PADRÕES DE PENSAMENTO E COMPORTAMENTO

Hélène – Vamos escrever num papel, dum lado as nossas maiores qualidades e do outro lado os nossos piores defeitos. A folha fica convosco, o que está escrito não é para entregar a ninguém. Escrevam conforme a vontade que tiverem, se sentirem vontade de escrever muito, escrevam, se sentirem vontade de escrever pouco, escrevam pouco. Contudo, tentem não escrever apenas uma qualidade e um defeito. Seria desejável que escrevessem, no mínimo, quatro ou cinco qualidades e quatro ou cinco defeitos.

Então, agora que já escreveram, dum lado das vossas folhas as vossas qualidades e, do outro os vossos defeitos, gostaria que passassem um pouco de tempo a pensar e a escrever algumas frases sobre aquilo que vocês querem para hoje e para amanhã.

Essas frases devem ser escritas no presente, "eu sou..." e não: " eu vou ter...", porque senão passam o tempo a querer e nunca vão ter. Digam: "Eu já tenho, já está presente na minha vida"

João Carlos – Usem vocabulário positivo e expressem os conceitos que vocês querem ter e não aquilo que querem pôr de lado, porque quanto mais se referem àquilo que querem deixar, mais isso cresce e quanto mais nos referirmos àquilo que queremos, mais isso cresce também. Por exemplo, se querem deixar de fumar nunca devem dizer: "Eu quero deixar de fumar", porque vai dizer a palavra fumar. Então deve dizer: "Eu quero uma respiração saudável", ou outra formulação equivalente que não utilize as palavras que referem aquilo que querem evitar.

Aluna – "Eu vou dar mais tempo à família."

João Carlos – "Eu dou à família todo o tempo de que ela necessita" ou "eu sinto-me bem com o tempo que dou à família". "Eu vou dar" está no futuro. Isso é uma projecção, algo que ainda não acontece, enquanto que o presente traduz uma realidade actual, que está a acontecer no momento. Portanto todas as frases devem estar no presente e não no futuro.

Hélène –Todos nós sentimos que este exercício é importante. Por isso importa saber o que é que podemos fazer com isso.

Pois é muito simples: praticar, praticar. Pode ser por escrito porque é o mais fácil.

Temos uma colega de trabalho que em vez de escrever, pensava e formulava, mentalmente as propostas daquilo que queria, mas não estava a resultar. Então decidiu escrever. Todos os dias, ao acordar, passou a escrever uma página sobre o que escolhia para esse dia, ou para a sua vida.

A partir daí, a sua vida passou a evoluir, a "dar saltos". Ela escrevia sobre a sua realização profissional, tais como: "o meu telefone toca", "eu tenho marcações", "muitas pessoas falam de mim, passam o meu número de telefone e conhecem-me", "eu tenho muitos clientes".

Como sabem, começar uma profissão nova é difícil, mas a vida dela avançou muito desta forma.

Isto deve ser feito com delicadeza. É bom ter a consciência de que nós precisamos agir para as coisas poderem mudar na nossa vida.

E nós somos os reis da nossa vida.

Não há força superior que nos possa contrariar nas nossas decisões. Se vocês decidem "eu sou feliz", então vão ser felizes.

Não estou a dizer que isto se materializa de um dia para o outro. Não.

Eu demorei tempo. Demorei mas curei-me sem um químico. Não tomei nada de nada para dormir, para a depressão, para a tensão. Não tomei absolutamente nada. Utilizei só o que os Seres de Luz me diziam. O que Eles chamam a verdadeira fé, que é a fé em nós próprios.

Afinal quem é Deus?

Se nós não somos Deus, porque é que devia existir um Deus.

Só nós é que podemos ser Deus dentro da nossa vida. Tomem consciência disso e com isso avançam.

Não tentem fazer isso à força, a *overdose* de energia positiva não resulta. Fazem um bocadinho de cada vez e à medida que vão progredindo podem ir aumentando a "dose", tal como se faz numa reabilitação após um acidente. Ninguém vai fazer duzentos abdominais a primeira vez que volta à ginástica. Com muita dificuldade vai fazer três, depois cinco, depois dez. Só depois de algum tempo é que poderá fazer duzentos.

7.5 EXERCÍCIO PARA AUMENTAR A AUTO-CONFIANÇA

Hélène – Nós receitamos, de vez em quando, um trabalho de casa que tem como propósito elevar a auto-estima da pessoa.

Este trabalho de casa consiste em dizer, várias vezes ao dia, sempre que possível em voz alta, estas pequenas afirmações "eu amo-me,

> Trabalho de casa para aumentar a nossa auto-confiança

eu perdoo-me, eu respeito-me e eu aceito-me tal como eu sou".

Quando fazemos este trabalho para aumentar a auto-estima, para nos amarmos mais, o que vai acontecer é que começamos a sentir-nos mais merecedores e mais dignos de nós próprios.

> A falta de auto-confiança também é uma grande fuga de energia.

A falta de auto-confiança é uma grande fuga de energia da qual ninguém se apercebe. Então, ao dizer estas frases: "eu amo-me, eu perdoo-me eu respeito-

-me e eu aceito-me tal como sou", a auto-confiança regressa e regressa com grande velocidade. E uma vez que a pessoa já tem mais auto-confiança, já é mais sólida, já não enfraquece tanto quando recebe negatividades.

Então já não vai ter tantas resistências em receber ajuda dos Seres de Luz, o que permite encurtar o tempo necessário para a cura. Nas sessões seguintes já é possível entrar num outro patamar de Terapia Multidimensional que antes não era. Ao fazer o trabalho de casa a pessoa encurta o tempo em que precisa de acompanhamento.

7.6 TÉCNICA DE LIMPEZA ESPIRITUAL

Existe uma frase, que podemos dizer mentalmente em alguns momentos, quando sentimos intuitivamente. Esta frase é: "A casa do meu pai tem muitas moradas."

Esta frase, que é muito utilizada nos trabalhos espíritas de desobsessão, é muito eficaz. Ela move equipas de luz especializadas na limpeza, encaminhamento e desobsessão e em poucos minutos sentimos que o trabalho está concluído.

É uma técnica muito eficaz também para limpar a sala no início de cada sessão, entre sessões e claro pode ser utilizada para limpar qualquer espaço, casa ou empresa.

Podemos utilizar esta frase também no nosso dia-a-dia, para limpar a nossa aura, a aura de uma outra pessoa, os nossos carros, etc.

7.7 EXERCÍCIO DE PRÁTICA DE TERAPIA MULTIDIMENSIONAL

João Carlos – Então vamos ficar relaxados. Fechar os nossos olhos… sentir o contacto dos nossos pés com o chão… vamos sentir a nossa coluna relaxada, direitinha… e vamos agora sentir o nosso contacto com a Terra…

(pausa)

Vamos sentir raízes de luz branca que saem dos nossos pés e entram na Terra de uma forma muito profunda até atingirem o sol interior da Terra...

(pausa)

Sentimo-nos calmos, estáveis, em contacto com a nossa querida Terra... em contacto com o amor da Terra.

Do nosso lado direito, vamos sentir a presença do nosso Anjo da Guarda.

(pausa)

Vamos focar a nossa atenção no centro do nosso peito e deixar que a nossa atenção fique suavemente no centro do nosso peito... (*pausa*) e vamos pensar numa pessoa do nosso círculo de relacionamentos, da família, um amigo, um vizinho, um colega de trabalho... e, a partir do nosso coração... vamos agora emitir a nossa intenção de cura em direcção a esta pessoa. Com a nossa atenção no coração nós imaginamos, intencionamos a pessoa que escolhemos curada e deixamos fluir sem esforço, naturalmente... (*pausa*).

Perto de nós está presente a nossa equipa espiritual de cura... (*pausa*) e nós mantemos a nossa atenção focada no nosso coração e observamos tranquilamente qualquer pensamento, imagem, sentimento que possa surgir e que sentimos que tenha a ver com a intenção de cura que estamos a emitir.

Tudo o que necessitamos de fazer é ficar focados no centro do nosso peito e deixar fluir, relaxados, descontraídos...

(pausa longa, durante uns 20-30 minutos, até sentirmos que a sessão de terapia está a terminar).

Agora nós vamos entregar a pessoa que escolhemos para esta sessão à nossa equipa espiritual de cura.

Do nosso coração, nós vamos entregar esta pessoa à nossa equipa para que ela continue o trabalho de cura e vamos agradecer este momento, esta oportunidade de servirmos à luz, de crescermos na luz...

(pausa)

E vamos sentir novamente a presença do nosso Anjo da Guarda e suavemente regressar à consciência do aqui e agora. Vamos sentir o contacto com os nosso pés no chão, mexer um pouco os pés e as mãos, mover um pouco a nossa cabeça e quando quisermos podemos abrir os olhos.

Relato das percepções de uma aluna:

Aluna 1 – Eu senti uma grande pressão física no peito mas consegui abstrair-me disso e focar-me na minha intenção de cura e senti uma fala muito forte e para além disso vi-a e, muitas vezes (quando eu focava a atenção nisso) desaparecia mas depois voltava: um ponto negro, um circulozinho que tinha uma luz dourada à volta. Mas sentia a abertura da pessoa, como se estivesse a absorver essa luz muito feliz e com vontade de fazer isso. Foi uma emoção muito, muito grande. Estava a fazer uma coisa em que me sentia totalmente entregue e muito, muito feliz.

7.8 A CLÍNICA ESPIRITUAL DE TERAPIA MULTIDIMENSIONAL

Hélène – Existe um exercício que podemos praticar para treinar a Terapia Multidimensional. Este exercício chama-se "A Clínica".

Para este exercício vamos precisar de comprar um caderno e uma agenda; é muito importante ter agenda. Ao caderno tu podes chamar "A Minha Clínica" porque ele vai ser a tua clínica.

Agora, vais fazer uma lista dos nomes de todas pessoas que tu conheces. Depois vais escolher algumas para entrarem na tua clínica.

Por exemplo, poderás escolher a Ana e o Pedro. Por enquanto tens duas pessoas que te vêm à mente e que têm uma página na tua clínica.

Hoje é dia 5 e vais visitar a tua clínica; podes ter várias pessoas. Então tu escreves debaixo da Ana, dia 5-07 – sessão de terapia e fazes uma Terapia Multidimensional à distância para a Ana.

A sessão vai demorar mais ou menos 40/45 minutos; é mais ou menos a média que demora uma sessão.

Depois vais anotar no teu caderno como é que te sentiste, as informações que recebeste, etc. No início, não sabes muito bem o que escrever, pormenorizar, mas tentas lembrar-te e escrever. Se pensaste numa pessoa durante a sessão, ainda que não saibas porquê, escreves isso; se viste uma luz aparecer ou uma mancha negra ou qualquer coisa que sentiste aponta tudo no caderno. Sentimentos de tristeza, alegria, abandono, colocas tudo no caderno.

Ao ver as coisas escritas nós conseguimos ver a nossa evolução e os passos que estamos a dar porque é tão subtil, tão subtil, que precisamos de algumas coisas palpáveis. Porque tudo isto, como é completamente abstracto, é bom dar-lhe um pouco de estrutura que nos permite ir tendo consciência de que sentimos cada vez mais pormenores. De outra forma, não iríamos aperceber-nos tão facilmente da nossa evolução. Ao usar o caderninho, vocês vão-se manter activos, sempre activos, vão ver a vossa evolução, vão ver o vosso progresso facilidade.

No dia a seguir, podes não visitar as pessoas que estão na tua clínica, podes deixá-las por algum tempo. Normalmente nós fazemos uma sessão por mês, é muito raro fazer com mais frequência. Mas se sentires que a Ana necessita de um intervalo menor entre as sessões tu podes voltar a fazer uma outra sessão passados dois dias ou uma semana depois.

Às vezes nós sentimos que é necessário fazer as sessões com um intervalo menor do que um mês entre elas.

Normalmente, antes do final da sessão de Terapia Multidimensional nós sentimos quando é para fazer a próxima sessão. Se não sentirmos, nós podemos perguntar à nossa equipa espiritual. Se não houver resposta podemos considerar que é daí a um mês.

Depois anotamos na agenda a data da próxima sessão com o nome da pessoa. Escolhemos a hora que nos dá mais jeito nesse dia.

Anotas todas as datas em que vais visitar a clínica.
E continuas...

Olha, eu cruzei-me com a senhora do bar lá em baixo e senti que ela estava muito triste; coloquei na clínica: "senhora do bar" (não sabia o nome dela) e logo à noite, ou quando quisesse, não me iria esquecer mais dela. Não tenho tempo agora de fazer mas eu acrescento o nome dela na minha clínica e assim nunca ninguém vai ficar esquecido.

Sabes como é que nós somos. Quando estamos bem pensamos em toda a gente; quando estamos mal não há nada, não há ninguém no mundo que se interesse pela terapia que eu faço, não há ninguém com quem eu possa praticar...

Assim tu tens a tua clínica no teu caderno... é mais fácil. Na tua agenda tu vais apontando os dias em que praticas. Então tu apontas: às 6 horas eu vou entrar na minha clínica. E apontas as marcações, as pessoas que vão aparecer na tua vida.

Em França praticava com as pessoas que conhecia, ao chegar em Portugal não tinha mais ninguém para praticar e eu não queria perder essa prática e pensei... a melhor maneira é escrever os nomes das pessoas e praticar com a "clínica" sem incomodar ninguém, sem chatear ninguém e continuei a praticar, permitindo que a minha energia de cura continuasse a circular.

Pergunta – E como eu agendo as minhas horas? Reservo um bocadinho do dia para dedicar exclusivamente à clínica ou é só para ir pensando ao mesmo tempo que faço outras coisas?

Hélène – Sim, dedicas mesmo um tempo exclusivo para a clínica. Pode ser, por exemplo, das 6h às 7h, ou das 10h às 11h, ou das 11h ao meio-dia. Uma horazita. Durante esta horazita, vais para o teu cantinho preferido.

Pergunta – Sento-me, deito-me?

Hélène – Senta-te porque deitada não funciona tão bem. Nós preferimos sempre trabalhar sentados para ter a coluna na posição vertical e os pés bem assentes no chão. Relaxas e inicia a tua prática. Podes colocar uma música suave ou de relaxamento, vai ajudar. Depois na página três tens a Ana. Decides que vais fazer hoje uma sessão à Ana. Então emites a intenção de cura para a Ana a partir do teu coração. Isto é tudo em pensamento, mas em pensamento focado no coração, é só isso. Dura um certo tempo, 40 minutos, 45 minutos, 5 minutos, porque às vezes não dá para mais; no final da sessão, escreves o teu relatório no caderno, a data da próxima sessão, fechas e arrumas o caderno.

- CAPÍTULO 8 -

CONCLUSÃO

João Carlos – Eu gostava de vos dar uma dica em relação a qualquer forma de terapia: aquilo que cura não é o conhecimento, não é saber quantos corpos é que existem, de que dimensões vêm as energias, que Seres de Luz é que estão a trabalhar connosco. Para curar, a única coisa que vocês necessitam é pureza de coração, entrega e ter a intenção de estarem disponíveis. É só isso. Posteriormente, poderão vir os conhecimentos, a percepção da presença das entidades espirituais. Tudo surgirá de acordo com o entendimento que Deus terá de que isso vos é útil para realizarem melhor a tarefa de curar. Mas para curar nada disso é necessário, para curar é só preciso o coração. É só preciso o coração, estarem disponíveis e entregarem. Podem dizer: "a minha intenção é curar". Tudo o que vocês necessitam é ficarem focados no vosso coração e na vossa intenção de cura.

Hélène – É emitir esta intenção. O que é que acontece quando a gente fala da intenção? "Eu emito a intenção de curar". O que é que isso significa?

O que acontece muitas vezes é que, não tendo consciência disso, já estamos a emitir outra intenção: "Será que ela vai conseguir curar-se? Será que ela vai ficar pior? Será que eu consigo ajudá-la?"

Será que isto são intenções de cura?

Isto que vocês estão a emitir já não é cura.

Quando o João Carlos disse "a intenção é: eu estou disponível, a minha intenção é a cura, eu estou disponível a cem por cento, eu foco a minha atenção no centro do meu coração, ligo os meus pés à Terra, não penso em mais nada, só isso". Aí vocês curam. Se vocês começam a pensar noutras coisas: em todas as dificuldades que a pessoa está a viver... em não serem capazes... será que... Aqui já não há cura. Isto já não são intenções que sejam necessárias, são só ruídos internos. Isto acontece a toda a gente. Eu sei muito bem o que é isso, porque também me acontece. Ninguém pode dizer que nunca passou por isso. Eu trabalho já há vinte anos e estou sempre a pôr estes pensamentos de lado. Cada vez que tenho um desses pensamentos, digo-lhe: "senta-te aqui, deixa-me em paz, estou a trabalhar, fica quietinho, aqui ao meu lado; fica quietinho porque estou a trabalhar." Eu estou a trabalhar, emito a minha intenção: "eu vou curar". Posso não ser eu a curar mas, através de mim, Deus pode curar. A minha intenção é: eu estou disponível, eu faço isso. Vocês notam a diferença? É só isso. É mínimo, mas é muito importante. Os pés no chão, regresso à Terra, o nosso coração com a nossa intenção, é só isso. O resto vem à medida do nosso crescimento.

João Carlos – Reparem na diferença: é um pormenor muito ténue, muito subtil.

De um lado, numa abordagem, o foco da vossa atenção é curar. Como as energias seguem sempre a nossa intenção, se o foco é curar, vocês vão atrair tudo o que necessitam nesta e nas outras dimensões para vos ajudar na cura. Então, vocês podem atrair intuições, vivên-cias, pessoas, livros, cursos, etc. Tudo isto é para vos fazer crescer nessa vossa intenção de curar. E nada vai alterar a vossa intenção de cura. Eu continuo a querer curar. Já tenho não sei quantas iniciações, vários diplomas em casa, milhares de atendimentos feitos, a minha intenção vai ser continuar a curar. Eventualmente, isso até pode significar um dia vocês terem que colocar o que sabem de lado e começar na estaca zero. É claro que vai ser uma estaca zero numa dimensão diferente, mas vocês entendem.

A outra abordagem, é a abordagem em que a vossa atenção, o vos-so foco está na falta, na carência, no sentir que vos falta alguma coisa para começar. Para sentirem que são capazes, para ser possível que isso aconteça, que a cura aconteça, que vocês sejam canais de cura. Então, interiormente, consciente ou inconscientemente, o vosso ser vai estar movido pela intenção de que vocês estão à procura daquela chave, daquele clique que vai mudar tudo, só que não muda nada, porque o vosso foco vai ser "continuar à procura". Ora, isto não é curar. O vosso foco é um dia encontrar aquilo que vos falta, para começar a curar. Então vocês vão ficar eternamente à procura daquele algo, e vocês vão ter já muitas coisas mas nunca é suficiente porque o que vocês querem, realmente, é procurar.

Entendem a diferença?

Há pessoas que não sabem nada de espiritualidade ou terapia e fazem curas incríveis. Só porque têm fé, porque acreditam que a cura vai acontecer.

Se o vosso foco for curar desde já, podem curar desde já, mesmo sem terem nada.

A verdade mágica é que vocês já têm tudo o que é necessário, sempre tiveram e sempre terão... o vosso coração! O coração é eterno, é infinito, foi feito por Deus; se foi feito por Deus, o coração é Deus; ele próprio, o coração, cura.

Hélène – Todas as energias, todas as sensações, até as mais pesadas, mais dolorosas fisicamente, misturadas com a luz tornam-se energia de luz e passam a ser positivas. Qualquer sofrimento físico que focamos, que sentimos, misturamo-lo com o coração, misturamos esta dor, este sofrimento com a Luz e ele torna-se energia divina e volta à Fonte que tudo é. Tudo, não há nada que saia desta regra. Qualquer tipo de sofrimento, tanto físico como qualquer outro, fabrica a Luz desde que esteja misturado com a Luz. Nós utilizamos muitas vezes a chama violeta, a chama azul, outras chamas, mas cada um vai no seu sentido, na sua onda. Tudo é assim, tudo funciona assim.

Canalização
Reunião do GCE (Grupo de Canalização do Entroncamento)
Mensagem recebida por João Carlos Paliteiro
Entroncamento, Portugal
17 de Outubro de 2005

Eu Sou Micah.
Que a paz esteja sempre convosco.
Peço que aceitem a missão de se manterem unidos e disponíveis pois, através de vós, podemos tal como hoje, quando for necessário, ajudar muita gente e muitos projectos actuais no planeta. É importante que cultivem a vossa fortaleza interior, que cultivem aquele aspecto dos faróis de luz que corresponde à robustez, à fortaleza, ao equilíbrio, à presença, aconteça o que acontecer. A paz, a confiança, a tranquilidade interior, a entrega ao alto, são as vossas ferramentas capazes de tudo. São elas que vos permitem atravessar tempestades, onde não conseguem ver, onde não conseguem pensar, onde se sentem sozinhos, traídos, abandonados, rejeitados, e ainda assim conseguirem atravessá-las e manterem-se constantes, luminosos, puros, transparentes, confiando de que tudo o que está a acontecer faz parte do plano divino e existe uma razão oculta para vós que está a orquestrar tudo o que acontece.

Acima de tudo, mesmo que tenham de deixar cair preferências, desejos, gostos, estratégias, modos de funcionamento, mantenham a vossa paz interior, a vossa aceitação, a vossa entrega e a vossa fé. Vocês nunca são abandonados por Deus. Isso é impossível. Independentemente da forma como as coisas tomam o seu rumo, à vossa volta e dentro de vós, independentemente das mudanças que são operadas nos tempos que correm e futuramente... mantenham a paz. Confiem. Sejam torres bem altas de luz divina, constantes, sofrendo em silêncio se for necessário, conversando com os vossos guias, aconselhando-se com eles e observando com vigilância Crística o que se passa... ajudando sempre que souberem fazê-lo, ajudando o próximo, amando o próximo. Todas essas verdades bíblicas, Crísticas, que vocês conhecem, pratiquem-nas a cada segundo e confiem que todas as pessoas que estiverem alinhadas e que estiverem previstas para cumprirem o plano, elas estarão no sítio certo, à hora certa para trabalharem convosco, dentro da unidade divina, em que cada um sabe o que tem que fazer a partir de dentro, pois é assim que todos os projectos do Pai são cumpridos e vão adiante. Só assim é possível transcender todas as tentativas contrárias de boicotar os projectos, pois só o Pai sabe o que é para ser feito e como deve ser feito. E mesmo que não saibam o que está a acontecer, sigam a luz do vosso coração, e cada um de vocês será colocado sempre no sítio certo, à hora certa, a fazer o que tem que fazer.

Bem-hajam e muito obrigado pela vossa perseverança, pela vossa entrega, pela vossa dedicação e disponibilidade, pela vossa força interior tão grande e pelo grande tamanho do vosso coração. Por, mesmo com as dores que afligem os vossos corações, continuarem a caminhar, tendo coragem de atravessar as montanhas e as tempestades; para do outro lado descobrirem que era por ali, que estão a fazer bem, que estão a fazer o certo, e tudo o que estão a fazer, não fazem só por vocês, estão a fazer pelo planeta inteiro e também pelos Universos, ajudando a transmutar e a transcender muitos obstáculos que vos bloquearam muitas vezes noutros tempos, mas também bloquearam muitos outros em muitos lugares e muitas épocas.

Para terminar, lembrem-se sempre, sobretudo quando todas as referências caem, quando tudo à vossa volta… parece que vos cai, que se desmorona, que o tapete vos é puxado debaixo dos pés… sobretudo nessas alturas, lembrem-se: aceitação, paz interior, entrega, confiança… e também perseverança, constância, robustez na vossa luz interna, na vossa atitude Crística de amar, de perdoar incondicionalmente… de praticar todos os ensinamentos que eu vos deixei, quando caminhei ao vosso lado, aí na Terra.

Vos Amo cosmicamente.

Eu Sou Micah.

PERCURSO DOS AUTORES

Desde que se encontraram, Hélène Abiassi e João Carlos Paliteiro têm desenvolvido várias actividades em conjunto.

Dentro delas podemos destacar:

Fundação da "Terra Cristal", uma rede inovadora de terapeutas, actividades e centros holísticos em Portugal.

Apoio ao desenvolvimento de vários centros Terra Cristal e seus websites em Portugal, Brasil e EUA.

Formação de líderes de centros espirituais e de grupos espirituais nas áreas de Ascensão, Canalização, Terapia Multidimensional, Materialização, Cura com Cristais, Liderança e Desenvolvimento Pessoal.

Uma média de 40 *workshops* de 2 dias completos por ano em várias cidades de Portugal, Brasil, Peru e EUA.

Formação de canais dos Mestres da Luz.

Formação e certificação de terapeutas multidimensionais e de formadores de Terapia Multidimensional em Portugal, no Brasil e nos EUA.

Milhares de atendimentos de Terapia Multidimensional.

Centenas de meditações de dádiva de amor ao Planeta e cura individual (Meditação Terra Cristal) semanais em várias cidades de Portugal, Brasil e EUA.

Centenas de canalizações e palestras, muitas divulgadas gratuitamente no website **www.Terracristal.com**, através de videos, audio e transcrições.

Aulas semanais em várias cidades de Portugal.

Criação e organização do 1º Encontro Terra Cristal em Março de 2007, reunindo mais de 80 pessoas ligadas à espiritualidade e terapias holísticas de Portugal e Brasil.

Co-criação com amigos da TV Terra Cristal, um canal de transmissão ao vivo pela Internet.

Transmissões ao vivo através do canal TV Terra Cristal, para Portugal e Brasil.

Organização regular de passeios energéticos (alguns destinos incluem Valinhos, Serra da Gardunha, Dornes, Convento de Cristo de Tomar, Castelo de Almourol, Cromeleque dos Almendres – Évora, Monumento dos Descobrimentos e Mosteiro dos Jerónimos – Lisboa, Olhos de Água – Alcanena, Fátima, Serra da Estrela, Ilha de Faro, Cabanas de Viriato – Viseu, Santiago de Compostela – Espanha, Stonehenge e Glastonbury – UK, Machu Picchu – Peru, etc).

Criação e gestão com amigos do site **www.Terracristal.com**.

E... muitos quilómetros de estrada – em média 40.000 por ano – ao serviço da Nova Terra!

www.ingramcontent.com/pod-product-compliance
Lightning Source LLC
Chambersburg PA
CBHW062150080426
42734CB00010B/1632